팔로워십이 리더십보다 먼저다

Followership comes before leadership

CONTENTS

프롤로그 ··· 08

Story 01 | 따르고 살피고 이끄는 팔로워십

최후의 결정은 누가 할까? ································· 16
천하의 두 가지 기준, 시비와 이해 ························ 18
리더가 먼저냐, 팔로워가 먼저냐 ·························· 21
리더십이 중요할까? 팔로워십이 중요할까? ················ 23
타이타닉의 침몰, 성수대교의 붕괴, 누구의 잘못인가! ······ 27
팔로워십이 뜨는 이유 ···································· 31
왜 팔로워십인가? ·· 34
미국을 움직이는 팔로워의 힘 ···························· 38
일체화(一體化) 개념으로 깨달은 팔로워십 ················ 43
독일 고어에서 찾은 팔로워의 뜻 ·························· 47
follower 단어에 숨겨진 의미 ····························· 54
한자로 본 추종자란? ···································· 57
물에서 배우는 팔로워십 ·································· 59
팔로워십의 완결판, 인간의 신체 ·························· 64
Story 1 요약 (Summary) ································· 67

Story 02 | 따르는 팔로워(전문성)

하산 이야기 ··· 72
팔로워는 어떤 때에 리더를 따를까? ······················· 75
팔로워가 따르는 일곱 가지 선택의 길 ····················· 79
따르는 3단계, 수·파·리 ································· 82

long run하려면 long learn하라 ································· 85
지극정성을 다해 따르라 ·· 89
마음으로 따르는 신복 ··· 93
이끌든지, 따르든지, 꺼지든지 ································· 95
아랫사람에게 배우는 역멘토링 ································ 99
일류대가 된 시카고대학교의 놀라운 힘은? ············· 104
지혜를 얻는 3가지 방법 ··· 106
영감을 얻는 조찬 포럼 ··· 108
멀리 가려면 함께 가라 ··· 112
따르는 팔로워의 '따라 하기(Copying technique)' 대화법 ··· 115
Story 2 요약 (Summary) ······································ 120

Story 03 | 살피는 팔로워(인성)

살피는 팔로워가 되기 위한 전제 ····························· 124
배려한다는 것 ··· 127
살피는 3단계, 시·관·찰 ··· 131
관찰, 통찰, 성찰 ·· 134
육법전서에 없는 괘씸죄 ··· 137
다이너마이트를 들고 자존심의 불길로 뛰어들지 말라 ········· 140
가늠자에 가늠쇠를 올려놓기 ··································· 143
갑을의 관계와 웨이터의 법칙 ································· 146
나를 지켜주는 겸손 ··· 149
가장 좋은 물과 가장 좋은 불상은? ························· 152
'나지사 명상' 기법, '구나', '겠지', '감사' ················ 157
상대를 바라보는 관점과 초점 ································· 160

살피는 팔로워의 '예, 하지만(Yes, But)' 대화법 ·············· 165
Story 3 요약 (Summary) ·························· 168

Story **04** | 이끄는 팔로워(실행력)

이끄는 팔로워가 되려면 ························· 172
이끄는 3단계, 지식, 견식, 담식 ···················· 174
수직적 사고, 수평적 사고, 입체적 사고 ············· 177
리더를 이끄는 집단지성 ························· 180
공유의 미학 ··································· 185
이끌지 말고 따르게 하라 ························ 189
똑부, 똑게, 멍부, 멍게 ·························· 192
이끄는 팔로워를 키우는 권한 위임 ················ 195
명확한 판단과 올바른 보고 ······················ 198
팔로워의 화이부동 ····························· 200
팔로워의 천국, ㈜마이다스아이티 ·················· 203
팔로워의 공헌력, 계족산 황톳길 ··················· 206
팔로워십으로 꽃피운 순천 정원박람회 ··············· 209
이끄는 팔로워, LEAD 대화법 ····················· 213
Story 4 요약 (Summary) ·························· 221

Story **05** | 물고기가 물을 만나면

세종대왕과 장영실 ····························· 226
이순신과 나대용 ······························· 228
당 태종과 위징 ································ 230
설리번과 헬렌 켈러 ····························· 233
이석형 함평군수와 정헌천 곤충연구소장 ············· 236

정갑철 화천군수와 장석범 나라사랑축제본부장 ·················· 240
Story 5 요약 (Summary) ·················· 244

Story 06 | 팔로워의 핵심 역량

내 삶을 주도하는 주인의식 ·················· 248
협력은 팔로워의 강력한 힘 ·················· 251
헌신하는 팔로워 ·················· 256
혁신은 개인과 조직의 생명을 연장하는 것 ·················· 260
공감의 크기는 성장의 크기다 ·················· 265
신뢰에서 싹트는 지지 ·················· 268
국가와 조직에 충성한다는 의미 ·················· 271
몰입하는 팔로워 ·················· 274
민들레와 회복 탄력성 ·················· 276
소통을 가로막는 지식의 저주 ·················· 281
팔로워의 용기 ·················· 286
삶은 실행력이다 ·················· 288
네이비 실(Navy SEAL)에서 배우는 것 ·················· 292
Story 6 요약 (Summary) ·················· 296

Story 07 | 팔로워십을 마무리하며

에필로그 ·················· 300
참고문헌 ·················· 306
팔로워십 프로그램 세부 내역 ·················· 310
교육 일정 ·················· 311

초판 1쇄 발행 2024년 1월 4일

지은이 정문섭
발행인 권선복
편 집 이항재
교정·교열 이선종
디자인 이항재
전자책 서보미
발행처 도서출판 행복에너지
출판등록 제315-2011-000035호
주 소 (07679) 서울특별시 강서구 화곡로 232
전 화 010-3993-6277
팩 스 0303-0799-1560
홈페이지 www.happybook.or.kr
이메일 ksbdata@daum.net

값 **20,000**원
ISBN : 979-11-92486-92-5 (13320)
Copyright ⓒ 정철화, 최정숙

※ 이 책은 저작권법에 따라 보호받는 저작물이므로 무단전재와 무단복제를 금지하며, 이 책의 내용을 전부 또는 일부를 이용하시려면 반드시 저작권자와 〈도서출판 행복에너지〉의 서면 동의를 받아야 합니다.

혁신이란 단어가 존재하는 한
완성된 팔로워십은 있을수 없다.
팔로워십은 끊임없이
쇄신해야 하는 것이다.

정 문 섭 Dream

prologue 프롤로그

리더십이 삶의 현장에 넘쳐흐른다. 리더십을 모르면 조직에 적응할 수 없는 것처럼 온 조직과 기관이 야단법석이다. 교육 기관도 덩달아 춤춘다. 대한민국은 리더만 필요하고, 팔로워는 존재가치조차 없는 것 같다.

과연 그럴까?

조직은 리더와 팔로워로 구성된다. 예를 들어 한 직장에 100명이 근무한다면 조직의 리더는 한 명이고, 나머지 99명은 팔로워다. 99명이 배워야 할 것은 분명 팔로워십이다. 그런데 팔로워십은 외면하고 절대다수의 팔로워를 오로지 리더십의 바다로 내모는 오늘의 현실을 어떻게 해석해야 할까? 더 심각한 문제는 국내에는 팔로워십 개념조차 정립되어 있지 않다. 아니 팔로워십 용어 자체부터 낯설다.

인터넷 국어사전에서 '팔로워십'을 검색하면 '지도자를 능동적으로 따르는 구성원으로서의 능력'이라고 설명하고 있다. 그런데 '팔로워'를 검색하면 '누리 소통망 서비스에서 특정한 사람이나 업체 따위의 계정을 즐겨 찾고 따르는 사람을 이르는 말'이라고 되어 있다. 앞뒤가 안 맞는다.

직업의 특성상 사회에서 성공한 사람을 만날 기회가 많았다. 이때 만난 사람을 집중적으로 인터뷰하고 내용을 정리해서 『우연한 성공은 없다』라는 책을 시리즈로 3권 출간해 호평받은 적이 있다. 이후에도 자치단체를 성공적으로 잘 이끌어 가는 전국의 시장 군수 다섯 명씩을 인터뷰하여 『대한민국을 움직이는 자치단체 CEO』라는 제목의 책을 시리즈로 4권 출간했다.

성공한 리더들을 만나 인터뷰하는 과정에서 내 귀에 쏙 와닿는 말이 있었다. 조직의 성공은 리더보다 '팔로워' 역할이 더 중요하다는 이야기였다. 공공기관의 리더는 자주 바뀐다. 바람처럼 조직에 와서 잠깐 머물다 이슬처럼 사라지는 것이 이들이다. 반면 과거의 대다수 팔로워는 입사하면 정년 퇴임 때까지 한 직장에 머물러 있기도 했다. 이처럼 오랜 기간 조직을 지키는 팔로워들에게 팔로워십 교육을 가르쳐야 한다는 주장이었다.

2010년 당시 정원박람회 현장에서 만난 노관규 순천시장은 "리더에게 리더십 교육이 필요하다면 팔로워에게는 팔로워십 교육이 필요한데, 국내에는 팔로워십 이론이 정립되어 있지도 않다. 그나마 팔로워십 강사도 극소수여서 교육을 제대로 진행하기조차 힘들다."라고 하소연했다.

이때부터 팔로워십에 깊은 관심을 두고 진지하게 접근했다. 관련 책들을 읽고 나 홀로 사색과 성찰을 거듭하면서 팔로워십 이론을 체계적으로 조금씩 다듬어 갔다.

특히 임각수 당시 괴산군수의 전폭적인 협조를 비롯하여 많은 지방자치단체장들의 도움을 받아 '팔로워십 프로그램'을 만들고 공무원들을 대상으로 팔로워십 교육을 진행하면서 팔로워십 이론을 책으로 내야겠다고 생각한 것도 이즈음이었다.

리더가 이끄는 사람이라면 팔로워는 따르는 사람이다. 아기가 태어나면 엄마 아빠를 따르듯, 팔로워도 처음엔 리더를 따른다. 그러나 팔로워는 따르기에서 멈추질 않는다. 가정에서도 맏형은 동생이 생기면 형 노릇을 하면서 주변을 두루 살피는 등 가족 구성원으로서 맡은 역할을 눈치껏 한다. 그러던 자녀가 다시 결혼하고 아이를 낳으면 배우자와 함께 가정을 이끄는 리더로 변신한다.

직장에서도 마찬가지이다. 신입사원은 조직의 최일선에서 상사에게 배우고, 업무를 익히며 조직을 알아 간다. 그러다 후배가 입사하면 선임이 되어 주변을 살피고, 후배를 이끌며 상사를 돕는다. 조직의 장이라는 위치에 오르면 이때부터는 수장으로서 조직을 이끄는 리더십을 발휘한다. 이처럼 따르고, 살피고, 이끄는 이른바 '따살이' 개념이 필자가 정립한 팔로워십 이론의 기본 틀이다.

팔로워의 1단계는 상사를 따르는(Follow) 시기이다. 오로지 상사 밑에서 조직 구성원으로서 업무를 파악하면서 열심히 일을 배우다 보면 어느 순간 전문성을 조금씩 쌓아가게 된다.

팔로워의 2단계는 조직 전체를 살피는(Observe) 시기다. 후배가 입사하면서 이제는 단순히 따르는 단계가 아닌 갓 입사한 후배를 이끌고 상사를 따르는 단계로 들어선다. 대부분 팔로워는 2단계 과정에서 직장 생활의 숱한 시간을 보낸다. 실제로 많은 팔로워는 이 단계에서 정년도 맞는다. 팔로워십 교육이 제때 반드시 진행돼야 하는 이유다.

팔로워의 3단계는 이끄는(Lead) 시기다. 1단계와 2단계 역할을 멋지게 소화해 낸 팔로워의 극히 일부에게 주어지는 특권이다. 이른바 팔로워의 꽃이라 할 수 있는 일인지하만인지상(一人之下萬人之上)의 자리다. 오너는 있어도 조직의 수장으로서 역할을 오롯이 해볼 수 있는 단계이다.

아리스토텔레스는 "남을 따르는 법을 알지 못하는 사람은 좋은 지도자가 될 수 없다."라고 했다. 당연한 말이다. 따르는 법을 모르는 사람이 어찌 이끌 수 있을까?

도심에는 수많은 고층 빌딩이 즐비하게 늘어서 있다. 그런데 각기 다른 모습을 한 이 빌딩들도 출발은 비슷한 경로를 밟는다. 모든 건물은 설계 도면을 토대로 기초공사부터 시작하기 때문이다.

팔로워도 처음엔 리더를 따르기만 한다. 그러나 두 번째 단계에선 리더와 호흡을 맞추기 위해 동료와 조직을 살펴야 하고, 후배가 들어오면 리더십을 발휘해야 한다. 따르는 것은 건물로 보면 설계도 및 기초공사 개념과 같다. 도면대로 기초 설계와 주춧돌을 다지는 공사를 하는 것처럼 팔로워로서의 기본을 갖춰야 훗날 리더로 성장할 수 있다.

팔로워십은 리더에게도 필요하다. 기초 설계와 주춧돌을 다지지 않으면 고층 건물은 올릴 수 없다. 마찬가지다. 상사를 따르고, 동료와 조직을 살피며, 후배를 이끄는 3단계 팔로워십 과정을 제대로 익히지 않으면 리더로 변신해도 조직원 대다수의 신뢰를 얻긴 어렵다. 처음부터 리더로 시작하는 사람은 없다. 그래서 기업의 CEO는 2세를 키울 때 바닥부터 경험하도록 한다. 팔로워의 역할을 제대로 익혀야 리더로 성장하기 때문이다.

천재 한 사람이 모든 것을 해내던 시대는 지났다. 리더 한 사람이 좌지우지하는 조직은 위태로운 상황을 맞을 수 있다. 세종대왕이 국정을 운영하면서 집현전 학자들을 활용한 것은 집단지성의 힘을 믿었기 때문이다. 팔로워십은 이제 민주주의의 근간이자 세계적 흐름이다.

지금 우리는 여러 분야의 전문가가 힘을 합해서 큰일을 처리해 가는 팔로워십 시대에 살고 있다. 빨리 가려면 혼자 가고 멀리 가려면 함께 가라는 말처럼 협력과 상생이 사회의 핵심 키워드다.

우리가 알아야 할 시대적 흐름은 시시각각 다가오는 파도가 아니라, 파도를 일으키는 바람을 파악하는 것이다. 바람의 진원지는 팔로워십에 있다. 리더십보다 소중한 팔로워십을 익혀야 조직은 집단지성 역량을 최대한으로 키울 수 있다.

이 책은 크게 일곱 장으로 편성했다. 첫째 장에서는 팔로워십을 자연스럽게 익힐 수 있는 내용으로 구성했다. 둘째 장은 따르는 팔로워, 셋째 장은 살피는 팔로워, 넷째 장은 이끄는 팔로워, 다섯째 장은 리더와 팔로워의 이상적인 협력 형태들을 소개했다. 그리고 여섯째 장은 2024년부터 군부대에서 사용할 '팔로워십 교육프로그램'을 개발하면서 다룬 팔로워십의 핵심역량을 수록하여 사례로 활용할 수 있도록 했다.

따르고, 살피고, 이끄는 '따살이' 팔로워십!

독자들은 단순한 논리이지만 꽤 흥미진진한 팔로워십 이론을 이 책에서 접하게 될 것이다. 이를 따라 '따살이 팔로워십' 여행을 즐기다 보면 팔로워십이 왜 중요하고, 실체가 무엇이며, 어떻게 익히고 활용해야 하는지도 자연스럽게 깨닫게 될 것이다.

필자는 대다수 팔로워가 MZ세대로 구성되고 이들이 차지하는 비율이 점차 늘고 있다는 사실을 주목했다. 그래서 이들을 다룬 다양한 신간 서적과 관련 논문 등을 읽으면서 이들의 성향을 파악해 왔다.

따라서 리더가 이 책을 읽으면 팔로워의 절반을 차지하는 MZ세대가 어떻게 생각하고, 어떤 사고와 가치를 중시하면서 회사에서 일하는지 알 수 있고, 이들과 어떻게 공존하며 살아야 할지에 대한 지혜도 덤으로 터득하게 될 것이다. 해답은 실천에 있다.

Practice makes perfect.

연습하면 완벽해진다는 명언처럼 꾸준한 연습과 실천만이 제대로 된 팔로워십 역량을 갖추도록 해 줄 것이다. 이 책을 눈 돌리면 보이는 곳에, 손 뻗으면 닿는 곳에 두고 동반자로 삼아 틈틈이 배우고 익힌다면 직장은 물론 삶의 현장 곳곳에서 여러분의 인생은 활짝 펼 것이다.

이제부터 본격적으로 따살이 팔로워십 여행을 떠나 보자.

2024년 1월

문담 **정문섭**

Story 01

따르고 살피고 이끄는 팔로워십

팔로워십은 조직의 비전과 목적을 달성하도록 팔로워가 리더를 따르고 주변을 살피며, 내 분야에서 실질적으로 리더를 이끌 역량을 갖춰 성과를 창출하는 것이다.

Story **01**

따르고 살피고 이끄는 팔로워십

최후의 결정은 누가 할까?

(딸 애니) "아빠! 캠이 바위틈에서 빠져나오려고 해요."
(아버지 로이스) "아들아, 내가 하는 말 잘 들어라. 꾸물댈 시간이 없으니 이 줄을 끊거라."
(아들 피터) "뭐라고요?"
(아버지 로이스) "캠 하나에 셋은 무리야. 안 그러면 우리 모두 죽어. 하나만 죽느냐, 셋 다 죽느냐다."
(딸 애니) "아빠, 그러지 마세요."
(아버지 로이스) "네 동생도 죽일 셈이냐? 애니가 죽는다고."
(아들 피터) "못 해요!"
(아버지 로이스) "널 욕할 사람은 아무도 없어. 캠이 뽑히면 애니도 너도 다 죽어. 동생을 살리려면 어서 자르래도. 난 상관하지 마라."
(딸 애니) "안 돼요."
(아버지 로이스) "머뭇거리면 모두 다 죽는다. 피터야! 어서 잘라라!"
세계 최고의 산악인 로이스는 어느 날 아들 피터, 딸 애니와 함께 암벽을 오른다. 깎아지른 절벽에서 정상을 향한 암벽등반을 즐기던 중 옆에서 등반하던 다른 대원의 비명이 들리면서 숨 막히는 상황이 벌어진다. 맨 뒤에서 오르던 애니의 캠 하나에 앞서가던 다섯 명의 목숨이 경각에 달리게 된 것이다.

애니와 피터, 아버지 로이스, 여기에 잘 모르는 다른 두 대원까지 다섯 명의 목숨이 한 치 앞을 내다볼 수 없는 극한상황에 몰렸다. 이때 맨 아래에 있는 대원 두 명이 심하게 발버둥을 쳤다. 딸과 아들의 생명이 위험하다고 느낀 아버지 로이스는 아랫줄을 끊었고, 순간 두 명은 절벽 아래로 추락했다.

이제 남은 것은 딸 애니와 아들 피터, 로이스 셋뿐이다. 아버지 로이스는 암벽에 캠을 하나 더 박아 보라고 주문한다. 그러나 애니의 노력은 헛수고였다. 오히려 바위틈에 박힌 캠마저 빠져나오려 했다.

캠 하나로 세 명을 지탱할 수 없음을 직감한 아버지 로이스는 침착한 어조로 아들 피터에게 칼을 꺼내서 당장 자신과 연결된 줄을 자르라고 톤을 높인다. 아버지를 죽여서는 안 된다는 애니의 울부짖음, 이러다 세 명이 다 죽을 수 있다고 고함치는 아버지 로이스의 다급한 목소리. 이 사이에서 피터는 판단을 내리지 못하고 한동안 머뭇거렸다.

– 후략 –

팔로워십 강의를 시작할 때마다 수강생들에게 보여 주던 영화 『버티칼 리미트(Vertical Limit)』의 한 대목이다. 이 장면에서 리더인 아버지 로이스는 아들 피터에게 "캠 하나로 세 명이 버티는 것은 무리이니 너희

둘만이라도 살아야 한다."라고 부르짖는다. 실제로 우물쭈물하다 바위 틈 속 캠이 뽑히기라도 하면 모두 낭떠러지로 추락할 수밖에 없는 심각한 상황이다. 그러나 딸 애니는 눈물로 호소한다. 절대로 아버지를 죽이면 안 된다고. 애니의 울부짖음과 아버지의 준엄한 요구가 교차하는 순간, 판단하고 행동으로 옮기는 것은 아들 피터 몫이다. 생과 사의 갈림길에서 동생 애니의 애원을 뒤로하며 피터는 떨리는 손으로 움켜쥔 칼을 암반용 로프로 가져갔다.

팔로워의 판단과 행동이 중요함을 새삼 일깨워 주는 장면이다. 이렇듯 리더가 지시를 내려도 최종적으로 판단하고 행동에 옮기는 사람은 팔로워다. 그렇다면 피터는 지금 무엇을 근거로 판단하고 행동해야 할까? 여기서 팔로워에게 중요한 판단의 기준부터 알아보기로 하자.

천하의 두 가지 기준, 시비와 이해

조선 정조 임금 때 다산 정약용은 모함을 받아 전라도 강진에 유배된다. 그러자 약용의 큰아들 학연은 조정 관리에게 편지를 보내 억울함을 호소하자고 아버지에게 제안한다.

"아버님! 귀양살이에 얼마나 고통이 크십니까? 소자가 귀양에서 풀려날 방안을 마련하였습니다. 판서로 있는 사촌 처남 OOO와 아버님의 해배를 막고 있는 OOO 대감과 OOO 대감에게 용서를 구하신다면 일은 잘 풀릴 듯 싶사옵니다."

편지를 받은 정약용은 유배지에서 나오기 위해 자신의 절개를 굽힐 수 없다는 생각에 아들에게 답장을 썼다. 이때 판단의 근거가 되는 시비와 이해의 저울 이야기를 꺼냈다.

'천하에는 두 가지 큰 저울이 있다. 하나는 옳고 그름을 뜻하는 시비(是非)의 저울이고, 다른 하나는 이로움과 해로움이라는 이해(利害)의 저울이다. 이 두 가지 저울에서 4개의 선택이 나온다. 옳은 것을 지켜서 이로움을 얻는 것은 최상이다. 둘째는 옳은 것을 지키지만 해로움을 얻는 것이며, 셋째는 그른 것을 선택하여 이로움을 얻는 것이다. 가장 하책은 그른 것을 선택해 이로움을 취하려다 해까지 당하는 것이다.'
- 여유당전서, 답연아(答淵兒) -

여기서 파생되는 두 가지 기준과 네 가지 경우의 수가 팔로워십 여행을 시작하면서 필자가 독자들에게 던지는 첫 번째 화두다. 팔로워는 리더와 함께 가는 동반자다. 큰 그림의 상황판단은 리더가 하지만, 현장에서 판단하고 행동으로 옮기는 사람은 팔로워다.

팔로워가 분명한 판단기준을 갖고 있어야 하는 이유가 여기에 있다. 교세라의 창업자 이나모리 가즈오는 사업하다 어려운 상황에 부딪히면 근본적인 질문을 스스로에게 던지며 해답을 찾았다.

'나는 왜 이 사업에 뛰어들었는가, 이 일은 옳은 것인가, 그른 것인가?' 이 질문에 답할 수 있다면 난제를 타개할 수 있었다. 사업을 하는 동안 그는 모든 결정에 앞서 "인간으로서 무엇이 옳은가?"라는 질문을 던졌다.

그리고 이런 내용을 지키려고 노력했다. 덕분에 그가 경영했던 기업들은 모두 성장 가도를 달릴 수 있었다.

매킨토시 교회 성장 네트워크의 게리 매킨토시 회장도 그의 저서 『극복해야 할 리더십의 그림자』에서 '리더는 목표 달성을 위해 수단과 방법을 가리지 않는 사람이 아니라 올바른 가치관에 따라 행동하는 사람'이라고 정의를 내리고 있다.

"나는 왜 이 일을 하려고 하는가? 나의 결정은 과연 올바른 것일까?"

팔로워는 최종적으로 결정해야 할 순간이 왔을 때 옳고 그름을 자문자답해본 다음 행동에 옮겨야 한다. 이때 그 결정이 옳고 동시에 이로운 일이라면 더는 다른 명분을 찾을 이유가 없다. 옳고도 이로운 일을 하겠다는데 이를 폄훼하고 훼방 놓을 사람은 없다.

안중근 의사는 이토 히로부미를 사살하여 민족의 한을 풀었지만 체포되었다. 옳은 일을 했으나 본인은 사형을 당하는 최악의 상황을 만난 것이다. 그는 일본 검사와 마주 앉았을 때 "이토 공작을 왜 원수로 여기는가?"라고 묻자 기다렸다는 듯이 대답했다.

"원수로 여기는 이유는 차고 넘친다. 첫째, 한국 명성황후를 시해한 죄, 둘째, 대한민국 황제를 폐위시킨 죄, 셋째, 을사늑약과 정미 7조약을 강제로 체결한 죄, 넷째, 무고한 한국인을 학살한 죄, 다섯째, 나라를 강제로 빼앗은 죄…(중략)… 이상의 죄목에 따라 나는 이토 히로부미를 사살한 것이다."

안중근은 이토 히로부미를 죽일 수밖에 없는 15가지 명분을 막힘없이 토해냈다. 비록 형장의 이슬로 사라졌으나 우리는 그를 의사(義士)라고 부른다. 후손들은 아직도 그를 위대한 선열로 기억하고 있다.

동기가 순수하면 일도 잘 풀린다. 어디선가 무슨 일이 생겨도 도와주는 사람이 반드시 나타난다. 사심 없이, 인류를 위해, 세상을 위해 좋은 일을 하겠다는데 누가 감히 막겠는가. 하늘은 스스로 돕는 자를 돕는다고 했다.

아무리 거센 파도가 몰아쳐도, 흔들림 없는 방파제처럼 믿음직한 팔로워로 올바르게 행동한다면 꼬였던 상황도 유리한 국면으로 돌아설 것이다. 반면에 그른 일을 하면서 이로운 선택을 취하려 한다면 결과는 불 보듯 뻔하다.

리더가 먼저냐, 팔로워가 먼저냐

'리더가 먼저일까? 팔로워가 먼저일까?'

이에 대해 명쾌하게 답변하는 것은 '닭이 먼저냐, 달걀이 먼저냐'라는 인과 관계를 밝히는 딜레마처럼 어렵기만 하다. 이를 논리적으로 입증하려는 시도는 고대 철학자의 의문과 천지창조라는 생명의 기원에 대한 궁금증에서 비롯되었다.

위키 백과는 '닭이 먼저냐, 달걀이 먼저냐?'라고 따질 때, 생명의 시초에 대한 물음이라면 '닭'이 먼저라는 명쾌한 논리를 전개한다. 즉, 만물의 존재가 절대자의 창조에 의한 것이라면 당연히 생명의 시초는 창조의 산물이 우선이다. 그렇다면 달걀을 생산한 닭이 먼저다. 그러나 그보다 더욱 근원으로 돌아가면 닭을 창조한 절대자의 아이디어가 존재한다.

절대자는 스스로 존재하는 자다.

리더가 먼저일까, 팔로워가 먼저일까도 이런 맥락에서 답을 찾는다면 간단하다. 흔히 "사람 나고 돈 났지, 돈 나고 사람 났나"라는 말을 많이 한다. 같은 논리다. 팔로워들이 있기에 선도할 리더가 필요했다는 말이다. 리더는 집단 및 조직 내에서만 필요한 존재다. 최소한 셋 이상이 모인 집단이라야 리더의 의미가 있다. 중요한 것은 팔로워십을 익혀야 리더로 거듭날 수 있다는 사실이다.

리더와 팔로워는 조직의 필수 구성 요소이다. 리더는 조직이 목표를 설정하고 달성하도록 비전과 방향을 제시한다. 팔로워에게 동기를 부여하고, 영감(Inspiration)도 준다. 팔로워는 조직의 비전과 목표가 달성될 수 있도록 실질적으로 리더를 따르고 살피며 행동으로 실천한다. 그러면서 조직의 비전을 실천하는 데 필요한 협력, 그리고 조직의 목표 달성에 도움이 되는 통찰력과 아이디어도 내놓는다.

비전과 방향 제시는 리더의 몫이나 실질적으로 행동하며 성과를 내는 것은 팔로워다. 팔로워는 달걀과도 같은 존재다. 알이 부화하여 성숙한 닭이 되면 그중 뛰어난 닭은 리더 역할을 한다. 그러나 팔로워의 지원과 협력이 없다면 조직에서 리더가 실제로 할 수 있는 것은 그리 많지 않다.

흔히 리더와 팔로워는 '바늘과 실의 관계'로 비유된다. 서로 보완하는 관계라는 뜻이다. 바늘 없이 실은 움직일 수 없고, 실이 없는 바늘은 목적을 이룰 수 없다. 이처럼 리더와 팔로워는 각자의 역할을 했을 때 목표를 달성하면서 함께 성장한다.

창업하는 리더는 조직을 구성할 때 팔로워를 선택할 우선권이 있다. 리더는 자신의 비전과 목표 달성을 위해 팔로워를 모집하고 조직을 이끌어 간다.

리더가 먼저냐 팔로워가 먼저냐에 앞서 이들 모두는 각자 조직 내에서 중요한 역할이 있다. 리더는 조직의 비전 제시와 방향 설정, 전략 수립, 목표 설정 등을 맡는다. 조직 내에서 비전을 제시하고, 팀원들에게 동기를 부여하며, 팀의 역량 개발과 강화에도 나선다. 그런 측면에서 리더의 역할은 크다.

반면 팔로워는 리더를 지원하고, 조직 내에서 협력과 팀워크를 촉진하며 실행하는 결정적 역할을 한다. 리더의 결정에 의견을 제시하고, 조직의 방향성과 목표를 지지하며, 업무를 원활하게 진행하기 위해 협력하는 역할은 팔로워 고유의 몫이다.

리더가 '무엇을 할지(What)'를 겨냥한다면 팔로워는 '어떻게 할지(How)'에 초점을 맞춘다. 즉 리더는 올바른 일을 하는 것에 중점을 둔다면 팔로워는 '올바르게 일하는 것'에 초점을 둔다. 리더와 팔로워는 누가 먼저냐가 중요한 것은 아니다. 이보다는 서로 다른 방식으로 조직의 성과에 영향을 주는 상호 보완적인 존재임을 인식하고 각자의 역할과 역량을 존중하고 이해해 주는 것이다.

리더십이 중요할까? 팔로워십이 중요할까?

'리더십이 중요할까? 팔로워십이 중요할까?'
팔로워십 강의 도중 수강생들에게 이런 질문을 던지면 대부분은 '리더십'이라고 답한다. 논리적으로 설명하기는 어려워도 리더가 더 중요하다고 생각하는 듯했다. 이들에게 팔로워십 개념을 물으면 대부분 잘 모른다는 답변이 돌아왔다. 팔로워십에 부정적인 선입견과 편견을 가진 사람도 부지기수였다.

"리더가 배우는 것이 리더십이듯 팔로워가 배우는 것이 팔로워십 아니겠습니까?" 말은 맞는데 답변하는 심사는 왠지 뒤틀렸다. '리더를 따르게 하려고 부하 직원에게 주입하는 교육' 정도로 이해하는 듯했다. 그러면서 팔로워십의 개념은커녕 단어조차도 낯설어하는 눈치였다.

다시 처음 질문으로 돌아가 보자. '리더십이 중요할까, 팔로워십이 중요할까?'

'닭이 먼저냐, 알이 먼저냐?'처럼 답변하기 쉽지 않은 질문이다. 독자들은 어느 것이 더 중요하다고 생각할까? 눈칫밥 먹고 산전수전 겪어 본 사람이라면 글의 전개 흐름만 봐도 '팔로워십'으로 선택을 바꿀 것이다. 그러나 그렇지 않은 사람은 여전히 리더십이라 주장할 가능성이 크다.

조직은 리더와 팔로워가 한마음이 되어 시너지 효과를 발휘할 때 성장과 발전을 거듭한다. 손바닥도 마주쳐야 소리가 나는 것과 같은 이치이다. 그렇더라도 애써 리더와 팔로워를 분리해서 저울로 중요성의 무게를 단다면 어떨까?

미국의 경영학자인 로버트 켈리(Robert E · Kelley) 교수는 그의 저서 『팔로워십의 힘(The power of followership)』에서 "리더가 조직의 목표 달성에 이바지하는 것은 10~20%에 불과하고, 나머지 80~90%는 팔로워에 의해 결정된다."라고 하였다. 덧붙여 리더십과 팔로워십이 그와 비슷한 비율로 조화를 이룰 때 민주주의는 정착된다고 설명했다. 그의 주장을 빌리지 않아도 필자는 팔로워의 힘이 훨씬 더 중요하다고 단언한다. 이렇게 확신하는 근거는 크게 세 가지다.

첫째는 팔로워가 조직의 절대다수를 차지한다는 점, **둘째**, 최종적으로 행동에 옮기는 일은 팔로워가 한다는 점, **셋째**, 팔로워십의 일부분이 리더십이라는 점을 들 수 있다. 팔로워는 팔로워십을 제대로 익히고 실천할 때 훌륭한 리더로 성장할 수 있다. 이처럼 팔로워십은 팔로워 뿐만 아니라 궁극적으로는 리더를 양성하는 근간이 되며 개인과 조직의 성공을 견인하는 21세기의 핵심 이론으로 부상하고 있다.

사마천이 궁형(宮刑)이라는 치욕을 감수하면서 『사기(史記)』를 쓰려 했던 것도 팔로워 역사의 중요성을 깨달았기 때문이다. 사마천의 사기에는 민중사관의 물결이 사기의 강물이 되어 도도히 흐른다. 역사의 큰 줄기는 더디긴 해도 진보하게 되어 있으며, 팔로워들의 유구한 물결에 따라 흐를 수밖에 없다. 이 모든 것을 이끌어 가는 주축은 다름 아닌 팔로워들이다.

과거 왕조 시대의 역사는 왕과 양반들이 이끌어 왔다면 지금 대한민국의 역사는 팔로워십이라는 집단지성의 힘에 많은 영향을 받고 있다. 오늘날 리더의 권력과 영향력은 갈수록 줄어드는 반면 팔로워에게는 더 많은 것이 주어지고 있다. 리더가 아무리 훌륭해도 혼자서 조직을 이끄는 것은 한계가 있다는 이야기다.

리더십과 팔로워십은 조직의 성공에 그 나름대로 중요한 역할을 한다.

둘은 조직 내에서 상호의존적인 관계를 이어간다. 예컨대 리더십이 조직의 비전과 방향성 제시, 목표 설정 역할을 맡고 있다면 팔로워십은 이를 지지하고 협력하며 목표 달성을 돕는 역할을 한다. 다시 말해서 팔로워는 리더가 세운 방향성과 목표를 달성하기 위해 실천적인 전략을 실행하는 사람이다.

조직의 방향성과 목표가 정확하고, 이에 따른 전략을 정확히 이행하여 성과를 거두면 결과에 따른 과실은 리더에 돌아간다. 마찬가지로 조직의 방향성과 목표에 따른 전략이 부실하여 팔로워들이 열심히 따랐음에도 성과를 내지 못했다면 책임 역시 리더 몫이다.

그러나 아무리 방향성과 목표가 잘 설정되었다고 해도, 팔로워가 따라와 주지 않으면 보완과 협력이 이루어지지 않아 성과를 낼 수 없다. 상호 호혜와 교환의 관계는 공동의 목표를 향하여 함께 가는 리더와 팔로워의 진행 관계에 달려 있다.

조직이 목표를 달성하려면 무엇보다 이를 뒷받침해 주는 팔로워의 힘이 절대적으로 필요하다. 리더와 팔로워가 합심하여 공유한 목표를 달성하려면 비전과 목표도 중요하나 팔로워의 행동이 뒷받침되지 않으면 이는 모래성에서 그칠 수 있다.

바버라 켈러먼(Barbara Kellerman)은 그의 저서 『팔로워십』에서 리더가 팔로워에게보다는 팔로워가 리더에 더욱 중요한 존재라고 강조한다. 실제로 리더는 행위에 있어서 부차적이지만 팔로워와 팔로워 간의 관계는 우리가 일반적으로 상상하는 것보다 더 중요하다. 팔로워십이 대세인 마당에 이를 무시하고 아직도 리더십만 고집하는 것은 맞바람 속에서 휘

파람을 불겠다는 것과도 같다고 설명하고 있다.

영화 『관상』의 마지막 장면에서 주인공 송강호는 파도를 일으키는 것은 바람임에도 시대적 변화의 흐름인 바람을 보지 못하고, 시시각각 출렁이는 파도의 물결만 바라보며 살아왔던 지난날을 후회한다.

21세기의 시대적 흐름은 시시각각 다가오는 파도가 아니라 파도를 일으키는 바람을 파악하는 것이다. 바람의 진원지는 그동안 소홀히 취급한 팔로워십에 답이 있다. 팔로워십을 제대로 익혀야 집단지성의 힘을 최대한으로 활용할 수 있다.

타이타닉의 침몰, 성수대교의 붕괴, 누구의 잘못인가!

영화 『타이타닉』은 단 하나의 운명, 단 한 번의 사랑으로 영원히 기억될 이야기를 담은 영화다. 그러나 관점을 달리해 '재난'이라는 측면에서 보면 영화 타이타닉은 팔로워의 시각에서 새롭게 해석할 소지가 있다.

1912년 4월 10일 승객 2,223명을 태운 채 영국 사우샘프턴을 떠나 미국 뉴욕으로 출항하던 초호화 여객선 타이타닉은 4월 15일 빙산과 충돌 후 침몰했다. 이때 숨진 승객은 무려 1,514명으로 해난 사고 중 가장 큰 사고였다. 타이타닉호는 세계에서 가장 큰 여객선이었다. 그러나 구명정은 20척밖에 없었다. 구명 정원은 1,178명인데 구조된 사람은 710명뿐이었다.

타이타닉은 왜 침몰했을까? 타이타닉호의 침몰은 자연 재난이 아닌 인재(人災)라는 시각이 우세하다. 현재까지 밝혀진 사고 원인은 크게 네 가지 정도다.

첫째, 통신 담당자가 빙산 경고 메시지를 선장에게 제대로 전달하지 않아 제때 항로를 바꾸지 못했다. 타이타닉호에는 빙산을 조심하라는 통신이 지나던 배를 통해 여러 번 타전됐다. 그러나 통신 담당자 잭 필립스는 이를 무시했다. 그는 다른 선박의 통신원에게 오히려 짜증까지 부리고 경고를 함장에게 전달하지 않았다. 타이타닉은 결국 거대한 빙산과 충돌했다.

둘째, 항해사가 먼바다를 살피는 쌍안경이 없었다. 실제로 이등 항해사 데이비드 블레어는 출항 직전에 쌍안경이 든 보관함 열쇠를 후임자에게 전달하는 걸 잊었다. 이 때문에 후임 선원은 맨눈으로 먼바다를 살폈다. 빙산의 존재를 빨리 파악하지 못했으니 참사는 당연한 결과였다.

셋째, 조타수가 잠시 우현과 좌현을 혼동했다. 이를 뒷받침하듯, 타이타닉의 생존자인 이등 항해사 찰스 라이틀러는 "충분히 피할 수 있었으나 조타수의 조종 실수로 배가 빙산과 충돌했다."라고 증언한 바 있다.

넷째, 선체에 사용된 강철판에 문제가 있었다. 타이타닉호는 완전히 두 동강이 난 상태로 침몰했다. 강철에 불순물인 황과 인이 많이 섞여 있었다는 비판이 흘러나온 이유다. 전문가들은 유황 함량이 낮은 철판으로 선체를 제작했다면 구부러지거나 늘어나긴 해도 최소한 배가 두 동강 나지는 않았을 것이라고 진단했다.

이처럼 빙산 정보를 함장에게 전달하지 않은 것, 쌍안경 열쇠를 두고 온 것, 좌현 우현을 헷갈려 조종한 것, 불량 강철판을 사용한 것 등만 보아도 타이타닉호의 침몰은 팔로워의 잘못이 컸음이 드러났다. 팔로워의 역할이 중요하다는 분석이 설득력을 얻는 이유다. 이쯤 해서 한국의 재난 상황도 함께 살펴보자.

'우리들은 이제 더 이상 용서할 수 없다. 그 어떤 변명과 핑계도 용납할 수 없다. 무너진 다리에 끊어져 버린 꿈, 무너져 버린 사랑, 무너져 버린 믿음 어른들의 치졸함에 누명을 쓰고 가버린 친구들을 우리들은 기억해야 한다. 아니꼽고 치사하고 유치하고 비겁한 아, 성수대교, 1994 부실 공사 추방 원년 1994!'

대한민국 남성 그룹 디제이 덕(DJ DOC)이 성수대교 붕괴 사고의 비극을 담은 노래 '성수대교'의 가사 내용이다. 1994년 10월 21일 오전 서울시 성동구 성수동과 강남구 압구정동을 연결하는 성수대교 상부 트러스 48m가 갑자기 무너져 내렸다. 이 사고로 출근하고 등교하던 시민 학생 등 49명이 한강으로 추락했고, 32명은 현장에서 숨졌다. 어처구니 없는 사건에 시민들은 분노했고, 당시 이원종 서울시장은 도의적 책임을 지고 물러났다. 그렇다면 성수대교의 붕괴는 서울시장의 잘못일까?

성수대교는 15년 전인 1979년 10월 개통됐다. 성수대교가 무너지자 건설 분야에 만연한 부실 공사, 부실 감리, 안전 검사 미흡이 언론의 집중 공격을 받았다. 성수대교 참사는 공권력을 이용하여 사익을 추구하던 한국 사회의 부정부패가 주범이었다. 정약용의 두 가지 기준, 시비와 이해를 근거로 판단했다면 있을 수 없는 일이었다. 그런데 옳지 않은 일인 줄 알면서도 개인에게만 이익이 되는 '비리'를 선택했기에 벌어진 참사였다.

성수대교 참사로 당시 건설사업자와 기술 담당 상무, 관계 공무원 등 모두 17명이 구속되거나 불구속 기소 되었다. 이를 계기로 한국 사회는 부패에 대한 전반적인 문제 제기가 이루어졌고, 부정부패 관행을 줄이려는 노력이 정부, 학계, 시민사회단체 차원에서 빠르게 진행됐다. 건설 못지않게 유지관리(Maintenance)가 중요하다는 공감대를 형성한 것도 이때부터였다.

그러나 그때뿐이었다. 여전히 한국은 교통사고, 자살, 낙태, 해외 입양, 흡연, 음주, 제왕절개율 1위에 이어, OECD 국가 중 부패지수 22위 국가라는 오명에서 벗어나지 못하고 있다. 팔로워에게 총체적으로 문제가 있음을 드러내는 지표들이다. 잘못은 팔로워가 하고 책임은 리더가 지는 관행은 지금도 여전히 계속되고 있다.

성수대교 붕괴 이후로도 2014년 4월 세월호 침몰, 2017년 12월 제천시 하소동 스포츠센터 화재 참사, 2022년 10월 서울 이태원 참사 등 큰 사고는 계속되고 있다. 리더의 판단을 듣고 최종적으로 실천에 옮기는 사람은 팔로워다. 그것이 성과로 나오면 과실은 리더가 누린다. 반면 실패했을 때 리더가 도의적 책임을 지는 분위기는 사라진 듯하다. 이태원 참사가 그렇고, 청주시 오송 궁평 지하차도의 참사도 마찬가지다.

성수대교 부실 공사로 인한 법적 책임은 당시에 부당이익을 취한 팔로워가 져야 마땅하다. 실제로 이 사건으로 서울시 공무원과 동아건설 관계자 12명은 모두 구속됐다.

팔로워십이 뜨는 이유

"나라 말씀이 중국과 달리 한자와 서로 통하지 아니하므로, 일반 백성이 말하고자 하나 제 뜻을 능히 펴지 못할 자가 많은지라. 내 이를 불쌍히 여겨 새로 28자를 만드니 사람마다 쉽게 학습하여 사용하는 데 편케 하고자 할 따름이다."
– 『훈민정음』 서문 –

세종대왕은 훈민정음 서문에 한글을 창제한 목적을 이렇게 적었다. 모든 백성이 쉽게 문자를 익혀 그 혜택이 골고루 돌아가도록 하자는 것이다. 한글은 만백성이 사용해야지 한자처럼 일부 지배계급의 특권이 되어서는 안 된다고 했다. 덕분에 580년의 세월이 흐른 지금 한국은 국민의 99%가 글을 읽고 쓸 수 있는 나라가 됐다.

정보는 곧 권력이다. 과거 왕조 시대는 리더가 이끌어가는 사회였다. 왕권 세력과 양반이 세상을 쥐락펴락했다. 그들은 한자라는 문자와 정보를 독점했기에 권력도 독점하면서 국정을 쥐고 흔들 수 있었다.

서양도 마찬가지였다. 그러나 계몽주의, 미국 독립전쟁, 프랑스 혁명 등 굵직굵직한 사건을 거치면서 역사를 이끄는 주체세력도 바뀌고 개인 인권도 나아지고 있다. 왕권과 귀족 중심의 사회에서 노동자 중심, 팔로워 중심의 사회로 바뀌고 있다. 미국에서는 흑인과 원주민, 여성, 동성애자들의 평등권이 갈수록 나아지고 있다.

리더십과 경영학의 전문가인 할란 클리블랜드는 1997년 발표한 글에서 '정보혁명이 시작되면서 이제 권력은 리더에서 팔로워로 이동할 것'이라고 예견했다. 그는 소련의 붕괴와 그 이후의 사건들을 지켜보면서 팔로워의 힘이 어느 때보다도 중요해졌다고 진단했다.

실제로 '인터넷'으로 일컫는 정보의 바다는 리더와 팔로워의 관계를 크게 변화시키고 있다. 가장 대표적인 것이 '미네르바 사건'이다. 미네르바는 그가 전문대 졸업자였음에도 불구하고 2008년 미디어다음 아고라에서 왕성하게 활동하면서 리먼 브러더스의 부도 등 미국발 금융위기를 예측하고, 당시 정부의 경제 정책과 금융시장 등에 대한 예리한 분석 글을 올려 투자자와 네티즌들 사이에서 큰 인기를 끌었다.

'미네르바 사건'은 정보의 독점이 리더의 세상이 아님을 입증한 사례다. 파워블로거와 유튜버의 등장은 권력을 가진 자와 갖지 못한 자의 역학구도를 송두리째 흔들어놓았다. 부의 크기도 정보력과 팔로워의 협력, 상상력에 의해 좌지우지되는 시대를 맞고 있다.

지금은 팔로워의 시대다. 시대가 흐르면서 모든 것이 변하고 있다. 민심이, 팔로워들이 많은 것을 결정하는 시대에 우리는 살고 있다. 박근혜 전 대통령이 탄핵을 받아 물러난 것은 팔로워의 위력을 입증한 대표적 사례다. 여론이 무서워 여론조사를 조작하려는 정치 권력의 장난질도 팔로워의 무서움을 온몸으로 느끼기 때문이다. 대한민국은 민주공화국이라는 헌법 제1조 1항에 따라 대한민국은 국민이 주인인 공화국이다. 민심을 팔로워가 결정한다는 사실은 우리 사회가 이미 팔로워의 사회로 깊숙이 진입했음을 입증하고 있다.

선진 미국의 대통령조차도 팔로워들의 지지율 하락에 전전긍긍하고 있다.

권력을 가진 자는 어항 속 금붕어처럼 그들의 일거수일투족이 드러나고 있다. 리더의 권력과 영향력은 갈수록 줄고 있다.

2006년 봄, 뉴욕타임스는 '서양에서 리더는 살기 힘들다'라는 제목으로 기사를 실으면서 부시 미국 대통령과 토니 블레어 영국 총리, 시라크 프랑스 대통령, 베를루스코니 이탈리아 총리의 얼굴 사진도 나란히 실었다. 하나같이 피곤하고 걱정스러운 표정의 이들 사진에는 그들이 느끼는 권력의 피로가 고스란히 담겼다.

많은 권력이 리더에서 팔로워에게 분산되고 팔로워의 영향력이 커지면서 팔로워십의 중요성도 확대되고 있다. 바버라 켈러먼은 그의 저서 『팔로워십』에서 리더와 리더십에 대한 연구가 이제는 팔로워와 팔로워십에 집중되고 있다고 분석했다.

그는 리더와 팔로워의 거리가 좁혀지고 있는 것만은 분명하며, 더는 팔로워를 소홀히 할 수 없게 되었다고 진단했다. 리더가 아무리 유능해도 혼자 힘을 발휘하는 데 한계가 있다는 자체가 우리 사회가 팔로워십 시대로 깊숙이 진입했음을 인정하는 것이라고 덧붙였다.

팔로워십의 확산 흐름은 다양한 형태로 나타나고 있다. 빠르게 변화하는 환경에 맞게 기술 발전이 급속도로 이루어지고, 다양성이 늘어나면서 젊은 세대를 중심으로 팔로워십을 중요하게 여기는 인식도 갈수록 높아지고 있다.

조직이 세계화될수록 리더는 팔로워의 현지 지식과 전문성에 의존할 수밖에 없다. 성과는 팔로워의 역량에 따라 다르게 나타나기 때문이다. MZ 세대를 중심으로 직장에서 다른 사람과 효과적으로 일하기 위해 개인 감성 지능을 더 중시하는 것도 팔로워십을 주목하는 원동력이다.

여기에 공동 작업에 따른 권한 부여와 원격 근무 등 우리의 일터도 다양한 환경과 유연한 근무체제로 바뀌고 있다. 협업을 이룰때 팔로워십은 더욱 진가를 발휘한다. 소셜 미디어를 비롯한 비공식 네트워크는 탈중앙화 현상을 보이고 의사결정이 분산화하면서 직장에서도 감성 지능과 공감이 더욱 중요해졌다. 전통적인 계층 구조에서 협업을 강조하는 사회로 빠르게 변화하는 것도 팔로워십을 찾는 요인이 되고 있다.

왜 팔로워십인가?

헤르만 헤세와 그의 책 『동방순례(Journey to the East)』에 등장하는 여행자 집단을 보면 흥미로운 현상을 목격하게 된다. 이 책의 주인공 레오(Leo)는 동방으로 여행을 떠나는 집단에서 요리와 청소 등 허드렛일을 맡은 하인이다. 레오는 신분은 낮으나 성격이 밝아 조직의 사기를 올리고 유지해주는 역할을 해낸다. 그러다가 어느 날 레오가 갑자기 사라지자 혼란이 찾아온다. 요리와 청소를 맡은 레오가 없자 순례를 계속할 수 없었고, 여행은 결국 중단되고 만다. 전문분야의 팔로워 한 사람만 없어도 집단 자체가 마비될 수 있음을 보여 주는 단적인 사례다.

『군주론』은 파멸의 위기에 몰린 마흔네 살의 외교관 출신 마키아벨리가 쓴 책이다. 14년간 특권을 누리며 영향력을 행사했던 마키아벨리는 정권이 바뀌면서 해임되었다. 신정부를 반대하는 음모에 가담했다는 혐의였다. 그는 투옥되고 고문도 당했다. 삶이 이보다 더 처참해질 순 없었다. 나중에 무혐의로 풀려나긴 했다.

  그는 시골로 들어가 작은 농장에서 아내와 아이들을 데리고 살았다. 시간이 날 때는 정처 없이 언덕을 거닐었다. 저녁이 되면 집필에 몰두했다. 권력을 얻는 방법, 정치 상황의 희생양이 되지 않는 방법 등에 관한 단상들을 적어 내려갔다. 이렇게 해서 탄생한 책이 마키아벨리의 『군주론』이다.

  『군주론』에는 지금도 논란이 되는 문제의 구절이 여기저기 등장한다. '목적이 수단을 정당화한다.', '인간은 다정히 대해 주거나, 아니면 철저히 파멸시켜야 한다.', '정복한 영토를 확실하게 유지하려면 그곳을 산산이 부숴버리는 방법밖에 없다.' 라는 내용 들이다. 물불을 가리지 않고 집권하여 통치하는 권력자에게는 설득력이 있을지 몰라도 백성의 입장은 아랑곳하지 않는 행태이기에 논란이 될 수밖에 없다.

  20세기 전반기 전체주의 국가를 만들어 2차 세계대전을 일으켰던 히틀러와 무솔리니는 『군주론』을 그들의 지침서로 삼았다. 특히 히틀러는 침대맡에 두고 탐독했다고 전해진다. 역사 속에서 히틀러가 어떤 평가를 받는지 설명하는 것은 불필요하다.

  『군주론』은 군주가 두려움의 대상이 되어야 한다고 가르친다. 마키아벨리는 인간을 사악한 존재라고 보고, 인간은 자기 이해와 얽히는 순간 사랑으로 이어진 끈을 쉽게 끊어버린다고 폄훼한다. 그래서 군주는 다섯 가지 덕목, 즉 완전히 성실하고, 완전히 자비로우며, 완전히 인간적이고, 완전히 정직하며, 완전히 독실한 것처럼 보여야 한다고 설파한다.

  서양에 『군주론』이 있다면 동양에는 한비의 『한비자』가 있다. 한비는 중국 전국시대 한나라 사람이다. 『한비자』가 주장하는 군주의 통치 원칙은 '법(法)', '술(術)', '세(勢)' 세 가지다. 법은 군주가 나라를 다스리는 공정하고 엄격한 원칙이며, 술은 간신을 견제하는 현명한 통치술, 세는 군주가 반드시 지녀야 할 권세, 또는 권력을 일컫는다.

한비는 원칙을 바르게 세우고 조용히 기다리면서 신하들이 스스로 일하게 만드는 것이 군주의 올바른 덕목이며, 사사로운 욕심 없이 아랫사람과 주변의 말에 귀를 기울이는 '경청'도 중요한 선행 요소라고 했다.

그러나 인간의 본성을 철두철미하게 이기만을 추구하는 존재라고 규정한 대목은 유교의 성선설과 상충한다. 인의, 도덕, 관용, 온정 등은 일고의 여지도 없이 배격하였다. 그러면서 인간 사회를 냉담하고 비정하며 서로를 감시하고 적대시하는 집단이라고 보았다.

아이러니하게도 『한비자』에 관심을 기울인 사람은 중국을 최초로 통일한 진나라 '시황제'였다. 폭군 진시황은 분서갱유를 감행했고, 냉혹하고 까다로운 법을 제정했으며, 밖으로는 만리장성까지 쌓았다.

진시황제는 39살의 나이에 중국을 통일한 후 '법대로'를 전가의 보도처럼 휘둘렀다. 그러나 자기만 옳다고 생각했고, 본인의 잘못은 고치려 하지 않았다. 그가 죽은 지 3년 후 진나라는 멸망했다. 지나치게 엄격한 법령과 제도로 백성을 억압하여 원성을 산 탓이었다.

『군주론』과 『한비자』는 애민정신이 없는 리더가 집권할 경우 팔로워들이 얼마나 큰 폐단을 겪는지를 보여 주는 대표적 사례다. 집단은 구성원을 다른 구성원으로부터 보호하기 위해 리더를 필요로 하나 나쁜 리더는 오히려 집단 전체를 위험과 자멸로 이끌 수 있다는 것을 보여 준 것이다.

집단과 조직의 리더는 효율적이면서 윤리적이어야 한다. 덧붙여 『군주론』과 『한비자』에서 살펴보았듯, 리더가 팔로워를 안중에 없는 것처럼 행동하면 이를 바로잡는 것은 팔로워 몫이다. 현실에서도 이러한 상황은 얼마든지 벌어질 수 있다.

미국 플로리다 주립대 하치 월터 교수 연구팀이 직장인 7백 명을 대상으로 조사한 결과에 따르면 나쁜 보스로 인해 괴로운 직장 환경에 처한 직원은 더욱 피곤해지며 직책에 대한 압박으로 불안, 초조, 우울증, 불신 등을 키우게 된다. 이런 상황이 계속되면 직원은 노력하지 않게 되며 봉급에 대한 불만보다 괴로운 보스 때문에 직장을 옮길 생각을 하게 된다고 밝혔다.

스탠퍼드 경영대학원의 데브라 마이어슨 교수는 이런 상황에 닥쳤을 때 팔로워들이 대처하는 유용한 다섯 가지 전략으로 첫째, 조용히 저항할 것, 둘째, 위협을 기회로 바꿀 것, 셋째, 협상할 것, 넷째, 소소한 승리를 이용할 것, 다섯째, 단체로 행동할 것 등을 제시했다.

진 리프먼 블루먼은 팔로워가 힘 있는 리더에 대항하는 유일하면서도 강력한 무기는 연합이라고 소개했다. 나쁜 리더를 만나 쫓기거나 끌려다니면서 이용당하고, 잘려나갈 위험에 처했다면 연합하여 대응하는 것이 최선이라고 주장했다.

현실에서 이런 상황을 맞는다면 팔로워들은 리더의 지배와 복종을 거부하고 시비와 이해의 잣대를 들이대야 한다. 그리고 팔로워의, 팔로워에 의한, 팔로워를 위한 집단지성으로 무장하고 행동에 나서는 실천가가 되어야 한다. 팔로워에게 용기를 얻고, 팔로워에게 새로운 길을 인도받고, 팔로워와 함께 성장하는 세상을 위해서도 말이다. 팔로워십이 왜 필요한지를 새삼 깨닫게 하는 교훈의 현주소가 아닐까 싶다.

미국을 움직이는 팔로워의 힘

미국의 힘은 '팔로워의 힘'이다. 역대 미국 대통령의 취임사와 연설문을 보면 팔로워를 대하는 공통적인 시선을 확인할 수 있다. 에이브러햄 링컨 대통령의 게티즈버그 연설은 미국 3대 명연설 중 하나로 꼽힌다. 링컨은 게티즈버그 연설에서 "국민의, 국민에 의한, 국민을 위한 정부는 지구상에서 사라지지 않을 것이다."(Government of the people, by the people, for the people, shall not perish from the earth)라고 말해 미국이 팔로워의 힘으로 움직이는 나라임을 분명히 했다.

케네디 대통령도 1961년 1월 대통령 취임사에서 "존경하는 국민 여러분! 국가가 여러분에게 무엇을 해 줄 것인가를 묻지 말고, 여러분이 국가를 위해 무엇을 할 수 있는가를 물어보십시오(And so, my fellow Americans: ask not what your country can do for you – ask what you can do for your country)."라고 말했다. 미국을 움직이는 팔로워들의 국가에 대한 의무와 책임을 강조하면서 정책 결정에도 적극적으로 참여해 달라고 주문한 것이다.

미국의 존경받는 지도자 10위에 들어간 오바마 대통령은 취임 연설에서 팔로워 역할의 중요성을 더 구체적으로 언급했다.

For as much as government can do and must do it is ultimately the faith and determination of the American people upon which this nation relies. It is the kindness to take in a stranger when the levees break the selflessness of workers who would rather cut their hours than see a friend lose their job which sees us through our darkest hours. It is the fire fighter's courage to storm a stairway filled with smoke but also a parent's willingness to nurture a child that finally decides our fate.

(정부가 할 수 있는 일과 해야 할 일이 많은 만큼 나라가 의지할 수 있는 것은 궁극적으로는 국민의 신뢰와 결단이다. 제방이 무너졌을 때 낯선 이를 집 안에 들이는 친절함, 친구가 직장을 잃는 것을 방관하지 않고 자신의 근로 시간을 줄이려는 무욕(無慾)의 마음도 우리에게 가장 어두운 시간을 지날 수 있게 하는 덕목들이다. 연기로 가득 찬 계단에 뛰어드는 소방관의 용기나 아이를 키우는 부모의 마음 또한 결국 우리의 운명을 결정할 것이다.)

- 2009년 1월 20일 오바마 대통령 취임사 중에서 -

오바마 대통령은 유세 때마다 'Yes We can.'처럼 팔로워를 상징하는 'We'라는 단어를 즐겨 썼다. 그는 재임 시절 미국인에게 미래를 함께 열어 가자는 메시지를 전달하면서 개인의 힘과 역할을 무척이나 강조했다. 실제로 그는 소셜 미디어를 활용하여 소통하고 투표와 기부를 유도하는 등 팔로워의 역할을 매우 중요시했다.

무엇보다도 오바마 대통령이 팔로워의 역할을 중요하게 여긴다는 것은 2011년 5월 1일 백악관 상황실에서 웹 공군 중장이 제복 차림으로 가운데 앉아 작전 실무를 지휘할 때 이를 지켜보던 사진에서도 고스란히 드러났다. 당시 미국은 911테러의 주범인 오사마 빈라덴이 파키스탄의 수도 이슬라마바드 북쪽 60㎞에 있는 군사 휴양 도시 아보타바드의 3층짜리 저택에 머물고 있음을 확인하자 그를 체포할 특수부대 투입을 결정했다.

작전에 투입될 네이비 실(Navy SEALs) 대원들이 강도 높은 실전 대비 훈련을 마쳤다는 보고를 받은 오바마 대통령은 곧바로 작전 명령을 내렸다. 백악관 상황실에선 헬기 4대로 파키스탄 국경을 넘는 네이비 실 대원들의 작전 상황이 생중계되었다. 마셜 웹 장군이 가운데 앉아 작전 실무를 지휘할 때 힐러리 클린턴 국무장관, 로버트 게이츠 국방부 장관과 함께 구석에서 앉아 이를 지켜보던 오바마 대통령의 모습은 참으로 인상적이었다.

2011년 5월 1일 백악관 상황실. 당시 버락 오바마 대통령과 조 바이든 부통령이 구석에서 넵튠 스피어 작전 진행을 지켜보고 있다. 백악관 제공

국내에서도 팔로워 시각에서 해법을 찾으려는 시도가 활발해지고 있다. 팔로워의 중요성을 일깨우는 학자들의 팔로워십 연구 움직임도 분

주해지고 있다. 왜 이런 흐름이 나타난 걸까. 필자는 팔로워십의 **중요성**을 크게 세 가지로 설명한다.

첫째, 구성원 비율이다. 팔로워는 조직의 절대다수를 차지한다. 예컨대 조직의 인원이 100명이라면 이 중 리더는 한 명이고, 나머지 99명은 팔로워다. 절대다수인 99명을 제쳐 놓고, 어떻게 리더 한 명이 더 중요하다고 할 수 있을까? 팔로워가 없으면 리더는 리더십을 펼칠 무대가 사라지니 존재가치도 사라진다. 마치 실도 꿰지 않은 채 바느질을 하겠다고 누비는 것과도 같다.

조직에서 팔로워는 처음엔 리더를 따르기만 하지만, 후임 팔로워가 생기면 주변을 살피고, 조직의 한 분야를 맡게 되면 조직을 이끄는 팔로워로서의 3단계 변화 과정을 거치면서 성장한다. 그런데 아직도 한국 사회는 팔로워십은 외면한 채 리더십 교육만 '전가의 보도'인 양 외친다. 당연히 대다수 팔로워는 내용을 공감하지 못하니 교육 효과를 기대하긴 어렵다.

둘째, 실행력 측면이다. 팔로워의 진정한 가치는 행동으로 옮기는 실행력에 있다. 오케스트라 합주를 예로 들어보자. 오케스트라는 지휘자와 연주자가 균형과 조화를 이루면 최고의 화음을 뿜어낸다. 지휘자가 리더라면 연주자는 팔로워다. 관현악은 각자 악기의 개성이 살아나고 고유의 소리를 뿜을 때 화음을 연출한다.

통상 관현악 연주에는 최소 80명에서 100명 정도의 현악기, 목관악기, 금관악기, 타악기를 다루는 연주자가 참여한다. 지휘자의 손에는 지휘봉

하나만 쥐어진다. 청중은 연주자인 팔로워들이 만들어 내는 음악을 듣는다. 물론 음악의 하모니를 이끄는 지휘자 역할을 무시할 순 없다. 그러나 연주자가 없으면 소리와 화음이 나오지 않으니 지휘자는 존재의 의미도 무색해진다. 연주자들은 해당 악기에 관한 한 최고의 전문가다. 이를 증명하듯, 최근에는 지휘자가 청중을 바라보고 지휘하는 코믹한 움직임도 나타나고 있다.

미국 뉴욕의 카네기홀. 뜨거운 박수갈채를 받으며 무대에 오른 오르페우스 실내악단 연주자들은 모두 자신에 차 있다. 이 오케스트라는 독특한 면이 있다. '오케스트라'라고 하면 떠오르는 무대 중앙의 단상에 지휘자 자리가 없다. 아니 지휘자가 아예 없다. 50주년이 넘은 역사를 자랑하는 오르페우스 체임버 오케스트라인데 지휘자가 없이도 진행될 수 있음을 보여 주고 있다.

셋째, 리더십은 팔로워십의 부분집합이다. 팔로워십을 단계적으로 익힌 팔로워는 훗날 리더로 변신한다. 그러나 리더로 성장하는 팔로워는 극소수다. 수학적 개념으로 접근해도 리더십은 팔로워십의 부분집합이다.

팔로워는 처음에 리더를 따른다. 따르는 것을 제대로 익혀 전문성을 갖춘 팔로워는 시간이 흐르면서 주변을 살피고, 이런 과정을 거쳐 조직을 통솔할 능력을 갖춘 팔로워 중에서 극소수만이 훗날 이끄는 팔로워로 성장한다. 한마디로 따르고, 살피고, 이끄는 종합(Total) 개념이 필자가 주장하는 팔로워십 이론의 핵심이다. 이러한 팔로워십의 역할과 기능은 어디에서 시작되었을까?

〈표〉 리더십은 팔로워십의 부분집합 개념이다.

일체화(一體化) 개념으로 깨달은 팔로워십

리더십은 흔히 지도력, 영도력이라고도 한다. 세종리더십연구소 박현모 소장은 리더십 개념을 한발 앞서 이끌며 실행하는 '적솔력(迪率力)'이라는 독특한 단어로 표현했다. 적솔력은 세종실록에 나오는 '성심적솔'(誠心迪率)에서 찾은 개념이다. 지도자가 성심을 다하는 정성스러운 마음으로 앞으로 나아가 솔선수범한다는 뜻이다. 리더가 앞으로 나아가면 백성들도 맡은 일에 힘써 노력하면서 따른다는 세종대왕의 생각에서 비롯되었다.

미국의 정치인으로 휴렛 패커드 공동 설립자인 데이비드 패커드는 리더십을 4P로 풀이한다. 즉, 사람(Person)에게 비전 제시와 동기부여의 영향력(Power)을 행사하면 이것이 상사와 부하 직원 간에 상호작용(Process)을 일으키는 과정을 거치면서 성과(Performance)로 이어지는데 이것을 리더십이라고 설명했다. 리더십을 **이구동성**이라고 재미있게 표현하는 사람도 있다. 즉 **이**질적인 **구**성원들을 **동**일한 방향으로 이끌어 **성**과를 창출하도록 하는 능력이라는 것이다.

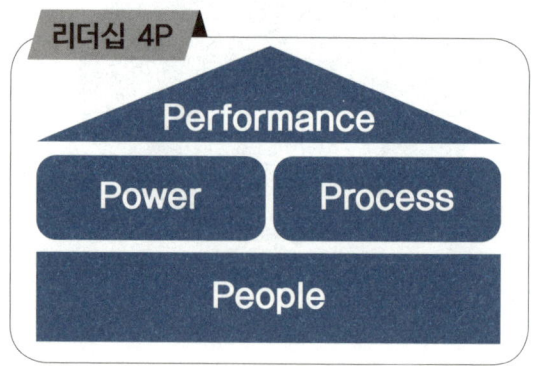

〈표〉 데이비드 패커드가 말하는 리더십 4P의 구조

반면에 팔로워십은 추종자 정신, 또는 추종력이라고도 한다. 켈리 교수는 팔로워십을 '조직이 목표를 달성하는 데 도움을 주는 팔로워들의 효과적인 자질이나 역할'이라고 정의했다. 바버라 켈러먼은 '세상을 바꾸고 리더를 움직이는 보이지 않는 힘'이라고 추상적으로 에둘러 표현했다.

'리더십'과 '팔로워십' 단어 뒤에 붙는 'ship'은 통상 '…로서의 활동, 또는 역량'(activity of…)으로 풀이된다. 각각 '리더로서의 역량', '팔로워로서의 역량'으로 해석된다. 즉, 팔로워십은 조직의 비전과 목적이 달성되도록 리더를 자발적으로 도와주는 데 필요한 팔로워의 역량을 일컫는 말이다.

'ship'은 또한 partnership이나 friendship처럼 관계를 나타내는 단어로 사용된다. 다시 말해서 파트너십은 파트너 간의 관계를, 프렌드십은 친구 사이의 관계를 뜻한다. 관계적 의미와 상호작용의 중요성을 반영하여 리더십과 팔로워십에 적용된 것이 'ship'이다. 따라서 'ship'은 리더십과 팔로워십에서 상호작용과 협력을 강조하는 개념이다.

팔로워십을 리더십의 반대개념으로 분류하는 학자도 있다. 그러나 이는 앞뒤가 안 맞는다. 이보다는 앞서 살펴보았듯, 리더십을 망라하는 개념으로 팔로워십을 설명하는 것이 훨씬 설득력이 있다.

'팔로워십'에 관한 책을 써야겠다고 결심한 이후부터 새로운 팔로워십 이론을 체계화하기 위해 고민하고 사색하는 나날이 이어졌다. 고민의 지향점은 모두가 공감하는 명료하고도 독특한 팔로워십 이론을 어떻게 체계적으로 정리할 것인가의 문제였다.

새로운 이론을 만들려면 다른 사람이 보지 못한 것을 보고, 느끼지 못한 것을 느끼고 공감대를 형성해야 한다. 다른 사람들이 상상하지 못한 것도 상상할 수 있어야 한다. 어떻게 하면 이런 능력을 배양할 수 있을까? 해법은 그런 것을 가장 잘하는 사람들을 따라서 해보는 것이다.

우연한 기회에 ㈜모네상스 강신장 대표의 강연을 듣다가 문득 영감이 떠올랐다. 강 대표는 '남다른 감성과 상상력을 갖춘 부류는 어디에 있을까?' 고민하고 찾는 과정에서 '시인 집단'을 주목했다. '대추 한 알'이라는 시를 운명적으로 만난 그는 시인 집단에 깊은 관심을 가졌고, 그들로부터 보이지 않는 것을 보는 방법을 터득했다. 그가 터득한 비법은 '내가 곧 사물이 되는' '일체화(一體化)'의 개념이었다. 머리끝에서부터 발끝까지 대추로 변신하면 대추의 입장에서 시를 쓸 수 있다는 것이었다. 여기서 잠시 강 대표에게 영감을 준 장석주 시인의 '대추 한 알'을 살펴보자.

대추 한 알 (장석주)

저게 저절로 붉어질 리는 없다.
저 안에 태풍 몇 개
저 안에 천둥 몇 개
저 안에 벼락 몇 개

저게 저 혼자 둥글어질 리는 없다.
저 안에 무서리 내리는 몇 밤
저 안에 땡볕 두어 달
저 안에 초승달 몇 날

　대추 한 알이 영글려면 태풍 몇 개, 천둥 몇 개, 번개 몇 개를 맞고, 무서리 내리는 몇 밤, 땡볕 두어 달, 초승달 몇 날을 견뎌야 한다. 이것을 어떻게 알았을까? 본인이 대추가 되어 대추 속에 있으면서 태풍도 맞고, 천둥도, 번개도, 무서리 내리는 몇 밤도 지새워 보고, 땡볕 두어 달, 초승달 몇 날을 골고루 체험했기에 가능한 일이었다. 덕분에 그는 체험한 것을 대추의 마음으로 표현할 수 있었다.
　교육은 조직과 개인의 역량을 성장 발전시키는 일이다. 교육도 일체화의 개념처럼 조직과 개인의 생리와 구조에 대해 낱낱이 살펴보고 완전히 수요자의 입장이 되어야 그들에게 어떤 교육이 필요한지 알 수 있다. 진정한 맞춤 교육을 하려면 개인과 조직의 입장으로 일체화하는 것이 순서라는 이야기다.

　아이가 태어나고 자라서 부모가 되고, 다시 할머니 할아버지가 되듯, 사람은 누구나 인생을 살아가면서 자연스럽게 생로병사와 희로애락의 과정을 겪는다. 교육도 마찬가지다. 갓 태어난 아이는 부모를 따라서 배우고, 학교에서는 선생님에게 배우고, 사회에서는 평생교육을 통해 배운다. '따르는 팔로워'가 일체화 개념의 첫 번째 단계임을 보여 주는 것이다. 아이는 성장하는 동안 가정에서는 부모와 형제자매에게서, 학교에서는 선생님은 물론 친구 및 선후배들과 교류하면서 자연스럽게 주변을 살피기 시작한다. 그러면서 조직에는 상하가 있고, 수평에도 질서가 있음을 알게 된다. 이것이 두 번째 '살피는 팔로워' 단계다.

　그렇게 성장한 개인은 짝을 만나 결혼하고, 부모가 되어 아이를 기르면서 리더로 바뀐다. 이렇게 따르고 살피고 이끄는 3단계 과정을 거치면서 팔로워는 자기만의 전문분야를 찾고, 이를 활용하느라 살피는 동안 관계에 눈을 뜨고, 성심을 다해 솔선하는 이끄는 리더로 변신하는 것이다.

　이 과정에서 전문성, 인성, 실행력의 팔로워십 3요소를 갖추게 된다. 팔로워의 역량을 제대로 익힌 사람은 팔로워의 마지막 단계인 '이끄는 팔로워'로 환골탈태하고 조직의 리더로 변신 성장할 기회도 맞게 된다.

독일 고어에서 찾은 팔로워의 뜻

　팔로워십의 실체를 더 깊이 있게 규명해 보기로 하자. 우리도 시인이 되어 일체화 과정을 거쳐 팔로워십의 세계로 들어가 보는 것이다. 부모라면 자식의 입장이 되어 보고, 교사라면 학생의 입장이, CEO라면 최일선 조직의 구성원이 되어 그들의 눈으로 세상을 바라보는 것이다. 개구리가 올챙이 시절을 떠올리듯, 역지사지한다면 해답은 찾을 수 있다. 팔로워십의 어원을 살펴보면서 일체화 여행을 떠나 보자.

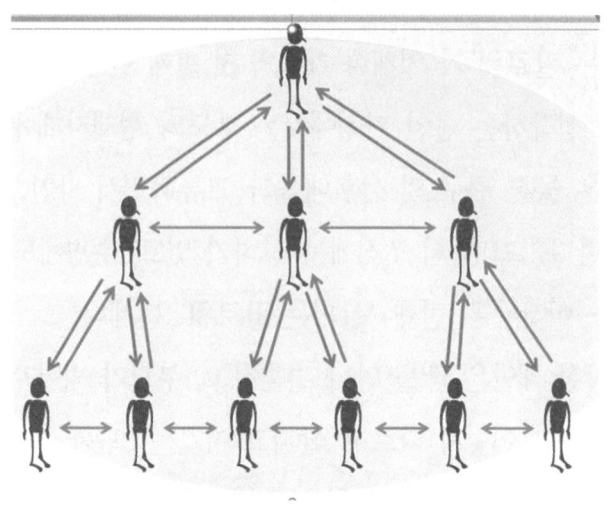

〈표〉 팔로워십의 구조

원래 팔로워십(followership) 용어는 군대에서 쓰기 시작했다는 것이 정설이다. 그러나 문헌상 팔로워의 어원은 독일의 고어(古語)에서 처음 기록이 보인다. 팔로워를 뜻하는 고대 독일어 'follaziohan'은 래리 맥스웨인(Larry L. McSwain)이 저술한 『회중 교회 리더십의 부름(The Calling of Congregational Leadership)』 책자에 처음 모습을 드러낸다. 이해를 돕기 위해 아래에 원문을 소개한다. 리더와 팔로워를 설명하는 내용이 담겨 있어서 독자들도 각자 어원에 담긴 뜻을 음미하면서 해석해 보면 도움이 될 것이다.

The word follower has its etymological roots in Old High German follaziohan, which meant to assist help succor or minister to. This parallels the Old High German roots of leader which meant to undergo suffer or endure. In the original meaning followers helped take care of leader though there are few etymological clues as to why leaders suffered or were in need of care. However the relationship between them appears to be symbiotic one between equals.

'팔로워'라는 단어는 그 어원이 고대 고지만어 'follaziohan'에서 비롯되었으며, 이는 '돕다', '지원하다', '구제하다' 또는 '봉사하다'라는 의미였다. 이는 '리더'라는 고지만어의 어원과 유사하며, '겪다', '고통을 받다', '견디다'라는 의미였다. 초기 의미에서는 팔로워들이 리더를 돌봐주는 역할을 했으나 왜 리더가 고통을 겪거나 돌봄이 필요했는지에 대한 어원적 단서는 거의 없다. 그러나 그들 사이의 관계는 서로 상생적이며, 평등한 것처럼 보였다.

위 문장에서 살펴본 것처럼 'follaziohan'은 'assist, help, succor, or minister to'라는 의미로 풀이하고 있다.

assist : 돕다, 지원하다, 어시스트, 보조, 조력하다
help : 도움, 돕다, 도와주다, 기여하다.
succor : 구조, 원조, …을 구조하다

minister to : ~에 도움이 되다, 보살피다.

위키 백과사전에서 'follaziohan'의 뜻을 찾아보면 아래와 같은 주석이 달려 있다.

Compare Old High German follaziohan(to help, be at hand, support), Middle Low German vultên(to carry out, perform), Dutch voltooien(to complete, finish)

고대 고지만어 'follaziohan'(도와주다, 손길을 내밀다, 지원하다), 중세 저지만어 'vultên'(이행하다, 수행하다), 네덜란드어 'voltooien'(완료하다, 마치다)를 비교해 보면 고(古) 독일어의 'follaziohan'과 중저 독일어의 'vultên', 네덜란드어의 'voltooien'의 세 동사는 각기 다른 의미가 있다. 모두 동작을 완료하거나 완료한다는 공통의 뜻이 있다. 즉, 팔로워를 뜻하는 'follaziohan'은 고대에는 to help, be at hand, support '돕다', '가까이에 있다', '지원하다' 라는 뜻으로 어떤 일을 완수함에 도움이 되거나 완성된 의미를 나타냈다. 이것이 중세에 북부 독일과 저지대 국가에서 사용되던 중저 독일어에서 'vultên'(to carry out, perform)은 동작이나 작업의 완료를 나타내는 '실행하다', '수행하다'의 뜻으로 바뀌었다. 이것이 현대에 와서 'voltooien'(완성하다 to complete, finish)은 '완성하다', '끝을 내다'를 의미하며 세 동사 중 가장 직설적인 개념, 즉, 작업의 성취, 목표 달성을 뜻하는 의미로 정착되었다. 우리는 팔로워의 고어

'follaziohan'을 통해 ① to help, ② be at hand, ③ support라는 3가지 뜻을 확인했다.

이를 영영사전을 통해 정리하면

첫째, 'help'의 뜻은 'the activity of contributing to the fulfillment of a need or furtherance of an effort or purpose' '필요를 충족시키거나 노력 또는 목적의 진행에 이바지하는 활동'의 의미를 담고 있다.

둘째, 'be at hand'라는 표현은 어떤 것이 근처에 있거나 쉽게 구할 수 있다는('something is nearby or readily available. It can refer to a physical object or a situation that is present and can be accessed easily.') 뜻이다. 이는 쉽게 접근할 수 있는 물리적 물체나 상황을 가리키며, ① close in space, ② close in time, ③ within reach 등 3가지 뜻이 있다. 이를 리더와 팔로워의 관계로 해석하면 '가까이에 두는 사람'이라는 해석이 무난하다.

셋째, support는 'the activity of providing for or maintaining by supplying with money or necessities'라고 설명되어 있다. '금전 또는 필수품을 공급하여 후원 또는 지탱해 주는 활동'이라는 뜻이다. 이 말은 영주 시대에 군주에게 도움을 주던 자산가들의 활동을 설명한 것이다.

그러나 세월은 흘렀고 시대도 바뀌었다. 서양 아닌 동양, 그것도 빠른 속도로 변화 중인 한국에서 고전적 의미로 팔로워를 해석하는 것은 어딘가 어색하다. 현대에 맞게 해석한다면 '리더를 도와 조직의 성장과 발전을 실질적으로 마무리하는 사람'으로 해석하는 것이 현실적이다.

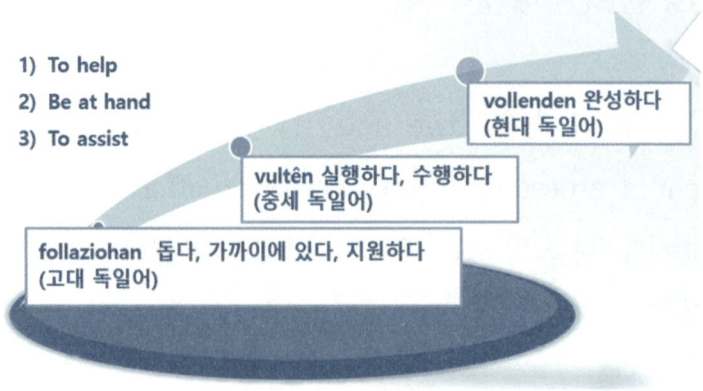

〈표〉 독일의 고어(古語)에 담긴 팔로워십의 의미

이를 종합해 보면 'follaziohan'의 현대적 의미는 ① 돕는 사람, ② 가까이에 두는 사람, ③ 일을 실질적으로 마무리하는 사람으로 요약된다. 이것이 중세에 와서는 '임무 등을 행하는 사람'으로 '실행'의 의미가 강조되었고, 현대에 와서는 '완성하다', '마무리하다'의 의미로 정착된 것이다.

정리하면 팔로워의 핵심은 '일을 실행하고 마무리하는 사람'이다. 일을 행동에 옮기고, 마무리하는 것이 팔로워의 역할임을 어원에서 확인한 셈이다. 즉, 'follaziohan'을 현대적 의미로 해석하면 다음과 같은 결론을 끌어낼 수 있다.

첫째, 리더를 도우려면 먼저 리더를 따른다.
둘째, 리더와 가까이 있으려면 리더의 주변을 살핀다.
셋째, 조직에 도움을 주려면 실질적인 행동으로 리더를 이끈다.

행동하는 팔로워는 시비와 이해라는 두 가지 잣대를 가지고 상황을 판단해야 한다. 이를 토대로 조직이 비전과 목적을 달성할 수 있도록 팔로워가 리더를 따르고 리더의 주변을 살피며, 자기 분야에 관한 한 실질적으로 리더를 이끌며 성과를 창출할 역량을 갖추어가는 것이 팔로워십이라고 할 수 있다. 팔로워는 조직의 비전과 목적이 달성되도록 리더를 따르고, 리더의 주변을 살피며, 조직에서 자기 분야에 관한 한 실질적으로 리더를 이끄는 존재가 되어야 한다.

이 과정에서 팔로워는 처음에는 상사를 따르지만, 시간이 흐르면서 상사는 물론 동료와 조직 전체도 살피고, 나중에 후임과 해당 분야에서는 리더까지 이끌 역량을 갖추는 훌륭한 팔로워로 성장하는 것이다. 이처럼 팔로워십은 따르고, 살피고, 이끄는 개념이 종합적으로 담겨 있다.

'팔로워'라는 단어는 어원이 고대 고지만어 'follaziohan'에서 확인되었듯, '돕다', '지원하다', '구제하다' 또는 '봉사하다'라는 의미가 있다. 팔로워는 남을 돕거나 지원하고, 구제하고 봉사하는 사람이다. 이런 측면에서 볼 때 팔로워는 자존감을 가져도 좋다.

자존심(pride)은 남에게 굽히지 않고 자기 스스로 높은 품위를 지키는 것이다. 그러기에 다른 외부에서 자기 능력을 인정받기를 바라지 않는다.

반면 자존감(self-esteem)은 나의 존엄성이 오로지 내부의 성숙한 사고와 가치로 얻어진다. 타인의 생각이나 인정, 칭찬에 휘둘리지 않고 오롯이 내 가치를 내가 인정하고 신뢰하는 것이다.

자존감이 있으면 상대를 이해하고 용서할 줄 알고, 다른 사람들로부터 언제나 배울 수 있다. 자존감은 정직한 마음을 중시한다. 권위는 싫어하나 조직의 지시는 받아들일 수 있다. 자존감이 있는 사람은 현실을 받아들이고, 언제나 최선을 다하려고 노력한다.

반면 리더라는 단어에는 '참다', '고통받다', '견디다' 등의 의미가 담겨 있다. 리더는 팔로워와 일하면서 참아야 하고, 외부로부터 비난과 고통도 받아야 하고, 성과가 나올 때까지 책임 의식을 갖고 견뎌야 하는 존재란 뜻이다. 반면 팔로워는 리더가 참고 고통을 받으며 견디는 동안 리더를 따르고, 살피며, 실질적으로 일을 마무리하는 사람이다.

'follaziohan' 어원에서 살펴보았듯, 리더와 팔로워는 공동의 목적 달성을 위해 상생하면서 각자 가고자 하는 지향점을 향해 나아가는 오래된 파트너임을 확인한 셈이다.

follower 단어에 숨겨진 의미

팔로워는 특정 사람이나 집단, 이념을 지지하거나 동경하고 그들의 생각과 가치관, 행동을 모방하거나 따르는 사람을 일컫는다. 여기서 대문자로 시작하는 'FOLLOWER'의 스펠링을 한자처럼 파자하면 팔로워에 담긴 의미도 자연스레 유추할 수 있다.

먼저 follower는 fol(팔로워의 약자) + lower(낮추다)로 나누어진다. 팔로워의 약자인 fol에 숨겨진 의미를 필자는 '따살이' 팔로워십의 개념으로 설명한다. 즉, fol에서 첫 'f'는 따른다(follow), 'o'는 살핀다(observe), 마지막 'l'은 '이끌다'(lead)의 개념으로 풀이했다.

첫째, Follow는 따르는 것이다. 리더의 지시나 정보를 기꺼이 받아들이고 수행하는 행위이다. 여기서 따름은 수동적인 것이 아니라 능동적 참여와 협력, 헌신을 수반한다. 훌륭한 팔로워는 의사소통 기술, 변화에 적응하는 능력, 신뢰와 긍정적 태도, 협력하는 특성을 골고루 갖출 필요가 있다. 팔로워는 이를 기반으로 리더와 협력해야 한다. 요약하면 팔로워십의 '팔로우'는 리더의 비전이나 방향에 참여하고 협력하고 지원하며 공동 목표에 전념하는 사람이다.

둘째, Observe는 살피는 것이다. 상대의 말과 행동이 어떻게 나오는지 배경을 주의 깊게 살펴보는 것이다. 리더를 관찰하면 리더의 스타일에서 통찰력을 얻게 되고, 이를 토대로 자신을 성찰하면서 리더를 잘 지원하는 효과적인 방법을 찾을 수 있다. 여기서 관찰은 리더가 다른 사람과 의사소통하는 방법, 갈등을 처리하는 방법, 결정을 내리는 방법, 작업의 우선순위를 정하는 방법을 찾는 것이다.

리더를 관찰하면 그가 좋아하는 것과 원하는 것을 알 수 있다. 동시에 나의 역할을 예측할 수 있으니 팀이나 조직의 성공에 능동적으로 참여할 수 있다. 살피는 것은 리더의 스타일과 가치에 대한 통찰력을 얻기 위함이다. 리더의 말에 귀 기울이면 상대를 알고 나를 알게 되니 공을 들인 만큼 도움을 줄 수 있다.

셋째, Lead는 이끄는 것이다. 팔로워는 자기 업무에 관해서는 리더로 변신하여 문제를 해결하고 프로세스를 적극적으로 개선해야 한다. 팔로워로서 이끄는 것은 맡은 일에 주인의식을 갖고 주도권을 발휘하며 자기 행동에 책임을 지는 것이다.

즉, 자신의 전문성을 토대로 적극적으로 협력하는 것이다. 이끄는 팔로워는 새로운 아이디어, 관점, 문제 해결 방법을 제시할 수 있으니 팀과 조직의 소중한 구성원이 된다. 이끄는 팔로워는 독립적으로 일할 수 있고 기회도 적극적으로 모색할 수 있다. 이끄는 팔로워는 능동적이고 협력적이며 공유된 목표를 달성하기 위해 안주하지 않고 끊임없이 쇄신하는 사람이다.

넷째, LOWER는 낮추는 것이다. 팔로워는 리더 앞에 겸손한 자세로 낮춰야 한다. 겸손은 리더의 직위에 대한 예의일뿐더러 업무를 추진하는 과정에서도 꼭 갖춰야 할 기본 덕목이다. 리더를 겸손하게 대하면 존경과 신뢰의 기반이 싹튼다. 겸손은 리더의 직위와 리더십을 인정하는 것이다. 리더가 존중받는 환경을 조성하면 리더와 팔로워 간의 신뢰 관계가 공고해진다. 따라서 팔로워는 리더에 겸손하게 다가갈 필요가 있다.

겸손은 팔로워가 리더에 건설적인 피드백을 줄 수 있게 도와준다. 팔로워가 겸손한 자세로 건설적인 피드백을 제공하면 리더 역시 감정에 휩쓸리지 않은 채 귀중한 통찰력을 얻는다.

팔로워의 건설적 비판은 팀과 조직의 발전에 초점을 맞추되 리더를 존중하고 배려하는 마음으로 해야 한다. 이러한 분위기가 조성되면 리더는 개선이 필요한 영역을 구분하며 팀과 목표의 이익을 위한 결정을 내리게 된다.

겸손은 리더와 팔로워의 관계를 강화하고 팀의 전반적인 효율성도 높인다. 이는 생산적인 작업 환경을 조성하는 데에도 효과적이다. 리더를 겸손하게 대하면 팔로워들은 기술을 개발하고 지식을 확장하며 새롭게 도전할 기회를 찾을 수 있다.

한자로 본 추종자란?

나무위키는 팔로워(follower)를 번역한 가장 무난한 한국어로 '추종자'라는 한자어를 소개한다. 추종자는 '어떤 사람의 권력이나 주장, 학설 따위를 좇아서 따르는 사람'이라고 설명하고 있다.' 추종자(追從者)에서 첫 글자 '추(追)'는 좇다, 쫓다, 바짝 따라가다라는 뜻이 있다. 두 번째 문자 '종(從)'은 동행, 따르기 또는 순종을 의미한다. 따라서 '추종자'라는 단어에는 다른 사람을 따라가거나 동행하며, 기꺼이 따르거나 명령을 받는 사람이라는 뜻이 담겨 있다. 그런 면에서 볼 때 추종자는 순종의 개념만 있어 팔로워의 긍정적인 개념을 모두 담지 못하고 있다는 아쉬움을 준다.

중국 전통문화에서 '추종자' 또는 '제자'의 개념은 스승에 대한 충성심, 순종의 개념과 연관이 있다. 리더와 팔로워의 관계는 상호 신뢰, 사랑과 존중을 기반으로 하고, 추종은 멘토의 가르침과 행동을 배우고 모방하는 것이다.

반면 추(追)에는 따르다(隨), 미치다(及), 좇다(逐) 등 세 가지 의미가 있다. 추종의 개념도 처음은 스승을 따르고(隨), 두 번째는 스승의 경지에 미치고(及), 마지막엔 스승을 넘어서서(逐) 홀로서기를 하는 3단계가 설정되어 있다. 이는 '수(守)', '파(破)', '리(離)'의 팔로워십 이론과도 맥을 같이한다. '수'는 리더를 무조건 따르는 시기다. 아는 것이 없으니 배울 수밖에 없다. 이 과정에서 배움이 차고 넘치면 '파'와 '리'의 단계로 도약할 수 있다.

팔로워십 맥락에서 세 가지 접근 방식은 리더나 상황에 대응하는 서로 다른 방식을 보여 준다. 즉, '수' 단계의 추종자는 리더와 긴밀한 관계를 구축하고 강력한 연결을 유지하는 데 집중한다. 반면 '파'는 리더의 단계를 뛰어넘는 새로운 경지에 이르렀음을 의미한다. '리' 방식을 구현하는 추종자는 독립적으로 자신만의 길을 찾는 데 집중한다.

이 방식은 상호 배타적이지 않다. 추종자는 필요에 따라 세 가지 접근 방식을 모두 사용할 수 있다. 예를 들어, '수' 접근 방식을 사용하여 시작한 추종자는 리더가 너무 현실에 안주하거나 비효율적이라고 느끼면 '파' 접근 방식으로 나아가면서 청출어람 청어람의 경지에 도달할 수도 있다. 리더가 자신을 잘못된 방향으로 이끌었다고 느끼면 '리' 접근 방식으로 전환할 수 있다.

요약하면 '추종자'는 '수', '파', '리' 중 자신의 수준에 따라 다양한 방식을 취할 수 있으며, 이와 같은 접근 방식과 다양한 상황을 활용함으로써 자신의 역량을 점진적으로 키워갈 수 있다.

물에서 배우는 팔로워십

팔로워십은 물과 속성이 흡사하다. 노자의 『도덕경』은 물은 만물을 관장하며, 만물을 먹이며, 어디든 흘러갈 수 있고, 모두를 받아들여도 자기의 모양을 잃지 않는다며 두 가지 주요 이유를 근거로 제시했다.

첫째, 물은 다양한 형태로 변하며, 그 형태에 따라 적응력을 발휘한다. 팔로워도 자신의 역할을 상황에 따라 융통성 있게 대처할 수 있다.

둘째, 물은 필요한 곳으로 흐르며, 결코 억제되거나 막히지 않는다. 팔로워도 마찬가지로, 상황에 따라 역할을 하고 지도자의 지시에 따라 유연하게 움직여야 한다. 물이 장애물을 만나면 우회하거나 뚫고 지나가는 등 적응력을 발휘하는 것처럼, 팔로워도 문제를 만나면 이를 해결하고 목표 달성을 위해 물과 같은 자세를 취할 필요가 있다.

손자의 병형상수(兵形象水)도 노자의 『도덕경』에 나오는 물 이야기 중 하나다. 이 또한 팔로워십 논리 설명과 맥락이 와닿는다. 손자는 전쟁에서 이기는 비결로 물의 교훈을 예로 들었다.

물이 상황에 따라 모양을 바꾸면서 자신이 흐를 수 있는 길을 찾아 나가듯, 병사들도 상황에 따라 자신의 역할과 임무를 바꾸며 전략을 조율해 나가야 한다. 이때 병사들은 리더에 절대로 복종하되, 그 속에서 역량을 모두 발휘해야 한다고 강조한다.

상선약수(上善若水)란 최고의 선은 물과 같다는 뜻이다. 팔로워십도 물과 같아야 한다. 리더와 함께 공동의 목표를 향해 가는 팔로워는 물처럼 행동해야 한다. 물은 항상 낮은 곳으로 흐른다. 물은 거부하거나 저항하지 않으며 가능한 경로를 찾는다.

물은 현실에 맞게 변화한다. 온도에 따라 기체인 수증기, 액체인 물, 고체인 얼음 등 다양한 상태로 바뀐다. 물은 상황에 잘 적응하며 환경에 유연하게 잘 대처한다. 흐르는 물처럼 팔로워도 조직에 맞게 변화해야 하며, 상황에 따라 신속하게 적응하고 흐름에 유연하게 대처할 필요가 있다.

물은 또한 누구에게나 필수 요소이다. 모든 생명체는 물이 필요하다. 팔로워도 마찬가지다. 모든 조직이 돌아가려면 팔로워는 필수 요소이며, 성과를 내는 행동가라는 점에서 물과 같다. 이처럼 물(water)의 속성에는 팔로워가 배워야 할 중요한 개념이 담겨 있다. 물(water)이라는 단어의 알파벳 첫 글자로 필자가 만든 물의 개념에서 배워야 할 팔로워십을 구체적으로 살펴보기로 하자.

첫째, 주인의식(Willingness to take initiative)이다. 물은 남들이 싫어하는 것도 다투지 않고 기꺼이 받아들인다. 물은 항상 낮은 곳으로 흐르나 그 결과 가장 넓은 곳의 주인이 된다. 시냇물보다 강물이 크게 보이고, 강물보다 바다가 웅장한 것은 모든 물을 다 받아들였기 때문이다. 물은 겸손하기에 도달하지 못하는 곳이 없다.

  팔로워도 물처럼 모든 상황을 받아들이고, 가는 곳마다 조건과 상황이 변화하는 환경에서도 주도적으로 행동하는 자세가 필요하다. 물은 환경에 끌려가기보다 능동적으로 앞서가라고 깨우쳐주는 것이다.

  물은 저항이 가장 적은 길을 따른다. 언제나 장애물을 피해 목적지까지 가장 효율적인 경로를 찾는다. 팔로워도 멘토나 전문가를 찾아 그들의 경험에서 배우고 귀중한 통찰력을 얻어 주도적인 역할을 해야 한다.

  둘째, 충성(Allegiance)이다. 물은 늘 아래로 흐른다. 아래로 흐른다는 것은 충성과 헌신을 뜻한다. 다시 말해서 상급자에 대한 부하 직원의 의무, 헌신 또는 집단이나 명분에 대한 개인의 헌신을 의미한다. 물은 담기는 그릇에 따라 각기 다른 모습을 띤다. 바위나 장애물, 웅덩이를 만나도 상황에 맞게 행동한다. 장애물을 우회하거나, 때로는 웅덩이가 찰 때까지 기다렸다가 다 채운 뒤에 앞을 향해 주도적으로 나아간다.

  팔로워도 마찬가지다. 함께 가는 리더가 어떤 리더이냐에 따라 이에 맞게 어울려야 한다. 때론 다소 부당한 요구나 상황을 만나도 리더에 적응하고 참고 기다리는 전략이 필요하다. 그렇다고 조직의 목표 달성을 향한 본질은 변하지 않는다. 잘못된 리더를 만나도 부딪히면서 개인과 조직의 목표를 향해 쉬지 않고 나가는 것이 팔로워의 임무다.

셋째, 변화(Transformation)다. 물은 주위 환경이 변하면 그대로 환경을 받아들이면서 자신도 변화한다. 때론 고체인 얼음에서 액체인 물로, 기체인 수증기에 이르기까지 다양한 형태로 변신한다. 물은 증발과 응결 과정을 통해 스스로 변형될 수 있다. 물은 주위 환경이 바뀌면 상황에 맞게 바뀐다. 영하의 온도에는 얼음이 되어 인내하고, 뜨거운 온도는 수증기를 내뿜으며 극한 조건을 참아낸다.

팔로워도 물처럼 변화를 받아들이고 새로운 환경에 적응하면서 목표 달성을 위해 계획을 조정해야 한다. 역경을 극복하는 물처럼 팔로워도 인내하고 현실을 받아들이면서 새로운 아이디어를 내고 상황에 맞게 대처해야 한다. 리더도 물처럼 팔로워가 조직의 변화에 빨리 적응하길 바란다. 주어진 환경에 적응하며 변화에 적극적으로 대처하는 모습은 물이 주는 교훈이다.

넷째, 전문성(Expertise)이다. 물은 항상 흐르고, 주변 환경에 맞게 변화를 거듭하지만, 그 본질은 변하지 않는다. 그러면서도 저항이 적은 경로를 찾아가는 적응력이 탁월하다. 장애물이 나타나면 부딪치기도 하지만 우회할 줄 아는 회복 탄력성도 뛰어나다. 물은 낙숫물로 바위를 뚫듯, 끈기도 있다. 더러운 물과 깨끗한 물, 뜨거운 물과 찬물을 가리지 않고 모두 받아들인 뒤 스스로 균형과 조화를 이룰 줄 안다.

팔로워도 마찬가지다. 조직과 리더가 원하는 목표 달성을 위해 동참하는 팔로워의 본질은 바뀔 수 없다. 대신 리더와 의견이 다르면 장애물을 피하듯, 전략을 짤 필요가 있다. 때로는 물처럼 부딪치다가 안 되면 우회할 줄도 알아야 한다. 바위를 뚫는 낙숫물처럼 포기하지 않고 노력하여 주변 환경을 개선하는 끈기와 회복 탄력성도 요구된다. 주변의 것을 배척하지 않고 받아들이되 균형과 조화를 이루는 포용성도 기를 필요가 있다.

팔로워의 전문성은 동료와 리더 간의 신뢰를 구축하고 상호존중을 이끌어 영향력을 높일 수 있다. 더불어 이러한 자세는 리더의 조언자와 협력자로서 문제 해결과 혁신의 주도권을 거머쥘 수 있다.

다섯째, 친밀감(Rapport)이다. 매우 친숙하고 가까운 느낌이 드는 것을 친밀감이라고 한다. 생명이 있는 존재라면 물 없이 살 수 없다. 물고기와 물의 관계에서처럼 물은 물고기에 친숙한 존재다. 마찬가지로 팔로워는 조직에서 있으려면 숙명적으로 만나야 하는 리더와 친밀감을 형성할 필요가 있다.

'라포르(rapport)'는 프랑스어로 환자와 의사 사이의 심리적 신뢰 관계를 뜻하는 말이었다. 그런데 최근에는 사람과 사람 사이에 생기는 상호 신뢰 관계를 의미하는 심리학 용어로 정착되었다. 서로 마음이 통하거나, 어떤 문제라도 터놓고 말할 수 있고, 충분히 서로를 이해하는 사이가 되었다는 뜻이다.

팔로워는 조직에서 리더가 바뀌면 친숙한 사이가 될 수 있도록 친밀감 있게 다가서야 한다. 조직은 그래야 활기를 되찾는다. 친밀감을 느끼기에 가장 좋은 방법은 비슷한 관심사나 취미를 찾는 것이다. 이때 필요한 것은 시·관·찰 3단계 과정을 거쳐 리더와 주변을 살피는 것이다. 리더와 팔로워 사이에 친밀감이 형성되면 난관과 어려움이 닥쳐도 함께 헤쳐 나갈 힘이 길러진다. 조직을 이끄는 것은 사람이다. 사람과 사람의 신뢰가 쌓이는 것은 친밀감이 형성되었을 때부터다.

팔로워십의 완결판, 인간의 신체

손가락들이 모여서 서로 자기 자랑을 하고 있었다. 엄지가 먼저 입을 열었다.

엄지(thumb): "내가 최고야, 스마트폰 화면은 내가 다 움직이거든?"
검지(forefinger): "물건을 가리키는 일은 내가 으뜸이야."
중지(middle finger): "여기서 가장 키가 큰 것은 나야!"
약지(ring finger): "귀한 반지는 내 손에 끼우는 거 다들 알고 있지?"
소지(little finger): (참다못한 새끼손가락의 한마디) "너희들 나 없으면 장애인 된다?"

로랑 고데 등 다섯 작가가 쓴 『다섯 손가락 이야기』는 어린이 문학에선 찾아보기 힘들 정도로 빼어난 작품이다. 등장하는 작가들은 길이도 다르고 모양도 다른 엄지, 검지, 중지, 약지, 소지 다섯 손가락의 속마음을 이렇듯 흥미진진하게 묘사했다.

다른 네 손가락과 떨어져 있는 바람에 따돌림당하는 엄지, 재주꾼 검지, 가장 키가 커서 외로운 중지, 아무 일도 안 하고 놀기만 하는 약지, 콧구멍과 귓구멍을 드나들며 지저분한 일을 도맡아 하는 소지의 사연도 무척 코믹하게 그리고 있다.

　엄지와 검지는 물건을 잡을 때 힘을 모은다. 둘의 힘으로 안 되면 중지와 약지가 가세하고, 나중에는 소지도 힘을 보탠다. 물건이 무거울수록 나머지 손가락도 자연스럽게 협력한다. 최상의 효과는 다섯 손가락을 모두 사용할 때 나타난다고 한다. 아무 힘도 없을 듯한 새끼손가락이 빠지면 손아귀 힘의 50%나 상실된다는 놀라운 연구 결과도 있다.

　무게는 가벼워도 잡는 물건이 귀하면 정성을 모으기도 한다. 예컨대 어른이 주는 술잔은 두 손으로 받고, 귀한 상장은 두 팔을 뻗어 받는다. 이처럼 손가락도 모두가 각자의 위치에서 최선을 다할 때 최적의 기능을 발휘한다.

　손뿐만이 아니다. 인간의 신체는 흡사 리더십과 팔로워십의 축소판과 같다. 뇌가 리더라면 신체의 각 조직은 팔로워 역할을 한다. 눈, 귀, 코는 각자 본 것, 들은 것, 냄새 맡은 것을 뇌가 판단하도록 정보를 제공한다. 이 과정에서 발은 사물에 좀 더 다가가는 역할을 하고, 손은 사물을 만져서 느낀 감각을, 눈은 망막을 통해 본 영상을 전송한다.

　뇌는 이를 토대로 판단한 다음 신경을 통해 온몸에 지시한다. 뇌는 우리 몸무게의 2%에 불과하나 산소 소비량은 20%나 사용한다. 피도 전체의 15% 정도를 소비한다. 그러나 손발이 움직이지 않고, 눈, 코, 귀가 도와주지 않으면 외부의 신호에 판단할 수도, 독자적으로 대응할 수도 없다. 결과적으로 모든 신체는 판단의 잣대가 될 모든 것을 전달하여 뇌가 판단할 수 있도록 도와주고 있다. 리더도 마찬가지다. 팔로워들의 도움이 없으면 판단할 방법이 없으니 성과를 거둘 수 없다.

맹자는 "하늘이 주는 때는 땅의 이로움만 못하고, 땅의 이로움은 사람의 화합에 못 미친다."라고 했다. 인화 단결이 그만큼 중요함을 강조한 것이다. 리더와 팔로워도 마찬가지다. 각자 리더십과 팔로워십으로 무장하여 상생하면서 서로 같은 방향으로 나아가는 동반자의 관계로 협력할 때 위력을 발휘할 수 있다.

Story 1 요약 (Summary)
따르고 살피고 이끄는 팔로워십

팔로워는 최종적으로 행동에 옮기는 사람이다. 영화 『버티컬 리미트』의 한 장면을 이 책에서 첫 화두로 던진 이유도 행동의 중요성을 확실히 인식시키기 위해서였다. 팔로워가 일선에서 결정을 내려야 할 때 판단하는 기준의 잣대로 다산 정약용 선생은 시비(是非)와 이해(利害)라는 두 가지 저울을 제시했다.

'리더가 먼저냐 팔로워가 먼저냐'는 팔로워가 모든 것의 근본임을 각인시키자는 취지다. 리더는 조직 구성원이 최소 두 명 이상이 있을 때 조직을 효율적으로 관리하고 운영하는데 필요한 존재다. 당연히 팔로워가 있어야 리더도 필요하다는 것은 분명한 명제다. 리더는 무엇을 할지에 초점을 맞춘다면 팔로워는 어떻게 할지에 초점을 두는 것이 바람직하다.

필자는 팔로워십이 리더십보다 중요한 이유로 첫째, 조직의 절대다수를 차지한다는 점, 둘째, 최종행동으로 옮기면서 성과를 창출하는 사람이 팔로워라는 점, 셋째, 리더십은 팔로워십의 부분집합이라는 사실을 논리적 근거로 들었다. 바버라 켈러먼도 그의 저서 『팔로워십』에서 리더가 팔로워에게보다는 팔로워가 리더에 더욱 중요한 존재라는 명제를 밝혔다.

마키아벨리의 『군주론』과 한비의 『한비자』 논리를 내세워 목적이 수단을 정당화하려 하거나 국가의 근본이 민(民), 즉, 팔로워라는 사실을 무시하고 군림하려 하는 리더가 있다면 팔로워는 당연히 저항해야 옳다.

우리는 4.19 혁명과 5.18 광주 민주화 운동을 통해 이를 보여 주었고, 박근혜 대통령을 탄핵한 경험도 있다.

스탠퍼드 경영대학원 데브라 마이어슨 교수는 리더가 횡포를 부릴 때 대처하는 방법으로 조용히 저항할 것, 위협을 기회로 바꿀 것, 협상할 것, 소소한 승리를 이용할 것, 단체로 행동할 것을 알려주었다.

지금이 팔로워의 시대인 것은 세월이 바뀌면서 민심의 주체인 팔로워가 모든 것을 결정하는 민주공화국이 되었기 때문이다. 그러나 팔로워도 책임과 의무를 소홀히 하면 안 된다. 미국을 움직이는 힘이 '팔로워의 힘'인 것처럼 팔로워의, 팔로워에 의한, 팔로워를 위한 국가와 조직은 팔로워십이 존재하는 한 지구상에서 사라질 수 없다.

다만 팔로워를 위한 사회를 만들려면 국가와 조직을 위해 기본 책무인 팔로워의 역할과 의무를 다해야 한다. 덧붙여 팔로워의 기본은 따르고 살피고 이끄는 존재이며, 조직을 이끄는 리더에게는 항상 겸손해야 한다는 당위성은 잊지 말아야 한다는 사실이다.

Story 02

따르는 팔로워(전문성)

"가슴을 따르라, 자신의 인생을 살라."
"Follow your heart, live your own life."

Story 02

따르는 팔로워(전문성)

하산 이야기

"사부님 저는 아직도 수행의 깨달음을 얻지 못했습니다."
"너에게 더 가르칠 게 없다. 하산하거라."

어릴 때 극장에서 보았던 무술영화의 대화 한 토막이다. 원수의 칼에 맞고 처참하게 죽어 가는 부모의 모습을 어린 나이에 생생하게 목격한 주인공은 피눈물을 흘린다. 그리고 부모의 원수를 갚고자 백발이 성성한 도사를 찾아가 각종 무술을 익힌다. 어느덧 세월은 흐르고 흘러, 더 가르칠 것이 없다는 스승의 이야기를 듣고서야 비로소 주인공은 하산 길에 오른다. 이후는 안 봐도 빤한 권선징악의 이야기다.

여기서 등장하는 '하산(下山)'의 개념은 스승이 제자에게 건네는 '인정'의 징표와도 같다. 더 가르칠 것이 없으니 독립적 사고를 하면서 홀로 서기를 하라는 뜻이다. 불교 용어로 시작되었으나 검도를 연마할 때 인용하는 수·파·리(守·破·離)의 개념과 같은 것이다.

한석봉은 추사 김정희와 쌍벽을 이뤘던 조선 중기의 유명한 서예가다.

그는 스님의 도움을 받아 10년을 약속하고 절로 들어갔으나 어머니가 그리워 4년 만에 집으로 내려온다. 어머니는 호롱불을 끄고 아들과 떡 썰기와 붓글씨 시합을 벌인다. 보기 좋게 한판승을 거둔 어머니는 못난 아들에게 당장 절로 돌아가라고 호통친다. 깨달음을 얻은 한석봉은 전보다 더 열심히 서예를 배우게 되고, 마침내 낙양의 지가를 올리는 조선 최고의 서예가로 등극했다.

어느 조직이든 리더가 있으면 팔로워가 있다. 팔로워는 따르는 사람이다. 엄마 배에서 태어난 아기는 엄마를 따른다. 학교에서는 교사를 따르고, 직장에서는 상사를 따른다. 팔로워는 조직의 구성원으로서 따르는 것부터 배운다. 팔로워의 기본은 따르는 것이다.

이탈리아 파르마 대학의 신경생리학자 자코모 리졸라티 교수는 원숭이 실험을 하다 '거울 뉴런(Mirror neuron)'이라는 것을 처음 발견했다. 인간도 다른 사람의 생각과 감정을 읽고 똑같이 따라 하는 습성이 있다는 것이다. 다른 사람의 몸짓을 보고 말을 듣는 것만으로도 마치 자신이 행동하는 것과 같은 느낌을 받는다. 이는 우리 뇌에 '거울 뉴런'이 있기 때문이다. 따르는 것은 인간에게는 본능에 가까운 행위이다. 부부가 오래 살면 얼굴이 닮는 것도 이와 무관하지 않다.

공자의 제자 자천은 따르는 것을 제대로 배운 사람으로 유명하다. 자천은 한시외전(韓詩外傳)에서 어버이처럼 섬긴 사람이 3명이고, 형으로 섬긴 사람이 5명이며, 벗으로 교제한 사람이 12명, 스승으로 모신 사람이 1명이라고 소개하고 있다. 자천은 어버이로 모신 사람들로부터 효도를 익혔고, 형으로 섬긴 사람들에게 공경을 알았으며, 벗으로 사귄 사람들에게 자신의 편견을 깨달았고, 스승으로 모신 사람에게 잘못을 교정받았다고 한다.

인생길을 걷다 보면 예상치 못한 복병을 만날 때가 많다. 깍듯이 따르고 모신 상사가 나를 우습게 알고 함부로 대한다면 기분이 어떨까.『논어』에는 삼인행 필유아사언(三人行必有我師焉)이라는 대목이 있다. 세 사람이 길을 걸어가면 그중에 반드시 내 스승이 있다는 뜻이다.

사람들은 스승이라고 하면 나보다 훌륭한 사람만 떠올린다. 훌륭한 분은 본받고, 훌륭하지 않은 사람은 반면교사로 삼으면 된다. 탈무드도 "누구에게나 무엇인가를 배우는 사람이 가장 현명한 사람이다."라고 하여 배움의 자세가 중요함을 가르친다. 따르는 사람이 어떤 생각을 하느냐에 따라 배움의 차이도 극명하게 벌어진다.

나를 만드는 것은 나 자신이지만, 나를 바꾸는 것도 나 자신이다. 다가올 미래도 마찬가지다. 내가 어떤 마음가짐을 가지고 무엇을 시작하느냐에 따라 우리의 미래는 달라진다. 내 마음의 주인은 바로 나이고, 나의 의지에 따라 미래가 결정되기 때문이다.

법정 스님은 "세상에서 가장 좋은 벗은 나 자신이며, 가장 나쁜 벗도 나 자신이다. 나를 구할 수 있는 가장 큰 힘도 나 자신 속에 있으며 나를 해치는 가장 무서운 칼도 나 자신 속에 있다."라고 하였다. 이 두 가지 자신 중 어느 것을 좇느냐에 따라서 우리의 운명은 결정된다고 보았다.

약자는 기회를 기다리나 강자는 기회를 창출한다고 했다. 상사와의 관계도 마찬가지다. 험난한 인생길을 걷다가 혹여나 하산하라고 말해 줄 리더를 만날 수 있다면 이보다 더 큰 행복은 없다.

헬렌 켈러와 설리번, 링컨과 어머니 낸시, 빈센트 반 고흐와 테오 반 고흐, 율곡 이이와 신사임당, 한석봉과 떡장수 어머니, 이성계와 무학대사, 허준과 유의태, 이순신과 류성룡과 같이 누군가의 도움은 다른 사람의 인생을 빛나게 만들 수 있다.

조력자(助力者)는 도움을 주는 사람이다. 도움을 받는 사람보다 더 나은 상황, 처지, 입장, 환경이 아니더라도 힘이 되어 주고 도움을 주며, 옳은 길, 바른길, 유익한 길을 갈 수 있도록 돕는 사람이다.

무조건 따르기만 하면 치명적인 낭패를 경험할 수도 있다. 그러나 이 세상에 나쁜 인연은 없다. 설사 인연이 안 좋게 와도 나를 일깨워 주려고 오는 것이라고 긍정적으로 생각해야 삶에 도움이 된다.

"당신은 지금 스승을 제대로 따르고 있습니까?"
"당신은 지금 스승에게 하산하라는 인정을 받았습니까?"

팔로워는 어떤 때에 리더를 따를까?

리더는 팔로워가 성과(Performance)를 내도록 해야 한다. 리더가 잘못된 영향력을 행사하면 상호작용이 엉망진창이 되니 좋은 성과를 거둘 수 없다. 그러나 자발적인 영향력을 발휘하며 긍정적으로 업무를 처리하는 좋은 팔로워라면 리더에 상관없이 성과를 창출할 수도 있다.

세계적인 리더십 전문가인 존 맥스웰은 숱한 경험과 오랜 시간의 연구를 거쳐 '5단계 리더십'을 개발했다. 이를 토대로 120개 이상의 나라에서 다양한 사람을 대상으로 리더십 교육을 펼쳤다. 그의 교육방식은 많은 사람이 진정한 리더로 거듭나게 했고, 각자 속한 조직에서 엄청난 성과를 거뒀다.

존 맥스웰은 진정한 리더십은 '지위와 상관없이 자발적으로 당신을 존경하고 당신에게 헌신하고자 하는 사람들을 모으는 능력이며, 설사 당신이 자리를 비워도 제 역할을 해낼 리더를 양성하여 조직의 힘을 폭발적으로 증가시키는 능력'이라고 설명했다.

아무리 높은 위치에 있어도 다른 사람들의 열정을 끌어올리는 영향력이 없으면 제대로 된 리더라고 할 수 없다. 그런 리더가 이끄는 조직은 머지않아 수면 아래로 가라앉게 될 것이라는 경고도 서슴지 않는다.

존 맥스웰이 제시하는 5단계 리더십은 다음과 같다.

1단계는 지위(Position) 리더십이다. 가장 초보 단계로 주어진 지위를 이용하여 사람들을 따르게 하는 수준이다.

2단계는 허용(Permission) 리더십이다. 좋은 관계라는 신뢰를 구축하여 사람들이 자발적으로 따르게 하는 것이다.

3단계는 성과 창출(Production) 리더십이다. 성과를 창출하게 하는 리더십을 발휘하여 사람들이 따르게 하는 단계를 일컫는다.

4단계는 인재 개발(People) 리더십이다. 구성원인 팔로워를 리더로 성장시켜 함께 조직을 이끄는 것으로 팔로워를 양성하는 단계다.

마지막 5단계는 인격(Personhood)의 리더십이다. 오랜 기간에 걸쳐 검증된 탁월한 리더십은 물론 존경받는 수준으로 쌓은 인품이 성과를 발휘하는 것이다. 마호메트, 석가모니, 마틴 루터킹 목사 등 이른바 성인군자의 반열에 오른 이들이 발휘했던 가장 높은 단계의 리더십이다.

맥스웰은 입문 단계인 1단계 지위 리더십에서 가장 높고 어려운 5단계인 인격(Personhood)의 리더십에 이르기까지 각 단계의 긍정적 측면과 부정적 측면, 해당 단계에서 선택해야 할 최선의 행동, 다음 단계로의 상승을 돕는 신념 등을 소상히 다루었다.

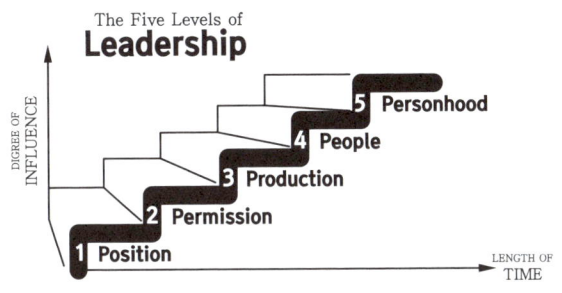

〈표〉 존 맥스웰이 제시하는 5단계 리더십

리더는 팔로워를 지시하고 가르치는 데 많은 시간을 보낸다. 반면 팔로워는 리더의 지시와 교육보다 평소 리더의 행동을 보고 따르는 경우가 많다. 팔로워는 당장은 멘티이나 먼 훗날에는 후배를 육성하는 멘토가 되기도 한다. 따라서 후배 양성의 첫 번째 단계는 팔로워인 멘티들에게 모델이 되는 것이다.

리더를 따르는 팔로워가 없다면 조직의 미래는 암울해진다. MZ세대에게 나를 따르라고 지시하고 강요할 수 있을까? 적어도 나를 따르게 하려면 기본 바탕을 토대로 상대에 대한 이해와 배려, 그리고 사랑이 뒷받침되어야 한다. 여기에 부당한 상사의 요구에 맞서는 용기, 상사와 부하의 중간에서 조율하는 능력, 신뢰와 공감을 이끄는 소통 능력도 쌓아야 제격이다.

리더는 팔로워를 의지해야 하고, 팔로워는 리더를 지지해야 한다. 조직의 성공은 리더의 역량에 따라 갈리기도 하지만 팔로워들이 얼마나 리더를 잘 따르는지에 따라 판가름이 난다. 팔로워는 어떨 때 리더를 따를까? 팔로워가 리더를 따르는 경우는 크게 4가지로 구분할 수 있다.

첫째, 의무감이 있을 때다. 그러나 리더의 영향력은 직장이 갖는 한계를 넘어설 수 없다. 이런 분위기가 오랫동안 이어지면 팔로워들은 의욕을 잃는다.

둘째, 리더와 팔로워의 인간관계가 좋을 때다. 특히 상사의 인정을 받을수록 일을 재미있게 할 수 있다. 반면 인센티브나 동기부여가 제때 이루어지지 않으면 관계는 급속도로 나빠질 수 있다.

셋째, 팔로워가 상사와 조직을 신뢰할 때다. 상사가 조직을 위해 일하고 그것이 시비와 이해라는 두 가지 원칙에 어긋나지 않으면 리더를 더욱 신뢰하고 따르게 된다. 팔로워들은 오랫동안 조직을 성공으로 이끈 리더의 삶에 무한한 존경심을 느낀다. 이런 조직에서는 헌신적으로 일할 분위기가 형성되어 있다.

넷째, 조직의 일과 나의 일이 동질감을 느낄 때이다. 올림픽 종목 중 사격은 가늠자와 가늠쇠가 일치할 때 명중률이 높아진다. 마찬가지로 내가 하는 일과 조직이 하는 일이 일치할 때 효과가 크다. 이때 창조와 융합이 이루어지면서 개인과 조직은 폭풍 성장이라는 시너지 효과가 나타난다.

팔로워가 따르는 일곱 가지 선택의 길

아기는 태어나는 순간 가정의 구성원으로 부모의 전폭적인 지원을 받으며 배움과 성장의 첫걸음마를 시작한다. 부모는 가정이라는 연결고리를 통하여 아기와 한 뿌리임을 알리고 삶의 공동체로서 공동의 목적과 정체성이 형성되도록 돕는다.

부모는 팔로워인 자녀에게 소속과 연대 의식을 갖고 따라오기를 바란다. 팔로워인 자녀는 부모의 비전과 방향 제시, 목표 설정에 대체로 공감한다. 그리고 가정이라는 커뮤니티 안에서 안정감을 느끼며 사회로 나아갈 준비를 시작한다. 이 과정에서 수반되는 필수 코스는 부모를 따르는 것이다.

자녀는 부모의 카리스마에 큰 영향을 받는다. 의사 부모 밑에서 의사가 배출되고, 교사 집안에서 교사가 나오고, 학자 집안에서 학자를 키우는 선순환 구조는 이를 잘 설명해 준다. 이런 흐름은 팔로워인 자녀가 리더인 부모의 가치와 신념을 공유하고 부모와 자식 사이에 깊은 신뢰감이 형성되었을 때 나타난다.

신뢰를 뜻하는 영어 'trust'의 어원은 '편안함'을 의미하는 독일어 'trost'에서 비롯됐다. 특히 공동의 가치와 부모에 대한 깊은 신뢰는 가정이라는 편안함과 안식처가 있기에 가능한 것이다. 가정은 개별 위기가 닥쳤을 때도 회복 탄력성을 발휘하면서 난관을 돌파하는 보호망 역할을 했다. 그러나 부모의 역할이 가정의 영역에서 신뢰감을 주지 못하면 자녀는 새로운 대안을 찾아 나설 수밖에 없다. 이 과정에서 중요한 것이 조직 전역으로 확대되는 리더와 팔로워의 관계다.

전문가들은 팔로워십이 세인의 주목을 받기 시작한 것은 1992년 로버트 켈리 교수의 연구 결과가 나온 이후부터로 보고 있다. 그는 팔로워가 가야 할 길을 일곱 가지 유형으로 나누어 설명했다.

첫째, 도제(Apprentices)이다. 선생이나 스승에게 무엇을 배우는 사람이다. 내가 리더를 따르면 나도 리더처럼 된다는 확신이 들었을 때 선택한다. 경력을 쌓을 수 있고, 공공 기술 인증을 취득하는 것이 가능하다. 고용주와 계약한 기간에 일하고 그 대가로 기술을 배울 수도 있다.

둘째, 제자(Disciples)이다. 존경하는 리더와 긴밀한 유대 관계를 맺고 싶어서 따르는 경우다. 스승 한 사람이 가진 지식이 다수의 제자에게 전수되는 형태다. 그러나 분별력과 비판적 사고가 필요하다. 제자들은 잠재 위험이나 권력의 남용을 염두에 두고 헌신과 독립적인 사고 속에서 균형을 유지하려고 노력해야 한다.

셋째, 멘티(Mentees)이다. 높은 직책에 있는 이들과 가까운 관계를 맺으면 이득을 볼 가능성이 크기 때문에 따르는 것이다. 리더와 팔로워 간의 관계는 상호 신뢰, 존중, 공동 목표나 비전에 대한 공유된 약속을 기반으로 형성된다. 멘토-멘티, 리더-팔로워 관계는 경험이 많은 사람이 경험이 적은 사람에게 조언과 지침을 제공하는 형태다.

넷째, 동지(Comrades)이다. 집단이 주는 긴밀한 유대와 사회적 지지를 받을 수 있어서 따르는 경우다. 뜻을 같이 하는 동지의 역할은 공동 목표를 향한 의사소통, 협업 및 집단행동을 도모하는 것이다. 리더 및 팔로워와 긴밀히 협력함으로써 영향력을 확대하고 의미 있는 변화에 도움을 줄 수 있다.

다섯째, 충성파(Loyalists)이다. 의무나 개인적 약속을 지키려고 따르는 경우다. 리더를 따르는 이들에게 충성심은 가장 중요한 가치다. 리더와 팔로워 사이에서 충성파의 역할은 복잡하고 다면적이다. 그들의 지원은 가치가 있을 수 있으나 충성도와 비판적 사고 사이에 균형을 이루며 조직 전체를 위해 일하는 것이 중요하다.

여섯째, 이상주의자(Dreamers)이다. 리더가 그들이 강하게 믿는 하나의 이상, 또는 목적을 상징하기 때문에 따르는 경우다. 리더와 추종자 사이에서 이상주의자의 역할은 조직 내에서 창의성, 혁신 및 미래 지향적 사고를 북돋운다. 즉 새로운 아이디어를 제공하고 한계를 벗어나야 발전을 주도해 나갈 수 있다

일곱째, 삶의 방식(Way of Life)이다. 일하는 것이 더 행복하고 많은 시너지 효과를 낸다고 생각하는 것이다. 팔로워의 삶의 방식은 리더와

팔로워 간의 관계에 다양한 영향을 미친다. 리더의 가치와 목표에 부합하고 건강한 일과 삶의 균형을 유지할 때 리더와 팔로워는 더 긍정적이고 생산적인 관계가 된다.

따르는 3단계, 수·파·리

"평범한 사람은 검을 눈으로 보고 쓴다. 그러나 고수는 온몸으로 검을 느끼며 사용한다. 검을 잡는 순간 검은 차가운 무기가 아니라 피와 기가 흐르는 수족이 되어야 한다. 검뿐만 아니라 창, 활, 모든 무기가 이런 이치와 다르지 않다. 기를 모아 다시 검을 쥐거라!"

고구려의 건국 내용을 다룬 MBC 드라마 『주몽』에서 검의 고수로 등장했던 아버지 해모수. 그는 아들 주몽에게 검술을 이렇게 가르친다. 검도에서 곧잘 인용되는 '수(守)·파(破)·리(離)' 개념은 원래는 불교 용어였다. 지금은 검도에서 수련의 3단계를 표현하는 개념으로 정착되었다. 어느 분야든 마찬가지다. 배우고 익히는 절차를 거쳐 최고의 경지에 오르는 단계를 살펴보면 공통점이 있다.

첫 번째는 스승으로부터 기본기를 철저하게 익히는 단계이다. 두 번째는 다양한 응용 기술을 연마하면서 스스로 문제 상황을 벗어날 수 있는 내공을 축적하다가, 마지막 단계에서는 스승을 뛰어넘는 자기만의 독창적인 세계를 여는 것이다. 그런 측면에서 수(守)·파(破)·리(離) 이론은 '따름'의 3단계를 설명하는데 안성맞춤이다.

첫째 단계인 '수(守)'는 가르침을 지키는 것이다. 스승의 가르침과 전문성을 배우고 지키는 단계다. 스승의 말을 잘 듣고 그대로 행하는 것이다. 이때는 스승의 기본기를 익히기 위해 지루한 반복을 거듭해야 한다. 내 의견을 내세우기보다 오로지 스승이 전하는 기본기를 철저히 익히며 정해진 원칙에 따라 연습을 거듭하는 시기다.

둘째 단계인 '파(破)'는 깨트리는 단계다. 스승의 가르침을 토대로 각자의 능력과 개성을 발휘하여 점차 나만의 검도를 창조해 가는 시기다. 달인의 경지라 할 청출어람의 단계를 넘어섰으니 원칙과 기본을 바탕으로 하되, 자신의 개성과 능력에 따라 새로운 세계를 창조해 나가는 시기다. 청출어람 청어람은 푸른색은 쪽에서 취했으나 쪽빛보다 더 푸르다는 말로 제자가 스승보다 뛰어날 때 쓰는 말이다.

마지막 '리(離)'는 홀로서기 하는 단계다. 파의 연속 선상에 있지만, 그 수행이 질적 비약을 이루면서 자신만의 독창적인 세계를 만들어 기존의 가르침이나 이론과 결별하는 단계다. 골프에서 싱글 수준에 올라선 사람들은 자신의 신체 조건에 맞는 스윙 방법과 고유의 플레이 전략을 찾아낸다고 한다. '파(破)'를 행하되, 원칙을 벗어나지 않으면서 자기만의 독자성을 발휘하여 홀로서기 하는 단계다.

'수(守), 파(破), 리(離)'의 개념은 팔로워십 이론과도 맥을 같이한다. 먼저 수(守)는 리더를 따르는 시기다. 아무것도 모르니 스펀지처럼 배우는 것이다. 이 단계에서 배움이 차고 넘치면 점차 '파(破)', '리(離)'의 단계로 넘어간다. 그러나 대부분 팔로워는 수(守)에서 머물다 조직 생활이 끝나는 경우도 부지기수다. 수(守)의 단계에서 배운 생각과 관념이 지나치게 강해 독자 활로를 걷는 것이 말처럼 쉽진 않기 때문이다.

사람은 누구나 고유의 자기다움이 있다. 그런데 자기다움을 찾아보지도 못하고 인생을 마감한다면 얼마나 안타까운 일인가. 인생 후반전을 맞이하거나 제2의 인생을 준비하는 사람들이 제일 힘든 일도 선입견, 편견, 고정관념에서 벗어나는 것이다. 전반부보다 후반부 인생을 멋지게 살려면 삶을 유연하게 받아들이는 자세가 필요하다. 그래야 자기 주도적 사고를 하고 이를 토대로 창조적인 삶을 이어갈 수 있다.

세상은 빛의 속도로 파(破)를 넘어 '리(離)'의 단계로 바뀌고 있는데 수(守)에 머물며, 나의 것만 지키겠다고 전통만 고집하는 것도 답답한 노릇이다. 리셴룽 전 싱가포르 총리는 "탁월함은 기존 틀을 벗어난 생각(Think out of box)에서 나오며, 그것만이 불확실성이 곳곳에 널린 시대에 계속 성공할 수 있는 비결이다."라고 했다.

수·파·리 방식은 '따름'의 정도라고 할 수 있다. 전문가가 되려면 반드시 3단계 과정을 거치면서 제대로 배워야 한다. 한자어 추종에서도 처음에는 스승을 따르고(隨), 두 번째는 스승의 경지에 미치고(及), 마지막에는 스승을 추월하고 새로운 단계에 들어서서 홀로서기 하는(逐) 단계가 설정되어 있다.

노자는 "생각이 쌓이면 말로 표출하게 되고, 말로 표출하면 행동으로 옮기고, 행동이 쌓이면 습관을 이루고, 습관이 쌓이면 성품을 이루고, 성품이 쌓이면 한 인생의 운명을 결정한다."라고 하였다.

생각이 행동으로 이어지고, 습관이 되어 성품이 되고, 운명을 결정하듯, 팔로워도 수·파·리 방식을 따라 단계별로 나아가지 않으면 제대로 된 팔로워로 성장할 수 없다.

Long run 하려면 Long learn하라

'나는 조금이라도 배울 것이 있는 사람이라고 여겨지면 그의 일거수일투족을 살피고 따라 하며 배웠다. 가령 그들의 인사말이 좋아 보이면 바로 적용했다. 물건을 사고 나갈 때 그냥 "감사합니다. 안녕히 가세요."가 아니라 "멋지게 입으세요, 또 뵐게요."라고 인사했다. 처음에는 낯간지럽기도 하고 누군가를 따라 한다는 것이 창피스럽기도 했다. 그럴수록 당당하게 내 것으로 만드는 연습을 쉬지 않고 했다. 이렇게 한 사람 한 사람의 장점을 따라 하다 보니 어느새 나도 그렇게 변해 가고 있었다.'

– 전현미 저, 『나에게 불황은 없다』 중에서 –

배움을 갈망하는 것은 자신의 부족함을 깨닫는 것이다. 배운다는 것은 모르는 것이 많음을 인정하는 것이다. 배움은 변화와 성숙의 길로 안내한다. 우리는 배움을 통해 스스로 변화되고, 자신을 세워나가며, 더 나은 사람으로 성장을 거듭한다.

학습(學習)에서 학(學)이 배우는 것이라면, 습(習)은 익히는 것이다. 학습은 팔로워의 운명이다. 배우고 익힘을 습관화한 사람보다 더 뛰어난 사람은 없다.

전현미는 첫 직장 생활을 방직공장에서 시작했으나 지금은 연봉 1억이 넘는 매니저로 일하고 있다. 그녀는 스스로 세상에 자랑할 것이 아무것도 없다고 한다. 다만 그녀가 가진 자산은 '절실함'과 '자신감', 그리고 '미소'라고 했다.

그녀가 판매업계에 신데렐라로 변신할 수 있었던 것은 '따라야 따른다.'라는 원칙을 충실히 이행한 결과였다. 덕분에 그녀는 한 달 단기 아르바이트생 신분에서 시작한 지 불과 3개월 만에 정식 직원이 됐다. 그녀는 성실했으며, 잘 웃고, 고객에 친절했다. 그녀가 이룬 놀라운 판매실적이 업계에 소문이 나자 다른 백화점에서 매니저로 스카우트하였다. 억대 연봉의 매니저가 된 것이다.

초졸 출신의 그녀는 집안이 가난하여 중학교에 갈 수 없었다. 생계를 위해 방직공장에 들어갔으나 무엇이든 배우고 싶었기에 일을 하면서도 손에서 책을 놓지 않았다. 야근 후에는 졸린 눈을 비벼 가며 도서관에서 공부하여 뒤늦게나마 중고등학교 졸업장을 손에 쥐었다. 결핍을 메우고자 배움을 선택했고, 꼭 해내야 한다는 간절함이 있었기에 성장을 거듭할 수 있었다. 결핍에서 시작한 배움에 대한 갈망은 끊임없이 무언가를 배우게 했고, 그 결과 고액 연봉의 직장인이 된 것이다.

한 분야의 전문가로서 오랫동안 인정받으려면 늘 배워야 한다. 변화경영연구소 구본형 소장은 『구본형의 마지막 수업, 나를 만든 세계문학 고전 독법』을 통해 배움의 필요성에 대해 "현실에 주저앉아 배움이 없는 삶이라면 젊음이 아니다. 우리는 언제 젊어지는가? 배움을 시작할 때다."라고 했다.

지금은 작고한 신영복 성공회대 석좌교수는 『담론』이라는 책에서 "머리에서 가슴까지의 여행이 공부의 시작이고, 가슴에서 발까지의 여행은 우리가 발 딛고 있는 삶의 현장을 의미한다."라고 하였다. 공부는 살아가는 것 그 자체이다.

우리는 살아가기 위해서 공부해야 한다. 삶이 공부이고 공부가 삶인 까닭은 그것이 실천이고, 변화이기 때문이다. 즉 공부는 머리가 아니라 가슴으로 하는 것이며, 가슴에서 끝나는 여행이 아니라 가슴에서 발까지의 여행이다. 먼저 머리에서 가슴까지의 여행은 자신이 가진 완고한 틀을 깨고 인식을 확장하는 것을 의미한다. 공부는 낡은 생각을 깨뜨리는 것이다.

팔로워의 특권은 따라서 배우는 것이다. 전현미는 본사나 백화점에서 진행하는 교육이나 체험이 있으면 가장 먼저 참여했다. 6개월짜리 장기 교육도 남들보다 빨리 참석했다. 교육이 끝나면 폐장 시간이 임박해도 매장에 다시 들러서 일을 마치고 퇴근했다. 심지어는 6개월 코스의 교육을 마치고도 더 배우려고 패션학원에 등록했다. 개인 돈으로 코디를 배워 업무에 활용한 결과 다른 직원과의 차별화에 성공한 것이다.

그녀는 말한다. "내가 여기까지 올 수 있었던 것은 남들보다 늦은 속도이긴 하지만 겸손하게 늘 배우는 자세를 잃지 않았기 때문이다. 그러다 보니 화살처럼 지나가는 기회도 놓치지 않았고, 그런 준비 과정을 거쳐 더 나은 위치로 올라갈 수 있었다. 늘 배우는 자세로 하루를 살아가는 한 내 삶은 언제까지나 현재진행형이다."

그녀는 판매 사원도 차별화된 전문성을 갖추려면 '3지', 즉 지식, 지성,

지혜를 갖춰야 한다고 주장했다. 그녀가 말하는 3지란 상품을 정확하게 파악하는 지식(知識), 어떤 고객과도 소통할 수 있는 지성(知性), 판매 현장에서 난관에 부딪혀도 슬기롭게 대처하는 지혜(智慧)를 통해 가치를 파는 사원으로서 고객과 함께 하는 것이라고 설명했다.

팔로워가 전문성을 갖추려면 수직적 지식과 수평적 지식을 풍부하게 알고 있어야 한다. 수직적 지식은 직무와 관련된 지식, 산업 분야의 지식, 마케팅 지식, 업무처리 속도를 들 수 있다. 수평적 지식은 문제 해결 능력, 조직의 메커니즘을 이해하는 것이다. 핵심은 관찰을 통해 새로운 쓰임새를 발견하는 통찰력을 얻을 수 있다. 여기에 자신을 성찰하면서 조직에서 나의 역할을 찾으면 입체적 지식의 확보도 가능하다.

실패에서 배우는 것은 중요하다. 드라마 삼국지를 보면 조조는 적벽대전에서 가장 큰 실패를 경험한다. 이때 휘하의 장수 '허저'도 3천 병사를 다 잃고 마부와 둘이서 살아와서 피눈물을 흘린다. 그러자 조조는 "대장부는 피를 흘릴지언정 눈물은 흘리지 않는다. 병가에서 이기고 지는 것은 당연한 일이다."라면서 살아 돌아온 병사와 장수들을 모아놓고 심금을 울리는 연설을 했다.

"장수가 패전 몇 번 안 하고 어찌 승리의 비결을 얻겠나. 세상에 백전백승하는 장수는 없다. 패해도 굴하지 않는 장수가 있을 뿐이다. 그런 자가 결국 승리한다. 우린 83만 대군을 이끌고 남하했지만 5~6만 손권, 유비 연합군에 패했다. 왜 그럴까? 가장 근본 원인은 몇 년간 승리를 너무 많이 했기 때문이다.

자만에 빠져 이성을 잃었다. 적을 너무 얕본 거다. 특히 이 조조가 어설픈 고육지계에 홀랑 넘어가 화공 전법에 당하고 말았다. 우리는 패할 때가 됐던 거다. 실패는 좋은 것이다. 실패는 우리가 어떻게 성공하고 어떻게 승리할 것이며, 또 어떻게 천하를 도모할 것인지를 잘 가르쳐준다. 그러니 성공하는 사람은 실패에 의연한 법이다. 전쟁도 마찬가지다. 이길 수도 질 수도 있다. 적벽대전에서는 비록 패했으나 우리의 근간은 그대로다. 영토도 그대로고, 우리의 성, 백성, 세금 모두 손권, 유비와 비교가 안 된다. 손권과 유비는 위급할 때는 손을 잡았으나 이제는 승리했으니 서로 물어뜯고 싸울 거다. 주유와 제갈량이 정말 한마음 한뜻이었다면 우리가 무슨 수로 살아올 수 있었겠는가!"

그러면서 조조는 손권과 유비의 연합은 조만간 깨지고 우리에게 패할 것이니 이번 실패의 경험은 성공으로 이어질 수 있다는 비전을 제시한다. 조조의 연설처럼 성공은 희망을 안고 두려움을 누르며 도전정신을 가지고 추진력을 발휘할 때 간헐적으로 찾아오는 결과물이다. 실패에서 가장 중요한 것은 경험으로부터 배우는 것이다.

Long run 하려면 Long learn 하라는 말이 있다. 정원을 아름답게 꾸미려면 잡초가 자랄 여지를 주지 말고 가꿔야 하듯, 사람도 마찬가지다. 꾸준히 발전하려면 끊임없는 쇄신을 통해 학습과 실천을 반복해야 한다.

지극정성을 다해 따르라

'작은 일도 무시하지 않고 최선을 다해야 한다. 작은 일에도 최선을 다하면

정성스럽게 된다. 정성스럽게 되면 겉에 배어 나오고, 겉으로 드러나면 이내 밝아지고, 밝아지면 상대방이 감동하고, 상대방이 감동하면 이내 변하게 되고, 변하면 생육된다.'

-『중용』23장 -

영화 '역린'에서 상책의 대사를 통해 소개되면서 더욱 유명해진 이 문장은 오직 세상에서 지극히 정성을 다하는 사람만이 나와 세상을 변하게 할 수 있다는 교훈을 제시한다. 지극한 정성은 하늘도 감동한다. 지극한 정성은 쉬지 않는 것이다.

결론은 지극정성을 다하는 사람만이 나와 세상을 변화시킬 수 있다. 누군가를 따를 때는 이렇듯, 지극정성으로 따라야 한다. 지극정성으로 따른다는 말은 헌신적으로 끊임없이 노력해서 최선을 다하는 것이다.

당나라 시인 이백의 어렸을 적 이야기다. 이백은 훌륭한 스승을 만나 상의산에 들어가서 공부를 하던 중 싫증이 나자 스승에게 말도 하지 않고 산에서 내려왔다. 집으로 향하던 이백이 어느 계곡에 다다랐을 때 한 노파가 바위에 쇠도끼를 열심히 갈고 있었다.

"할머니, 지금 무얼 하세요?"

"보면 몰라요? 바늘을 만들려고 도끼를 갈고 있다오."

"아니, 그렇게 큰 도끼를 간다고 바늘이 만들어지나요?"

"당연히 되지. 하다가 그만 두지만 않는다면."

이백은 이때 노파가 던진 '하다가 그만두지만 않는다면'이라는 말에 큰 깨달음을 얻어 내려온 것을 뉘우치며 다시 산으로 올라갔다. 여기서 유래된 말이 "도끼를 갈아서 바늘을 만든다."라는 '마부작침(磨斧作針)'이다.

마부작침은 아무리 어려운 일도 끈기와 인내만 있으면 이루어 낼 수 있다는 말이다. 지극정성을 다하면 하늘도 돕는다. 그렇게 하려면 달리 방도가 없다. 한 방울, 한 방울씩 떨어지는 낙숫물이 마침내 바위를 뚫듯, 도끼를 갈아서 바늘을 만들겠다는 마부작침의 자세로 지극정성을 다하는 것이다.

스승을 따르는 것은 그 분야의 전문가가 되기 위한 필수 과정이다. 어느 분야든 팔로워로서의 기본을 갖추려면 그 분야의 전문가가 되어야 한다. 전문가가 돼야 비로소 쓰임새가 생긴다. 팔로워가 전문가로 우뚝 서려면 해당 분야의 스승을 지극정성으로 모시며 배우는 자세가 필요하다.

지극정성은 열망과 동기부여, 그리고 그 목표를 달성하려는 헌신적인 노력에서 시작된다. 지극정성은 때론 개인의 생활과 인간관계에 부정적인 영향을 미칠 수도 있다. 따라서 목표를 추구하되 균형과 조화를 유지해야 좋다.

『중용』은 '지성감천(至誠感天) 지성무식(至誠無息)', 즉 지극한 정성을 다하면 하늘도 감동하니 지극한 정성을 쉬지 말아야 한다고 가르친다. 여기서 성이란 첫째, 성실함은 자신의 완성을 통해 남을 완성하는 것이고, 둘째, 자연스럽게 이루어지는 것이며, 셋째, 최고의 성실은 무식, 즉 쉬지 않는 것이라고 설명한다. 토끼와 거북이의 우화에서 거북이가 승리한 것은 쉬지 않고 걸은 결과다.

재주 있는 사람만 잘된다면 세상은 불공평하다. 재주는 없어도 열심히 하면 성공할 수 있어야 한다. 그런 의미에서 지성 감천 지성 무식은 보통 사람에게도 희망을 주는 명언이자 가르침이다.

일할 때는 세심한 부분까지 살펴야 한다. 큰 일이든 작은 일이든, 가리지 않고 정성을 다하는 마음으로 하면 매사에 신중하게 처리하는 습관이 생긴다. 작은 일도 대충 넘기지 않고 엄밀하게 살피고 처리하면 실패할 확률이 줄어든다.

미식축구 풋볼을 다룬 『애니 기븐 선데이(Any Given Sunday)』라는 영화가 있다. 과거의 우승했던 영광과 달리 지금은 연패의 늪에 빠진 팀원들의 갈등을 그린 내용이다. 영화 속 알파치노 감독은 승리에 목말라 있는 선수들을 향해서 '우리의 인생은 1인치 게임!'이라는 화두를 던지고 있다.

"너무 빨라도 너무 느려도 볼을 잡을 수 없고, 그래서 우리는 그 1인치와 싸워야 한다. 한 번에 1인치씩 한 번에 한 플레이씩 그렇게 끝까지 가는 거다. 매일 조금씩 쉬지 않고 꾸준히 나아가는 것만큼 어려운 일은 없다. 조금씩이라도 1인치라도 전진하는 편이 아무것도 안 하는 것보다 낫다. 당장은 겨우 1인치 차이라고 할지 모르나, 겨우 그만큼씩이라도 꾸준히 나아가는 사람의 1년 뒤, 10년 뒤는 그렇지 않은 사람과 엄청난 격차를 만든다. 매일매일 반복하고 지속하는 사람의 힘이란 그런 것이다. 그것이 결국 인생을 바꾸기도 한다. 여러분, 더도 말고 덜도 말고 딱 1인치씩만 앞으로 나아가는 하루, 지금 당장 실천해 보자."

인생은 1인치의 게임이라고 말하는 영화 속 알파치노 감독의 명대사는 매일매일 꾸준히 반복하고 지속하는 것이, 작지만 나중에 시간을 두고 생각해 보면 큰 차이가 있다는 울림이 되어 감동으로 다가왔다.

현실 속에서 이런 명감독을 만나기란 쉽지 않다. 그렇더라도 팔로워가 지극정성을 다해 1인치씩 나아가야 한다는 기본 원칙은 변할 수 없는 진리다.

마음으로 따르는 신복

리더는 이끄는 사람이다. 이끄는 것은 따르는 사람이 있어야 가능하다. 일본의 경제·경영 분야 작가인 나카지마 다카시는 『리더의 그릇』에서 따르는 사람을 세 가지 유형으로 나눴다.

첫째, '위복(威服)'이 두려워서 따르는 사람들이다. 겉으로 충성을 다하는 것은 상대가 무서워서이다. 이들은 권위나 위력에 굴복하기 때문에 이에 대한 두려움이나 무서움이 사라지면 더 따르지 않는다.

둘째, '사복(私服)'은 사심을 가지고 따르는 사람들이다. 자신의 이익을 위해 리더를 따르고, 보상이 돌아오지 않으면 곧바로 다른 이익을 찾아 떠나는 사람들이다.

셋째 '신복(信服)'으로 믿음이 있어 리더의 마음을 헤아리고 따르는 유형이다. 이런 사람들은 두려움이나 보상이 없어도 마음으로 계속 리더를 따른다.

– 박승원의 『아침을 여는 1분 독서』 중에서 –

박승원 작가는 위복과 사복은 따름이 오래가지 못하는 이유를 '위복은 몸만 따르고, 사복은 말만 따를 뿐 마음이 담기지 않았기 때문'이라고 본다. 반면에 신복은 마음부터 따르니 몸도 말도 저절로 따르게 된다고 설명한다. 부하를 존경하는 상사가 부하에게 존경받는 것도 마음에서 우러나온 까닭이다. 어떻게 해야 신복을 유도할 수 있을까? 인문학은 이에 대해 명쾌한 답을 내놓는다.

"남에게 대접받고 싶은 대로 남을 대접하라. (마태복음 7장)",
"내가 싫어하는 바를 남에게 넘기지 말라(기소불욕 물시어인 논어)."

몸만 따르는 위복이나 말만 따르는 사복이 아닌 마음이 따르는 신복을 두고 싶다면 내가 먼저 그들의 마음을 헤아리고 배려하는 것이 선행돼야 한다. 마음을 따르게 하는 신복은 누군가가 믿음이나 주장하는 가치관 등을 따르는 것이다. 이는 사람이나 단체의 말과 행동을 깊이 신뢰하며 받아들이는 것이다. 그러나 신복이 과도해지면 비판적 사고를 방해하고 판단력을 흐릴 수 있다.

부하를 대접하지 않는 상사는 대접받지 못하고, 부하를 존경할 줄 아는 상사가 부하에게 존경받을 수 있으니 마음에서 우러나 복종하는 '신복'을 장착시킴은 필수다.

(주)네패스 이병구 회장은 그의 저서『경영은 관계다-그래티튜드 경영』에서 기업을 성장시키는 가장 본질적인 힘은 사람과 사람 관계라고 주

장했다. 덧붙여 혁신과 창의성의 비밀은 관찰력을 키우는 것이며 이는 감사의 행위와 연결되어 있다고 설명한다. 실제로 그는 회사에서 직원들의 제안이 급등한 지점이 감사 훈련이 활발하게 시작한 시점과 일치했다고 밝혔다. 즉, 감사가 관찰력을 월등하게 높여 주어 본질을 통찰하게 해 주는 시점에서 제안 제도가 활성화되었다는 점을 확인시켜 준 것이다. 아주 작은 것도 모든 의식과 감정, 지각을 사용하여 온몸으로 감사하는 마음을 갖는 순간 상상 이상의 초월적 경험과 더불어 마음의 안정을 가져올 수 있다.

일을 배운다는 것은 사람을 배우는 것이다. 새로운 일을 하면 새로운 사람을 알게 된다. 직장에서는 돈을 주고 배울 일을 거꾸로 돈을 받아가면서 배운다. 얼마나 고맙고 감사한 일인가. 팔로워는 이런 기회를 적극적으로 활용해야 한다. 가장 위대한 사람은 끊임없이 배우고 익히는 사람이다. 배우고 익히는 일을 멈추면 조직은 물론 개인의 성장과 발전도 기대할 수 없다.

이끌든지, 따르든지, 꺼지든지

1970년생으로 미국 이민 2세대인 피터 김은 1980년대 불어닥친 의류업계의 불황으로 부도의 어려움을 겪던 부모님 회사를 인수했다. 그는 정장 중심의 제품을 캐주얼 중심으로 바꾸고 동양적 힙합 패션을 접목했다. 띠별 동물 도안을 도입해 12지신을 디자인하고 각각 설명서를 옷에

붙였다. 패션계의 이소룡이 되겠다는 그의 회사 쎄이미 케이는 '드렁큰 몽키'라는 브랜드를 출시한 뒤 연 매출 480억 원에 직원 80명을 둔 회사로 성장했다. 피터 김의 사무실 벽에는 이런 글이 붙어 있다.

'이끌든지, 따르든지, 아니면 꺼지든지 하라.'

- 최윤규,『물속의 물고기도 목이 마르다』중에서 -

카툰경영연구소 최윤규 대표는 남에게 절대적으로 복종해 보지 못한 사람은 남을 절대로 지배할 수 없다고 말한다. 다른 사람을 이끄는 리더는 먼저 섬기는 법을 배워야 한다. 좋은 팔로워가 좋은 리더로 되는 이치도 이와 같다.

'이끌든지, 따르든지, 아니면 꺼지든지'라는 말은 어떤 상황에서는 반드시 적극적으로 리더십을 발휘해야 하며, 또 다른 상황에서는 따르는 역할을 해야 하며, 그것도 아니면 그 상황에서 떠나야 한다고 주장하는 것이다.

"이끌든지, 따르든지, 아니면 꺼지든지 하라"라는 말 속에는 일종의 선택적 요청, 혹은 경고의 의미가 있다. '리드하든지'라는 말은 누군가를 이끌어 가라는 뜻이다. 이는 리더십이나 지도력을 가진 사람이 목표를 달성하도록 다른 사람을 이끄는 것을 의미한다. '따르든지'라는 말은 누군가를 따르라는 뜻이다. 이는 리더를 따르는 쪽이 목표 달성에 도움이 되니 따르라는 것이다.

마지막으로 '아니면 꺼지든지 하라'는 누군가가 선택하지 않거나 다른 방향을 택하면 함께하지 않겠다는 경고장을 날린 것이다. 리더와 팀원이 함께 하려면 목표나 방향성에 대한 합의가 필요함을 알리는 것이다. 선택의 자유는 주어지나 그 선택에 따라 책임도 따름을 경고하는 것이다.

어떤 상황에서는 적극적으로 리더십을 발휘하고 명확한 방향성을 제시하며 팀을 이끌어 가야 한다. 때로는 다른 사람이 제시한 방향성을 따라가야 할 때도 있고, 상황에 적합하지 않으면 스스로 떠나라는 말이다.

이와 같은 원칙은 역할 분담과 협업을 하는데 도움을 준다. 상황에 따라서 리더일 수도 있고, 팔로워가 될 때도 있다. 그룹에서 떠나야 할 때는 다른 사람이 주도권을 잡도록 허용하라는 의미다. 나의 분신처럼 움직여 줄 굿 팔로워를 원한다면 내가 먼저 본을 보일 필요가 있다. 팔로워에게 가장 중요한 것은 기본에 충실히 따르는 것이다. 제대로 배우려면 어떻게 해야 좋을까?

첫째, 가르쳐 보는 것이다. 우리는 아는 지식을 남에게 전해 줄 때 잘 배운다. 그냥 배우는 것과 남에게 전해 주려고 배우는 것은 하늘과 땅 차이다. 남에게 전해 주려면 배운 것을 기록해야 한다. 기록은 미래를 준비하는 것이다. 가르침과 배움은 함께 간다. 가르치려면 잘 배워야 하고, 잘 배운 사람이 잘 가르치게 된다. 가르치면 사물의 이치도 빨리 깨우칠 수 있다.

둘째, 잘 배우려면 모르는 것을 물어봐야 한다. 소크라테스의 문답법(Socratic Method)은 질문을 통해 상대방이 가진 지식이나 믿음을 파악하고, 그것이 합리적으로 근거하고 있는지를 검증하며 진리를 깨우치는 방식이다. 질문은 배움으로 향하는 길이다. 책을 읽고 사색하는 것도 삶이라는 질문에 답을 찾으려는 노력이다. 나의 질문과 의문은 선인들도 품었던 것이며, 양서를 읽는 것은 내가 품었던 질문과 의문에 답을 찾기 위함이다.

셋째, 한 분야에 특별한 관심을 쏟는 것이다. 모든 것을 한꺼번에 배우고 익힐 수는 없다. 배움의 비결은 집중에 있다. 집중하려면 특별한 관심을 쏟아야 한다. 관심이란 어떤 주제를 집중해서 마음에 두는 것이다.

세계적인 경영학자 피터 드러커는 '독특한 독서법'으로 유명하다. 그는 특정 주제를 정해서 3년씩 공부했는데, 그가 공부한 주제는 통계학, 중세 역사, 일본 미술, 경제학 등 다양했다. 이렇게 3년마다 새로운 연구 주제를 바꾸어 공부를 계속하면서 무려 39권의 분야별 책을 저술했다.

피터 드러커는 그의 학습법이 상당한 지식을 쌓을 수 있도록 했을 뿐만 아니라, 새로운 주제와 새로운 시각, 그리고 새로운 방법에 대해 개방적인 자세를 취할 수 있도록 해주었다고 술회했다. 이렇듯, 한 주제를 집중해서 배우고 익히면 품은 주제들이 우리에게 찾아오는 놀라운 변화를 경험할 수 있다.

'포기하든가, 굴복하든가, 아니면 나의 모든 것을 던져 보든가.'

미군의 엘리트 특수부대 네이비 실은 인생에는 딱 세 가지 선택밖에 없다는 명언을 남겼다. 배움의 자세도 포기하거나 굴복하지 않을 것이면 내 모든 것을 던질 때 제대로 된 나만의 전문성을 갖출 수 있다.

아랫사람에게 배우는 역멘토링

"공문자는 민첩해서 배우기를 좋아하고, 아랫사람에게 묻는 것을 부끄럽게 여기지 않았다. 그런 까닭에 시호를 문이라 한 것이다."

-『논어』, 공야장편 -

자공이 위나라 대부인 공문자의 시호가 어떻게 해서 '문(文)'이 되었는지를 묻자 공자가 대답한 말이다. 불치하문(不恥下問)은 글자 그대로 아랫사람에게 묻는 것을 부끄럽게 여기지 않는다는 뜻이다. 아무리 지위가 낮거나 못난 사람일지라도 내가 모르는 것은 알 수 있으니 묻는 것을 주저하고 수치스럽게 생각할 필요가 없다고 한 것이다.

잭 웰치 회장은 1999년 영국 출장길에 우연히 만난 젊은 엔지니어로부터 인터넷의 중요성을 듣고 젊은 친구의 혜안에 놀란다. 이후 그는 5백 명이 넘는 회사 간부들에게 일대일로 인터넷을 배우라고 지시했다. 이것이 역멘토링(Reverse Mentoring)이 불확실한 미래를 헤쳐갈 수 있는 조직문화로 자리 잡은 시발점이었다.

필자 역시 요즘은 함께 일하는 젊은 직원이 없다면 살기 힘들 것이라는 생각을 할 때가 많다. 실제로 업무를 하다 보면 모든 것들이 전산화되어 있어 연말정산, 또는 환급 문제 등으로 컴퓨터를 사용하다가 문제가 생기면 어려움을 겪곤 한다.

반면에 MZ세대는 태어나자마자 컴퓨터와 스마트폰을 옆에 두고 성장한 세대여서 IT 기술에 익숙하고 전자기기를 다루는 것도 능수능란하다. 기성세대들이 이들을 따라간다는 것은 불가능하다. 기존 세대는 회의할 때 수첩과 필기도구를 지참하나 이들은 스마트폰으로 메모한다. 오히려 그것이 더 빠르고 편하며 필요하면 녹음하고 이것을 즉시, 한글로 변형하여 파일로 받기도 한다.

한국 사회는 빠른 경제성장만큼 다양한 세대가 직장에서 공존하고 있다. 가장 원조는 1950년대에 출생한 베이비붐 세대(baby boom generation)다. 주산을 사용한 터라 컴맹인 이들은 부모에 순종했던 마지막 세대이자 자식을 챙기면서도 따돌림을 당할 비운의 세대다.

다음은 386세대들이다. 1990년대 당시 30대로 80년대 학번이면서 1960년대에 태어난 이들은 낮에는 돌을 던지고, 밤에는 막걸리를 마시면서 학생운동과 민주화 투쟁에 앞장섰던 세대다.

뒤이어 등장한 X세대는 1970년대생이다. 이들은 기성세대와 확연하게 달라 마땅히 정의하기도 힘들다. '서태지와 아이들'을 좋아하며, 영웅본색과 같은 홍콩영화를 즐긴 다문화 시대의 수혜자다. 소비에 민감하고 소비의 흐름을 주도하는 세대다.

다음은 베이비붐 세대의 자녀인 밀레니엄 세대다. 1980년 초반과 1990년

중반에 태어났으며, 최초의 디지털 세대이자 아날로그의 감성을 좇는 레트로 감성세대다. 레트로(RETRO)는 회상, 회고, 추억이라는 뜻의 영어 Retrospect의 준말이다. 졸업 후 취업난을 처음 겪은 세대로 'N포 세대'라고도 한다. YOLO(You Only Live Once) 즉, 한 번 사는 인생을 자신이 원하는 대로 살고 싶다는 이들은 평생직장을 믿지 않는다. 이보다는 일과 삶의 균형인 워라밸(Work-Life Balance)을 중시하며 자기 행복을 최우선으로 챙기고 있다.

마지막은 Z세대다. 1995년 이후 출생했고, X세대인 부모로부터 자유로운 가치관을 물려받고, 태어날 때부터 디지털을 경험한 세대다. 다양성을 존중해 개인 취향이라는 '개취 존중'을 넘어 타인이 싫어하는 것도 존중하는 '싫존주의' 추구형이다.

2019년 영국의 공영방송 BBC는 한국의 '꼰대'라는 단어를 소개해 눈길을 끌었다. BBC는 꼰대를 자신은 항상 옳고 다른 사람은 틀렸다고 믿는 나이 많은 사람이라고 풀이했다. 영국의 경제지 이코노미스트(The Economist)도 꼰대를 "젊은 사람들의 복종을 당연한 것으로 생각하며 거들먹거리는 나이 든 사람"이라고 하면서 "남에 대한 비판은 재빠르지만, 자신을 향한 비판은 인정하지 않는 사람"이라는 설명도 덧붙였다.

- 『리버스 멘토링』, 정태희, X, Y, 그리고 MZ세대, '꼰대'와 라떼 사이에서 발췌 -

23년 7월 온라인 조사 전문기관 피엠아이는 전국 만 20세~69세 남녀 3,000명을 대상으로 '직장 내 꼰대'를 주제로 기획 조사를 진행했다. 설문은 함께 일하는 직장 동료(상사, 후배, 동료 모두 포함) 중 '꼰대가 있느냐'는 질문에 전체 응답자 중 63.4%가 있다고 응답했다. 누구냐는 질문엔 전체 응답자의 65.3%가 상사를 1위로 꼽았다. 2위는 17.4%로 동료를 지목했다. 뒤를 이어 3위는 12.6%인 '부하 직원/후배'를 꼽았다.

농경사회에는 노인의 경험이 중요했다. 그러나 IT 세대는 오히려 디지털 세대의 경험과 창조적인 사고방식을 더 우선시한다. 이처럼 다섯 세대가 공존하는 시대에 우리는 살고 있다. 모든 세대 간에 서로 배울 지식이 혼재된 지금 리더가 원하는 혁신을 이루고 팔로워가 가진 능력과 끼를 제대로 활용하려면 역멘토링의 도입은 필수다.

공자는 학문은 마치 강물을 거슬러 올라가는 배와 같아서 앞으로 나아가지 않으면 그 자리에 머무는 것이 아니라 오히려 퇴보한다고 했다. 페이스북과 메타버스, 챗 지피티, 바드(Bard), 빙(Bing), 애스크업(Askup) 등 각종 인공지능이 새로 출현하는 시점에 나이로 대비되는 서열과 경험은 실력과 콘텐츠를 이겨낼 수 없다. 역멘토링 도입이 인기를 끄는 이유이다. 배우지 않는 리더는 시대의 흐름에 밀려날 수밖에 없다.

『리버스 멘토링』의 저자인 정태희 박사는 최근 몇 년 사이 기업의 사무 환경이 크게 바뀌었으므로 디지털 시스템을 잘 알고 있는 MZ세대 직원에게 물어보고 팁을 구하는 것이 효과적이라고 했다. 그 이유로 다섯 가지를 들었다.

첫째, 젊은 사원들의 디지털 지식과 통찰력을 활용함으로써 업무 절차를 간소화하면 조직 내에 새로운 열정을 불러일으킬 수 있다.

둘째, 조직에 대한 충성도가 높지 않은 젊은 직원에게 배우면 이들이 자기 기술과 회사에 대한 기여를 소중하게 생각할 수 있다.

셋째, 학습 플랫폼의 제공이다. 역멘토링은 경험이 많은 직원과 경험이 적은 직원이 피드백, 토론, 열린 대화를 통해 새로운 시각으로 도전할 수 있다.

넷째, 비즈니스 통찰력이다. 신입사원은 역멘토링을 하는 동안 회사의 비즈니스 통찰력, 업계와 관련된 전문용어, 관련 업무 및 기술정보를 심층적으로 이해할 수 있다. 고위급 임원과 대화를 나누다 보면 새로운 시각의 비즈니스 통찰력을 경험할 수 있다.

다섯째, 세대 간 고정관념의 타파가 가능하다. 역멘토링을 하는 동안 '젊은 세대는 열심히 일하지 않는다.', '기성세대는 완고하다.'라는 고정관념에서 벗어날 수 있다.

정 박사는 역멘토링의 성공 조건으로 첫째, 멘토와 멘티를 믿을 것, 둘째, 멘토와 멘티 간 규칙에 합의할 것, 셋째, 다양한 교육을 하다 보면 편견을 부수고 나이를 뛰어넘을 수 있다고 했다.

『탈무드』는 "만나는 사람 모두에 무엇인가를 배울 수 있는 사람, 마주치는 모든 사물에서 무엇인가를 배울 줄 아는 사람이 세상에서 가장 현명하다."라고 하여 배우는 자세의 중요성을 언급했다.

과거에도 현자(賢者)는 우자(愚者)에게서조차 배우려 했다. 리더들도 역멘토링을 하면서 배움에 정진하는데 팔로워가 배움을 게을리하면 시대의 흐름을 따라갈 수 없다.

일류대가 된 시카고대학교의 놀라운 힘은?

미국의 시카고대학교는 처음엔 삼류 대학교였다. 그러나 2023년 현재는 전 세계 대학 순위 10위에 우뚝 서 있다. 서울대학교가 28위라는 사실을 안다면 시카고대학교의 위상을 짐작할 수 있을 것이다. 시카고대학교는 2022년까지 94명의 노벨상 수상자를 배출하는 등 미국에서도 노벨상 수상자가 가장 많이 나오는 일류 대학교로 탈바꿈했다. 도대체 이 대학에 어떤 일이 있었던 걸까?

1890년 새로운 법인으로 출범할 당시의 시카고대는 명문대가 아니었다. 그러나 시카고대는 1929년 서른 살의 법률가이자 교육자인 로버트 허친스가 젊은 총장으로 취임하면서 변화가 시작되었다.

허친스 총장은 이 대학교 입학생에게 누구나 고전 백 권을 읽어야 졸업할 수 있는 '시카고 플랜: 위대한 고전'을 가동했다. '시카고 플랜'은 지정한 고전 백 권을 외울 정도로 읽지 않은 사람은 졸업시키지 않겠다는 파격적인 인문학 독서 프로그램이다. 이를 두고 당시 타 대학은 물론 미국의 교육 전문가들도 '학생들의 진로를 무시한 처사'라며 극심하게 반발했다.

허친스 총장은 물러서지 않았다. 오히려 "교양 교육을 하면 자유롭고 책임 있는 인간이 된 이후에 생계 방법을 배울 수 있으며, 각자의 특수한 흥미와

적성을 계발할 수 있을 것"이라면서 고전 읽기는 선택의 영역이 아닌 민주시민으로서의 자질을 양성하는 의무라는 주장을 굽히지 않았다.

허친스 총장은 이때 학생들에게는 세 가지에 유념하면서 고전을 읽으라고 주문했다. 첫째, 자기의 모델을 정하라. 둘째, 영원불변한 가치를 발견하라. 셋째, 발견한 가치에 대하여 꿈과 비전을 만들라는 주문이었다.

'시카고 플랜'은 입학한 대학생들을 점진적으로 변화시켰다. 그 결과 위대한 고전 저자들의 사고능력은 시카고대 학생들의 뇌 깊은 곳에서 시나브로 똬리를 틀다가 백 권째에 이르렀을 때는 그들의 뇌가 인문학적 뇌로 송두리째 전환되는 빅뱅을 일으키면서 많은 노벨상 수상자를 배출했다.

시카고대학교의 고전 백 권 읽기는 미국을 넘어 중국 칭화대학교를 비롯한 여러 대학에 직간접적인 영향을 미쳤다. 칭화대학교도 문학, 철학, 역사 및 기타 시카고대학교의 핵심 커리큘럼과 유사한 과목을 포함하는 '칭화 교양 커리큘럼'으로 알려진 유사한 프로그램을 시행했다. 시카고대학교의 핵심 커리큘럼은 비즈니스, 법률, 학계 및 정부를 포함한 다양한 분야에서 경력을 쌓은 수많은 졸업생에 의해 입증되고 있다.

인문 고전을 읽는 이유는 분명하다. 천재들의 책을 읽음으로써 그들의 생각을 이해하게 되고, 천재들을 닮아가면서 천재들의 사고방식이 스펀지처럼 스며들 무렵 우리의 삶도 바뀌기 때문이다.

인문 고전은 문학, 역사, 철학을 중심으로 인간과 인간의 근원적인 문제를 언급한다. 인문 고전은 그 시대의 지식인이 심혈을 기울여 집필한 책들이기에 수많은 세월이 흘러도 우리의 가슴 속 심금을 울린다. 독수리

떼와 함께 하고 싶으면 칠면조 무리 사이에 끼어 바닥만 긁어대고 있어서는 안 된다. 산삼을 캐려면 산삼이 있는 곳으로 가야 하듯, 성공하려면 성공한 사람들과 어울려야 기회를 잡을 수 있다.

우리가 사는 인생은 지금보다 나은 곳을 바라보면서 배움의 날갯짓을 멈추지 않는 데 삶의 묘미가 있다. 성공을 넘어 성장에 목표를 두는 삶 역시 팔로워의 특권이다.

지혜를 얻는 3가지 방법

"지혜를 얻는 데에는 세 가지 방법이 있다. 첫째, 사색에 의한 것으로, 가장 고상한 방법이다. 둘째, 모방으로 가장 쉽지만 만족스럽지 못한 방법이다. 셋째, 경험을 통해 얻는 방법으로, 가장 어려운 것이다." – 공자 –

논어는 공자의 제자들이 공자의 말과 글을 담아낸 기록이다. 사마천은 "생시에 아무리 영화로웠던들 죽으면 다 끝인데 오직 공자만은 포의(布衣)로 죽었는데도 학자들의 종주(宗主)로 숭앙받는다."라며 주옥같은 언행을 남긴 공자를 가장 높이 평가했다.

공자가 지혜를 얻기 위해 선택한 첫 번째 방법은 사색이었다. 적어도 하루에 한 번은 잠시 멈춰 서서 휴식을 취하고 생각하면서 내 안의 목소리를 들었다. 산책도 좋고, 등산도 좋다. 사색을 깊이 하면 지혜를 얻을 수 있다.

두 번째는 모방하기다. 나보다 나은 사람을 만나 멘토로 모시고 모방하는 것이다. 내가 가는 방향과 일치하는 사람을 스승으로 모시고, 질문을 던지고, 그의 말을 경청하는 것은 그 사람의 경험과 생각을 최대한 빨리 배우는 지름길이다. 멘토나 스승에게 조언과 지도를 부탁해도 그들은 분명한 해답을 제시한다. 멘토는 꼭 성공한 사람이 아니어도 좋다.

공자는 나보다 못한 사람만 있어도 반면교사로 삼을 수 있음을 설파했다. 찾아보면 스승은 곳곳에 있다. 지혜로운 사람은 드라마 속의 대장금일 수도 있다. 굳이 철학의 도움을 받지 않아도 우리는 각자 나름의 지혜를 차곡차곡 쌓아갈 수 있다.

세 번째는 경험이다. 경험은 세계를 더 깊고 포괄적으로 이해할 수 있게 한다. 우리는 직접 참여했을 때 실제로 일어나는 일들의 복잡성과 뉘앙스를 경험하고 이해할 수 있다. 다양한 상황을 통찰하는 데에도 도움이 된다. 경험을 토대로 배운 내용은 현실에 적용해 볼 수 있다.

사색과 모방은 개념 이해에는 도움이 되나 실용성과 진정성은 부족하다. 반면에 경험은 실제 상황에 참여하면 더 깊이 이해할 수 있다. 이렇게 해서 얻은 체험은 사색과 모방의 한계를 뛰어넘고 지혜가 되어 우리의 마음속에 시나브로 쌓일 수 있다.

그렇다면 지식이란 무엇이고, 지혜란 무엇일까? 보고 들은 것은 지식이고, 자기가 생각해 낸 것은 지혜이다. 상사의 말에서 오류를 찾아내는 건 명석한 것이지만, 그걸 함부로 입 밖으로 꺼내지 않는 건 지혜롭다는 뜻이다.

상사도 인간이고 실수할 때가 있다. 하지만 그것을 어떻게 덮어주고 보완해 주느냐에 따라 팀은 시너지 효과가 생기기도 하고 조직 자체가 무너지기도 한다. 리더의 성공에 팔로워의 협력은 그래서 필수다.

지혜 중에서 가장 고귀한 지혜는 무엇일까? 노무현 대통령은 '공존하는 지혜'가 우리가 가진 모든 지혜의 가장 높은 정점(頂點)에 있다고 보았다. 지혜는 모든 사람에게 이바지할 수 있는 사람으로 키워나가는 것이다. 팔로워의 전문성과 실행력이 공존의 형태로 활용될 때 이것이야말로 최고의 지혜라고 할 수 있을 것이다.

영감을 얻는 조찬 포럼

조찬 포럼(Cultural breakfast forum)은 일본에서 시작된 문화다. 인문학을 주제로 대화를 나누기에 문화 조찬이라고도 불렀다. 새벽에 일찍 모여 식사하면서 문화, 예술, 인문학 등 다양한 주제를 나누고 친교를 맺는 것이다. 조찬 포럼은 사람 간의 인간적 교류와 소통, 사회적 네트워킹을 촉진하는 등 다양한 측면에서 의미가 있다.

한국은 조찬 포럼이 가장 활성화된 나라다. 필자도 포럼 문화에 익숙하다. 2015년에는 '유레카 포럼'을 만들어 6년간 조찬 포럼을 운영한 경험이 있고, 유레카 포럼을 인수인계한 (사)스마트경영포럼(회장 김해수)은 회원이 5백여명이 넘는 최고의 민간포럼으로 폭풍 성장해 지역의 지식인들을 놀라게 했다. 이밖에도 굿모닝CEO학습, 지식인포럼과 지역의 경제포럼 등 다양한 포럼에 참여하고 활동해 왔다. 조찬 포럼에 참여하면 많은 것들을 배울 수 있다. 기업의 CEO라면 포럼 참석을 통해 경영과 관련한 각종 지식을 얻고, 인맥을 넓히거나 기업을 홍보하는 등 1석 3조의 효과를 누릴 수 있다. 포럼에서 운영하는 각종 분과위원회에 참석하면 소규모의 회원들과 더 깊은 대화를 나누며 지식을 쌓고 인맥을 넓힐 수 있다. 나는 지금도 독서 모임에 참석하면서 달마다 한 권씩 책을 읽고 회원들과 토론하며, 지식과 견식, 담식을 쌓아가고 있다.

'광주경총 금요 조찬 포럼(회장 양진석)'은 2019년 한국기록원으로부터 국내 최장수 포럼 인증패를 받았다. 이 포럼은 매주 금요일 아침마다 기업의 CEO와 지역의 리더를 대상으로 진행되면서 경영혁신과 지역사회 발전에 이바지해 왔다.

새얼문화재단의 '새얼아침대화'는 인천에서 가장 오래된 조찬 포럼이다. 1986년 '시대의 아침을 여는 열린 대화의 장'을 기치로 시작된 새얼아침대화는 매달 둘째 주 수요일 오전 7시에 연다. 지용택 새얼문화재단 이사장은 바다는 물을 가리지 않고 받아들인다는 해불양수(海不讓水)의 정신으로 아침 대화를 진행해 왔다고 말했다.

합포 문화강좌(이사장 강재현)는 42년 된 시민 배움터로 처음엔 명사들만 찾았다. 주최 측은 더 많은 시민이 들을 필요성을 느끼자 강연 장소를 3·15아트센터 국제회의장으로 옮기고 저녁 시간에 열며 식사도 없애면서 지금은 아무나 들을 수 있도록 개방했다.

인간개발연구원(HDI, 회장 장만기)은 2천 회가 넘게 조찬 세미나를 개최하고 있다. 1975년 처음 시작한 '인간개발경영자연구회(현 HDI경영자연구회)'는 '인간 중심의 기업문화 창달'을 목표로 대한민국 경영자들에게 다양한 주제의 포럼과 세미나를 개최하면서 대한민국 최고의 CEO 조찬 문화를 이끌어 왔다.

1995년부터 장성군이 매주 진행하는 장성 아카데미는 '세상을 바꾸는 것은 사람이고, 사람을 변화시키는 것은 교육이다.'라는 슬로건 아래 28년째 열고 있다. 장성 아카데미는 KRI 한국기록원으로부터 '정기적으로 열린 최장기간 사회교육'이라는 인증을 받았다.

조찬 세미나를 즐기는 CEO들은 이른 아침부터 호텔, 또는 세미나장으로 모여든다. 조찬 세미나는 강연 외에 인맥 교류의 장이기에 참석자들은 너 나 할 것 없이 명함을 건네며 서로 인사를 나누느라 분주하다.

2018년 5월 삼성경제연구소 초청으로 강연 차 방한했던 구글의 에릭 슈밋 회장은 국내 주요 기업 총수와 최고경영자 등 8백여 명이 이른 시간에 강연장을 가득 메운 것을 보고 '한국경제의 원동력'이라고 극찬했다. 조찬모임은 이처럼 배움과 인맥의 두 마리 토끼를 잡는 공간으로 자리매김했다.

성공하지 못한 예술가와 감명을 주지 못하는 목사, 할머니의 공통점은 '모두 영감(inspiration)이 없는 사람들'이라는 우스갯소리가 있다. '영감'은 변화에 발 빠르게 대응하는 전술의 핵심 키워드다. 21세기는 하루가 다르게 경영 환경이 바뀌고 있다.

급변하는 환경에 대응하려면 CEO가 변해야 한다. 기업의 역량은 영감(靈感)이 성공 여부를 결정짓는다. 변화에 대한 대응 전략을 세우는데, 가장 빠르고 쉽게 접근할 수 있는 장소가 포럼 현장이다. 그래서 요즘 CEO들은 기업의 간부 팔로워들도 영감을 찾을 수 있도록 함께 움직인다.

영감을 얻는 데에는 여러 가지가 있다. 독서, 산책, 관찰, 영화, 여행은 영감을 얻을 수 있는 좋은 방법들이다. 출근 전에 조찬 포럼에 참여하면 경영활동에 필요한 다양한 지식과 영감을 얻고, 각기 다른 분야의 리더와 친분과 인맥을 쌓으면서 인간관계의 폭도 넓힐 수 있다.

'세상에서 가장 현명한 사람은 모든 사람으로부터 배우는 사람이며, 가장 사랑받는 사람은 모든 사람을 칭찬하는 사람이며, 가장 강한 사람은 자신의 감정을 조절할 줄 아는 사람'이라고 탈무드는 가르치고 있다.

한국처럼 국민이 배우길 즐기는 나라는 전 세계 어디에도 없다. 우리네 조상은 지방을 쓸 때도 '현고학생부군신위[顯考學生府君神位]'라고 적었다. 돌아가신 분이 늘 배우는 학생의 자세로 삶을 살아왔다는 뜻이다. 오죽 배움을 즐겼으면 지방(紙榜)에도 이렇게 썼을까?

팔로워의 힘은 곧 국력이다. 지금은 평생학습의 시대다. 평생학습은 새로운 기술과 지식을 습득함으로써 개인 발전과 창의성 촉진, 사회적 참여, 노후 준비는 물론 새로운 분야에 진출할 기회를 열어 준다.

한국의 팔로워들이 다른 나라 팔로워보다 지능지수도 높고 열정적인 것은 배움이 습관화되어 있기 때문이다. 강연은 전문 강사를 통해 어떤 사안에 대해 간접적으로 배우고 경험할 수 있는 최고의 지식 습득 기회다. 이 과정에서 참석자들과 인연을 맺고 정보교류를 하며 기업을 홍보할 수 있음은 덤이다.

멀리 가려면 함께 가라

나는 사람 얘기를 쓰고 싶었다. 사람에게 기운 얻고, 사람에게 길을 인도받고, 바로 사람 덕에 성장하는 세상 이야기 말이다. 그래서 나를 좌절시키고 아프게 했던 사람들과 내게 힘을 주고 제대로 사는 길을 안내해 주었던 사람들, 그리고 꼭 닮고 싶은 사람들, 모두 소중한 사람이었다는 것을 이야기하고 싶었다. 멀리 가려면 함께 가야 하기 때문이다.

– 이종선, 『멀리 가려면 함께 가라』 서문에서 –

박카스는 대한민국을 대표하는 피로해소제다. 광고대로 피로회복제라 쓰지 않는 것은 피로는 해소하는 것이지 피로 자체를 회복하는 것은 잘못되었다는 생각을 하고 있어서이다. 어쨌든 박카스 광고 캠페인은 많은 국민적 관심을 끌었다. 동아제약은 학업, 취업, 결혼, 육아 등 많은 문제를 안고 살아가는 현대인에게 가장 먼저 풀어야 할 것은 각자의 피로이며, 박카스가 이를 풀어주고 싶어 이 캠페인을 기획했다고 밝혔다.

캠페인에 등장하는 사람들은 퇴근 무렵 사무실, 업무로 바쁜 팀원에게 힘내라며 박카스 한 병씩을 건네주는 팀장의 등장으로 시작한다. 박카스를 건네받은 지친 표정의 여주인공은 "팀장님… 박카스도 좋으나 직원 좀 더 뽑아 주세요."라고 속마음을 털어놓는다.

2022년 대한민국 텔레비전 영상 부문 은상을 받은 박카스 '선생님 편'은 오랜만의 출근 준비에 힘겨운 선생님이 등교에 신이 난 아이들을 챙기느라 치열한 하루를 보낸다. 마지막은 박카스를 마시고 피로를 풀며 일과를 마무리하는 모습을 담고 있다.

이종선 작가는 사람 사이에 생기는 피로감을 풀어주는 것도 결국 사람이고, 우리에게 더 큰 꿈을 꾸게 하는 것 역시 사람이라고 말한다. 생텍쥐페리는 『어린 왕자』에서 '세상에서 가장 어려운 일은 사람이 사람의 마음을 얻는 일'이라고 했다.

리더와 함께 가는 팔로워가 배워야 할 팔로워십은 한차례의 교육으로 장착할 수 있는 시스템이 아니다. 즐거운 마음으로 배우고, 틈틈이 익히며, 오랫동안 연습해야 장착되는 선한 무기다.

시인 정현종은 '방문객'이라는 시를 통해 "사람이 온다는 건 실은 어마어마한 일이다. 그의 과거와 현재와 그리고 그의 미래와 함께 오기 때문이다. 한 사람의 일생이 오기 때문이다."라고 했다. 그러기에 사람들과 서로 깊이 이해하고 더 가까워지려면 경험을 공유하고 함께 시간을 보내 봐야 한다. 상대방의 어제와 오늘, 내일을 모르면 할 수 없는 것이 '이해'라는 단어다. 카드 게임을 할 때도 상대가 어떤 패를 내고 어떤 선택을 할지 오랜 시간을 지켜봐야 그들의 성격과 행동 패턴을 파악할 수 있다.

누군가를 알려면 함께 고스톱을 쳐 보거나 여행을 다녀 봐야 한다는 말이 있다. 함께 여행하다 보면 그 사람의 행동 방식, 습관, 성격 등을 이해할 수 있다. 여행하는 동안 먹는 음식, 볼거리와 먹거리 등 더불어 상대의 취향 등을 공유하면 서로의 관심사와 성향을 알 수 있다.

아주대 김경일 교수는 "여행은 시간과 공간으로부터 완벽하게 나를 떨어뜨릴 기회가 된다. 이런 잠복기를 갖다 보면 우리는 인생을 배울 수 있고, 자기 객관화가 가능해져 궁극적으로는 자기 계발을 위한 가장 중요한 투자의 시간이 된다."라는 색다른 해석을 내놓았다.

사람은 개성과 취향이 다르다. 그러나 함께하면 서로를 더 잘 이해하고 가까워지는 계기가 될 수 있다. 어려움을 겪을 때 다른 사람들의 지지와 협력은 매우 중요하다. 멀리 가려면 함께 가라는 의미는 팀워크와 협력이 중요하기 때문이다.

철새인 기러기는 바다를 건너 약 4만km를 비행한다고 한다. 눈에 띄는 것은 무리를 지어 V 자형으로 날아가는 모습이다. 맨 앞에서 날아가는 기러기가 공기저항을 줄여 주므로 뒤따르는 무리는 훨씬 수월하게 비행할 수 있다. 편대를 이루면 30%의 에너지를 절약할 수 있고 혼자 이동할 때보다 70% 이상 더 멀리 날아갈 수 있다.

주목해야 할 점은 선두에 서는 대장 기러기는 한 마리가 아니라는 사실이다. 한 마리가 선두에서 이끌다 지치면 힘을 아껴 둔 후미 기러기가 교대해서 편대를 이끈다. 그렇게 돌아가며 선두를 맡기에 긴 여정 동안 지치지 않고 날아갈 수 있다. 모두가 리더이자 팔로워인 기러기는 강점을 최대화하고 약점을 보완하며 목적지에 도착하기 위해 서로 협조하고 격려하기를 잊지 않는다.

기러기 떼는 끊임없이 소리를 내며 날아가는데 이는 헌신하는 리더를 향한 응원의 신호라고 한다. 한 마리가 뒤처지거나 다치면 동료 기러기 두 마리가 함께 이탈해 끝까지 돌보고 회복하면 합류한다. 아무리 강인한 기러기라도 혼자라면 쉽지 않은 장거리 비행이 가능한 이유는 든든한 팔로워들이 있기 때문이다.

바른길을 이끄는 리더를 향한 긍정적 응원과 팔로워 사이의 끈끈한 유대는 어떤 길도 두렵지 않은 힘을 선사한다. 같은 목표를 향해 함께 노력하면 힘들고 어려운 시기를 견딜 수 있으며, 서로의 강점을 키우고 약점을 보완하며 발전할 수 있다. 개인이나 조직이 성공하려면 서로 돕는 것은 필수다. 리더와 팔로워 역시 그런 관계다.

따르는 팔로워의 '따라 하기(Copying technique)' 대화법

아내: "여보 나 변한 것 같지 않아요?"
남편: "뭐가 변했다고 그래"
아내: "됐어요. 기대한 내가 잘못이지."

부부간의 고쳐야 할 대화 형태로 인터넷에 곧잘 소개되는 내용이다. 미용실에서 머리를 손질하고 온 아내는 저녁 밥상에서 마주한 남편에게 묻는다. 달라진 머리 스타일을 보고 잘 어울린다고 칭찬해 주기를 잔뜩 기대했던 아내는 관심의 눈길조차 주지 않는 남편에게 뾰로통해지게 되고 내 편이 아닌 남편에 배신감마저 느낄 수 있다.

연애 중인 여자도 남자 친구를 생각하면서 머리 스타일에 변화를 준다. 나름 노력했으니 자기에게 얼마나 관심이 있는지 확인하고 싶은 것이다.

그러니 성심성의껏 대답해 주는 것은 여자 친구에 대한 예의다. 그런데 아무리 보고 또 봐도 달라진 부분을 찾아낼 수 없는 것이 남자라는 동물이다. 그렇다고 포기할 필요는 없다. 인터넷 사이트에서는 이런 경우 일단 당황하지 말고, 그냥 흐뭇한 표정을 지으면서 여자 친구의 얼굴을 사랑스러운 눈으로 이곳저곳 찬찬히 들여다보면서 이렇게 말하라고 한다.

"우리 애기 뭐가 달라졌을까?"

여자랑 대화하는 방법으로 상대가 하는 말 끝부분만 따라 하면서 물음표를 붙이면 된다는 훈수를 듣고 따라 하다가 사달이 난 경우도 있다.

여: 자기야 나 뭐 바뀐 거 없어?
남: 없어?
여: 뭐야 나한테 관심이 없어? 실망이야!
남: 실망이야?
여: 자기야 왜 그래? 무서워!
남: 무서워!

"머리에 웨이브를 준 거야, 가르마를 바꾼 거야, 아니면 염색? 뭔 짓을 한 거야?"
"이럴 줄 알았으면 지난번에 미리 사진이라도 찍어 두는 건데."라고 후회하지 말고, "이쁜 거는 3년이고 그다음은 정으로 살고, 마지막은 전우애로 뭉쳐 사는 거야!"

이런 식으로 과감하게 들이대면 어떨까도 싶다. 그런데 상대는 아내가 아니고 상사인데 이런 식의 대화가 이루어진다면 죽을 맛이 된다. 리더와 나누는 팔로워의 대화법은 그래서 중요하다.

한국인의 특징은 정이 많다는 것이다. 유튜브에 팔을 다친 고등학생을 발견한 초등학생의 반응을 찍은 '사회 실험' 동영상이 2023년 12월 현재 1554만 회를 넘어섰다. 대가를 바라지 않고, 타인을 돕는 아이들의 선한 마음, 정이 넘치는 모습을 보는 순간 입가에 따뜻한 미소가 번졌다.
한국인은 이처럼 정도 주고, 마음도 준다. 마음이 통하면 신바람이 나고 흥도 솟구친다. 그러나 관계가 깨지면 마음의 문을 꽁꽁 닫아 버리고 만다. 때로는 순식간에 원수지간으로 변하기도 한다.

천 냥 빚도 한마디 말로 갚는다는 속담이 있다. 말은 그만큼 중요하다. 상대방을 배려하지 않는 대화는 산통을 깬다. 산가지를 뽑기 전에 산통을 깨면 점 자체를 치지 못한다. 산통을 깨는 행동은 잘되던 일을 중간에 망치는 것이다.
그래서 리더와 팔로워 간에 활용할 수 있는 가장 좋은 대화 방법은 '복사 화법(Copying technique)'이다. 특히 리더와 팔로워가 업무 내용을 전달하고 이를 토대로 사업을 빠르게 진행해야 한다면 무엇보다도 상황을 정확하게 인식하는 것이 중요하다. 이때 상사의 말을 그대로 따라 하면서 정확하게 이해했는지를 점검해 볼 필요가 있다.
군대에서 상사가 한 말은 지시이므로 복명복창을 하고, 그대로 실행해야 한다. 상사의 지시를 이행하지 않으면 지시 불이행이 성립된다. 복사 화법은 상사가 말한 내용을 그대로 따라 말하면서 정확하게 이해하고자 할 때 아주 유용하다. 일단 상사의 발언을 되새겨 보는 것이다. 리더가 한 말을 되풀이하면서 팔로워가 할 일을 명확하게 점검하는 효과도 있다.

예를 들어, 상사에게 다음 주 월요일까지 업무보고 자료를 만들어 달라는 지시를 받았다면 "다음 주 월요일까지 업무보고 자료를 드리면 되겠죠?"라고 반문하면서 상대방의 주문을 확인하고, 공감과 아울러 이해했음을 보여 주는 것이다.

특히 상사의 말을 경청하며 의중을 파악하고, 메모하면서 이를 토대로 복사를 넘어서는 수준의 질문을 해보는 것이다. 상사의 의도를 정확히 확인하는 작업은 팔로워가 반드시 갖춰야 할 가장 기본적인 대화 예절이다.

한국영상대학교 쇼핑호스트과 김효석 교수는 따라 하기 대화법의 좋은 사례로 미용실에서 머리를 곱게 단장한 아내가 남편과 나누는 대화를 강의 시간에 사례로 제시하고 있다. 남편은 아내가 한 말만 따라 해도 멋진 대화가 된다고 소개하고 있다.

아내: 여보, 나 뭐 변한 거 없어?
남편: 뭐가 변했는데!
아내: 나 머리했잖아.
남편: 머리했구나.
아내: 머리 어디서 했게?
남편: 머리 어디서 했는데?

아내: 아파트 입구에 미용실이 생겼는데 미용실 이름이 '까꾸뽀꾸'래.

남편: 아파트 입구에 미용실이 생겼구나… 미용실 이름이 '까꾸뽀꾸'라고? 웃기네.

아내: 얼마 주고 했게?

남편: 얼마 주고 했는데?

아내: 만 원 줬다.

남편: 만 원 줬구나.(여기서 결정적 한마디를 보태는 센스!) 싸게 했네.

아내: 나 예뻐?

남편: 예뻐, 아주 예뻐!

김효석 교수는 위의 따라 하기 대화법을 필자가 운영하는 연구소에서 '팔로워십 교육'을 진행할 때 '리더와 팔로워의 대화법' 시간에 수강자들에게 활용한 바 있다.

따라 하기 대화법은 이처럼 대화할 때 상대가 질문하면 그 말을 그대로 복사하여 질문하고, 상대가 대답하면 그 말을 그대로 따라 하고 끝에 '-구나'라는 말만 붙이면 완성되는 대화법이다. 김 교수는 이때 중요한 것은 대화 내용뿐만 아니라 상대의 말하는 속도와 톤까지도 그대로 따라 해야 효과가 크다고 강조했다.

Story 2 요약 (Summary)
따르는 팔로워

조직에서 팔로워의 첫 번째 책무는 따르는 것이다. 엄마 뱃속에서 세상 밖으로 나오는 순간부터 팔로워는 부모를 따르고, 교사를 따르고, 상사를 따른다. '거울 뉴런'처럼 따르는 행위는 팔로워의 원초적 본능에 가깝다.

따르는 것도 방법이 있고, 깊이가 있다. 로버트 켈리 교수는 따르는 방법으로 도제(Apprentices), 제자(Disciples), 멘티(Mentees), 동지(Comrades), 충성파(Loyalists), 이상주의자(Dreamers), 삶의 방식(Way of Life) 등 7가지를 제시했다. 따름은 세상에 쓸모 있는 존재가 되기 위함이다. 그래서 따름도 깊이가 필요하다. 수(守)·파(破)·리(離)의 개념은 팔로워가 지향해야 하는 따름의 순서다.

팔로워가 리더를 따르는 경우는 의무감, 인간관계, 상사와 조직을 신뢰할 때, 조직의 일과 나의 일이 일치하는 경우에 가장 큰 힘을 발휘한다.

따르는 것은 해당 분야의 전문가가 되기 위한 과정이다. 따르는 과정에서의 배움이 실천적 의지를 갖춰야 한다.

아울러 지식이 지혜로 승화되려면 사색도 하고, 벤치마킹도 하고, 경험도 해봐야 한다. 지혜에서 가장 으뜸은 공존의 지혜다. 팔로워의 전문성과 실행력이 공존하는 지혜로 사회에 활용된다면 따르는 팔로워가 가야 할 지향점으로 손색이 없다.

CEO는 영감을 얻기 위해 조찬 포럼에 참여한다. 팔로워들이 독서, 산책, 영화, 여행을 통해 산지식을 쌓고, 주변과 자연현상을 관찰하면서 영감을 얻어가는 것도 팔로워로서 전문가가 되기 위함이다.

따라가는 길은 멀고도 험한 길이다. 동행이 필요한 이유이다. 혼자 가면 빨리 갈 수 있지만 멀리 가려면 함께 가야 당위성이 있다. 공자의 불치하문(不恥下問)과 잭 웰치 회장이 출장길에 우연히 만난 젊은 엔지니어로부터 인터넷을 배운 역멘토링은 배움에는 왕도가 없음을 시사하고 있다. 시카고대학교의 '시카고 플랜 위대한 고전'은 지식을 얻는 과정에서의 플랫폼과 프로세스가 얼마나 중요한지를 알려주고 있다.

시인 정현종은 '방문객'이라는 시를 통해 "사람이 온다는 것은 실은 어마어마한 일이다. 그의 과거와 현재와 그의 미래가 함께 오기 때문이다."라고 표현했다. 따르는 것도 중요하나 제대로 배우고 익히는 과정이 그만큼 쉬운 길이 아님을 알려주고 있다.

Story 03

살피는 팔로워(인성)

만나는 사람에게 집중하라.
상대의 관점에서 바라보고 상대의 말에 귀 기울이며,
그들을 이해하려고 노력하라.

Story **03**

살피는 팔로워(인성)

살피는 팔로워가 되기 위한 전제

살다 보면 형제자매 간의 관계가 다른 어떠한 사이보다도 특별하고 돈독한 경우가 많다. 이들의 우애는 비슷한 또래인 만큼 유대감도 끈끈하다. 학교나 사회에서 만난 친구들과도 남다른 우정을 쌓을 수 있다.

그러나 피를 나눈 형제, 자매, 남매는 받아들이는 자세와 이해의 폭이 다르다. 물리적 거리가 다소 떨어져 있어도 긴밀한 유대 관계는 끊어지지 않는다. 팔로워 시각에서 봤을 때 형제, 자매, 남매는 크게 세 가지 특징이 있다.

첫째, 인생 여정에서 부모나 배우자보다도 오래 지속적인 관계를 유지하며 살아간다는 것이다. 인생을 90년 정도 산다고 가정할 때 시기를 3단계로 나누면 30세 이전인 초반부에는 부모와 함께 산다. 그리고 60세 이전까지의 중반부는 배우자와 함께 산다. 마지막 후반부인 60세 이후가 되면 부모가 없는 상태에서 지낸다. 반면에 형제, 자매, 남매는 태어난 시기가 크게 차이가 나지 않기에 거의 평생을 동반자 관계로 살아간다. 이들은 유년기와 청소년기를 거치면서 다툼도 잦으나 서로 살피는 시간이 많다. 그러다 보니 성장하는 동안 가장 믿고 신뢰하는 돈독한 사이도 될 수 있다. 부모 자식이 따르는 관계라면 형제자매는 살피는 관계다.

둘째, 인생 최초의 협력자이자 공모자라는 점이다. 미국 뉴욕타임스는 아이들은 열한 살이 되면 자유시간의 33% 이상을 형제자매와 보낸다고 분석했다. 이는 부모, 교사, 친구와 보내거나 혼자 보내는 시간보다도 많다. 이들은 태어나서 형제자매의 관계가 시작되는 순간 하나의 협력자이자 공모자의 관계가 시작된다. 그러면서 서로에게 모범이자 경계 대상이다.

특히 형제와 자매는 살피는 상호작용을 경험하는 사이로 시작한다. 서로 간의 의견 차이로 충돌이 발생해도 타협하고 조율하면서 친숙하고 친밀한 관계를 이어간다. 부모와의 관계에서는 인정받기 위해 싸우는 경쟁자이지만 혼이 날 때는 잘못을 숨겨주는 공동범이다.

셋째, 오랜 시간 희로애락을 함께 해온 사이라는 점이다. 어릴 때는 장난감을 같이 가지고 놀기도 하며, 가족 여행을 하거나 심지어 부모가 돌아가셔도 이들의 관계는 이어진다. 이처럼 형제자매는 희로애락을 함께 하는 사이다. 따라서 이들의 살피는 관계는 오랫동안 이어지고 유대감도 공고한 편이다.

스티브 잡스는 스탠퍼드대학교 졸업식에서 세 가지 주제를 놓고 연설했는데 이 중 세 번째 주제인 '죽음'을 풀어가면서 '꼰대'를 언급했다.

"죽음은 삶이 만든 최고의 발명품이다. 죽음은 변화를 가져온다. 새로운 것은 헌것을 대신한다. 여러분은 새로운 자리에 서 있다. 그러나 언젠가는 여러분도 새로운 세대에게 그 자리를 물려줘야 한다. 너무나 극적으로 들렸다면 죄송하지만, 사실이 그렇다." 스티브 잡스는 이런 이야기를 통해 삶은 유한한 것이니, 그대들도 곧 '꼰대'가 될 수 있음을 암시했다.

변화하는 사회에서 살피는 능력은 중요한 덕목이다. 공자는 살피는 존재가 되기 위한 전제로 스승의 말을 경청하고 옳은 뜻이라면 받아들이고 수용하는 자세를 취하는 것이 중요하다고 했다. 그리고 자리에서 물러나면 자신의 상태를 살피고, 이에 더하여 스승이 가르쳐 준 뜻을 깊이 생각하고 실천함으로써 더욱 발전시키고 넓히는 자세를 가져야 한다고 설파했다.

살피는 팔로워를 시작하면서 난데없이 꼰대를 언급해 의아해할 수 있다. 그러나 대화는 상대를 얼마나 이해하려고 노력하느냐에 달려 있다. 리더와 팔로워가 소통하려면 함께 호흡하고, 상대의 문화를 공유하면서 살피는 시간이 필요하다. 팔로워의 말을 경청하는 리더의 자세도 중요하나 리더를 살피는 팔로워의 마음가짐도 못지않다.

2015년 개봉한 영화 '인턴'은 우리 사회가 연장자들은 인턴사원 팔로워로 일하고 젊은 CEO가 조직을 이끄는 시대로 깊숙이 진입했음을 상징적으로 알리고 있다. 이 영화는 세대 간의 갈등, 직장에서의 인간관계, 경력과 경험에 대한 관점을 다루면서 유쾌하고 따뜻한 메시지를 관객들에게 전달하고 있다.

연장자인 팔로워가 젊은 CEO의 심기를 읽으려 노력하는 모습은 살피는 팔로워의 중요성을 새삼 일깨운다. 이 글을 읽는 독자는 '꼰대'가 아니라고 자부할 수 있을까? 긍정적 답변을 내놓을 수 없다면 살피는 단원도 충분히 들여다보길 희망한다.

인디언들은 황야를 전속력으로 달리다 갑자기 멈추어 서서 뒤를 돌아본다고 한다. 자신의 영혼이 따라오는지 살피기 위해서다. 자신뿐 아니라 남의 영혼도 살필 줄 알아야 굿 팔로워의 길에 들어설 수 있다.

배려한다는 것

"싸가지가 있다는 말을 들으려면 싸 가지고 다니세요. 그리고 만나는 사람마다 나눠 주세요. 그래야 인간관계가 좋아집니다."

성공학 강의를 할 때 활용하는 나의 단골 멘트다. 주말농장에서 지은 감자와 고구마, 읽고 감동한 책이 있으면 여러 권 사서 만나는 사람마다 나눠 주라는 조언에 수강생들도 격하게 공감하는 표정이다.

베스트셀러 『따뜻한 카리스마』의 저자 이종선 작가는 '싸가지'의 개념을 가장 광범위한 평판의 기준이며, 그 사람의 모든 처세를 통칭하는 말이라고 설명한다. '예의를 안다', '경우가 바르다', '겸손하다'와 같은 포괄적 의미가 '싸가지'라는 단어에 평판의 일반적 표현으로 담겨 있다는 해석이다.

사람은 자기를 알아서 챙겨 주는 사람에게 호감을 느낀다. 개도 자기에게 밥을 주는 사람에게는 함부로 이빨을 드러내지 않는다. 악당도 자신에게 잘해 주는 사람에겐 고마움을 느낀다. 마찬가지로 리더도 자신을 챙겨 주는 팔로워에게 마음이 쏠린다. 식당에서 내 수저를 놓아주고, 먼저 식사하도록 배려하고, 콩 한 조각이라도 나눠 먹으려는 사람을 보면 정이 가는 게 인지상정이다.

2009년 영국에서 개봉한 코믹 영화 『거짓말의 발명(The Invention of Lying)』은 '거짓말이 없다면 오히려 삶이 슬퍼질 수도 있겠구나.'라는 생각이 들게 한다. 이 영화는 우리가 감히 입 밖으로 꺼내지 못했던 생활 곳곳에 숨어 있는 속마음을 적나라하게 보여 준다. 선의의 거짓말조차 없으니 대화 속엔 무례한 표현들이 차고 넘친다.

'루저'로 치부되는 주인공 마크는 자신에게 다가온 최악의 날, 한 가지 이상한 것을 경험한다. 사실이 아닌 것을 말할 수 있게 된 것이다. 거짓말이라는 단어조차 없는 세상에서 사람이 말하는 모두를 진실로 받아들이는 사람들에게 마크의 거짓말은 굉장한 파장을 일으켰다. 영화 내용은 덕분에 그가 진실한 사랑을 찾았고, 선의의 거짓말은 삶에서 때때로 필요함을 암시하고 있다.

지금 생각해 보면 거짓말이 없는 세상은 황당하기 그지없다. 거짓말이 없다 보니 무례하거나 슬퍼 보이는 장면도 무더기로 연출된다. 출근길에 만난 이웃과 나누는 "요즘 어때요?"라는 아침 인사말에 "좋아요." 대신에 "끔찍해요."라는 말이 자연스레 나오는 장면이라든가, 요양원 이름이

'희망 없는 노인네를 위한 슬픈 궁전'인 것 등을 곳곳에서 드러내며 영국 특유의 코미디를 선보이고 있다.

이 영화는 '선의의 거짓말'도 사람을 행복하게 할 수 있고, 필요하다는 것을 말하고 싶었던 것 같다. 상대방을 배려하는 따스한 거짓말이나 상대방의 기분을 생각하고 하는 선한 거짓말은 무미건조할 수 있는 세상을 조금은 아름답게 할 수 있다.

뉴욕주립대학교 게리 유클(Gary Yukl) 교수는 리더와 구성원 사이에 배려와 관심이 있으면 호의적인 관계가 형성되고 이는 신뢰와 충성심으로 연결되어 서로의 관계를 돈독히 발전시킨다고 했다.

89세의 부시 전 미국 대통령이 2013년 7월 갑자기 삭발한 모습으로 언론에 나타난 적이 있다. 사연은 이러했다. 경호원 아들이었던 당시 두 살의 패트릭이 백혈병으로 치료받는 동안 머리카락이 빠지자 패트릭 아버지의 동료들이 아이에게 용기를 주려고 집단으로 삭발했다. 이 소식을 전해 들은 부시도 패트릭을 격려하기 위해 삭발한 것. 미국의 전직 대통령은 미국 백악관 비밀 경호실 직원들의 경호를 받는다. 부시는 이들에게 전직 대통령의 신분을 넘어 늘 함께 지내는 동료로 다가간 셈이다. 삭발한 부시의 언론에 비친 표정은 밝은 정도가 아니라 해맑아 보이기까지 했다.

한상복의 저서 『배려』에서는 앞을 못 보는 사람이 밤에 물동이를 머리에 이고, 한 손에는 등불을 들고 길을 걷는 장면이 나온다. 그와 마주친 사람이 "정말 어리석군요. 앞을 보지도 못하면서 등불을 들고 다니다니."라고 혀를 차자 "이 등불은 나를 위한 것이 아니라 당신을 위한 것입니다."라고 대답한다.

사람은 꽃에서 향기를 기대하고 대화에서는 배려를 기대한다. 배려는 남을 생각하는 마음이지만 이를 통해 확실하게 혜택을 받는 사람은 오히려 상대방이 아닌 내가 되는 경우가 많다.

배려(配慮)라는 단어를 한자로 풀이하면 짝 배(配), 생각 려(慮) 이다. 짝을 생각하는 마음이 배려다. 어떤 일을 하든 간에 상대방을 생각하는 마음을 가진 사람은 반드시 상대방이 찾게 되고, 상대방과 늘 어울릴 수 있다. 리더와 팔로워의 관계도 마찬가지다. 상대를 배려하지 않는 팔로워에게 호감을 느낄 리더는 그리 많지 않다.

내가 좋아하는 사람이 나를 좋아해 주는 것을 기적이라고 표현한다. 중요한 것은 내가 먼저 상대를 좋아해야 상대도 나를 좋아할 가능성이 있다.

부시 전 대통령은 백혈병 치료로 머리카락이 빠진 경호원의 아들 패트릭(당시 2살)에게 용기를 주려고 경호원들이 삭발하자 본인도 자진해서 삭발에 동참했다. [사진 트위터]

살피는 3단계, 시·관·찰

"사람을 알려면 그 사람이 행하는 바[所以=所行]를 잘 보고[視], 이어서 그렇게 하는 까닭이나 이유[所由]를 잘 살피며[觀], 그 사람이 편안해하는 것[所安]을 꼼꼼히 들여다본다면[察] 사람들이 어찌 그 자신을 숨기겠는가? 사람들이 어찌 그 자신을 숨기겠는가?"

- 『논어』, 위정(爲政) 편 -

리더와 팔로워를 동시에 상대해야 하는 팔로워는 살피는 능력이 탁월해야 한다. 특히 리더를 따라야 하는 상황이라면 그가 제시하는 비전의 방향과 목표가 현실에 부합하는지 꼼꼼하게 따져 보아야 한다. 그런 측면에서 볼 때 팔로워가 리더를 제대로 살피는 능력은 필수조건이라고 할 수 있다.

공자는 사람을 시(視)·관(觀)·찰(察) 3단계로 들여다본다면 "사람들이 어찌 그 자신을 숨기겠는가? 사람들이 어찌 그 자신을 숨기겠는가?"라면서 '사람들이 어찌 그 자신을 숨기겠는가?'라는 말을 두 번씩 반복하여 기록으로 남겼다.

첫째, 사람이 행하는 바[所以=所行]를 잘 보는 것은 그 사람을 보는 첫 출발점이다. 시(視)는 눈을 고정하고 보는 것이다. 사물을 주시한다거나, 현실을 직시한다는 것이 이와 연관된 개념이다.

두 번째 단계는 그 사람이 왜 그런 행동을 한 것인지 이유까지 파악하는 것을 관(觀)이라고 보았다. 한 사람이 어떤 행동을 할 때는 그 사람이 준수하는 가치와 나름의 원칙을 따른다. 원인이 있기에 결과가 나오는 것처럼 인과 관계가 있으니 그렇게 행동하는 것이다. 따라서 최소한 관의 단계까지 살핌은 기본이다.

세 번째는 그 사람이 편안해하는 상태를 꼼꼼히 들여다보려는 찰(察) 단계이다. 한마디로 사람의 마음을 살피는 것이다. 상대방이 편하게 여김을 헤아리려면 깊은 이해가 필요하다. 그렇기에 찰(察)은 상대를 살피는 최고의 단계라고 할 수 있다.

강형기 교수는 그의 저서 『논어의 자치학』에서 "시(視)는 눈을 고정하여 정해진 특정 테마와 요소를 중심으로 보는 것이며, 관(觀)은 그 테마를 초점으로 하여 심안으로 마음속까지 사방팔방 두루두루 살피는 것이며, 찰(察)은 외형과 내부의 속성 마디마디까지 분석적으로 보되, 육안과 심안, 그리고 과학적 분석력까지 겸비해야 하는 단계"라고 설명하고 있다.

일상생활을 하면서 나타나는 각자의 고유한 행동 양태는 겉으로 드러난다. 그가 자연스럽게 하는 말과 상대방을 대하는 태도는 눈만 보아도 알 수 있다. 그러나 상대의 행동을 시각 정보만 가지고 판단하는 것은 매우 위험한 일일 수 있다.

공자는 그래서 그 사람이 왜 그렇게 하는지 까닭이나 이유를 자세히 들여다봐야 한다고 했고, 이를 한 단계 높은 '관'이라고 표현했다. 그렇게 해도 상대방의 행동을 파악할 수 없다면 그런 행동이 정말 편안한 상태에서 우러나온 것인지 아니면 다른 뭔가 의도가 있어 연출된 것인지 면밀하게 찰(察) 할 필요가 있다고 강조했다.

가령 학생이 지각했을 때 교칙을 어겼다고 교사가 벌점을 주는 것은 시(視)의 개념에 머문 것이다. 그런데 학생이 지각한 이유가 집안이 어려워 6km나 되는 먼 거리를 매일 걸어서 학교에 온다는 사실을 알았다면 관(觀)의 개념까지 살핀 것이다. 그 후 교사가 어떻게 하면 학생이 편안하게 공부할 수 있을까를 고민하다가 기숙사에 입소할 수 있도록 배려했다면 찰(察) 개념으로 살핀 것이다.

MZ세대는 유튜브를 활용하여 한꺼번에 정보를 해결하려는 경향이 있다. 원작이 있는 영화라면 꼭 '결말 포함'이라는 키워드를 넣고 검색하여 전체 상황을 파악하려고 한다. 시간을 절약하려고 1.5배속으로 빠르게 영상도 확인한다. 그러면서도 반응은 필수여서 댓글은 달고 넘어간다. 유튜브의 Shorts가 빠르게 정착한 것도 이들의 영향력 결과다. 긴 텍스트는 거들떠보지도 않으니 언론사들도 이들을 위한 '세줄 요약' 서비스를 내놓을 정도다.

그러나 사람만큼은 시·관·찰 3단계로 살펴야 깊은 공감대가 형성될 수 있다. 리더를 향한 팔로워의 단계적 살핌은 조직의 비전과 목표 달성은 물론 개인 발전에도 엄청난 디딤돌이 될 수 있다.

관찰, 통찰, 성찰

앞에서 찰(察)은 외형과 내부의 속성 마디마디까지 분석적으로 보되, 육안과 심안, 그리고 과학적 분석력까지 겸비해야 하는 개념으로 설명했다. 더뷰스 이빈섬 대표는 '그냥 보는 것이 아니라 면밀하게 살피고, 골똘히 집중해서, 추적해서 보는 것이며, 보고 나서 그것을 돌이켜보는 것'이라고 찰(察) 개념을 설명하고 있다. 살피는 찰(察)은 그 행위의 특징에 따라 세 가지로 구분해서 볼 수 있다. 관찰, 통찰, 성찰의 3단계다.

첫째, 관찰(觀察)은 지켜보고 살펴보는 것이다. 관찰은 주관적일 수도 있고, 객관적일 수도 있다. 반면 주변 세계를 이해하고 해석할 단서는 찾을 수 있다.

발기부전 치료제로 유명한 '비아그라'의 원료 '실데나필'은 처음엔 고혈압을 치료할 목적으로 개발했다. 하지만 임상시험 결과 고혈압치료제로 부적격 판정을 받았다. 내약성 실험을 관찰하는 과정에서 '발기'라는 부작용이 나타나자 연구 방향을 발기부전에 맞추어 진행한 결과 1998년 미국 식품 의약국으로부터 비아그라의 상표명을 달고 신약 허가를 받았다.

고혈압치료제인 '미녹시딜'은 대머리였던 한 고혈압 환자가 복용한 뒤 머리털이 돋아나자 이후부터 발모 촉진제로 전환됐다. 해열진통제로 널리 쓰이는 '아스피린'은 본래 내복용 살균제로 개발된 것이며, 암 치료제인 '인터페론'은 관절염에도 특효가 있다는 점이 관찰된 이후부터 관절염 치료제로도 쓰이고 있다. 이렇듯 정보를 수집할 때 사건, 사물, 사람을 주의 깊게 관찰하면서 파악하고 분석하면 된다.

둘째, 통찰(洞察)은 문제를 깊이 이해하고 깨닫는 것이다. 단순 관찰이나 분석에서 벗어나 새로운 수준으로 이해하는 것이다. 겉으론 관련이 없어 보이는 정보나 경험도 연결하면 혁신적인 아이디어가 되고, 숙고하면 문제 해결의 열쇠를 제공하고 관점의 전환을 이끌 수 있다.

알렉시스 토크빌(1805~1859)이 쓴 『미국의 민주주의』는 프랑스 사람이 미국에 가서 그 나라가 도대체 어떻게 해서 민주주의가 작동하는지, 또 얼마나 잘하고 있는지를 기록한 견문록이다. 그는 7개월간 미국을 여행하는 동안 신생국 미국의 민주주의를 면밀하게 관찰하여 불후의 명저를 남겼다. 그러나 이 책에서 민주주의를 칭찬만 하진 않았다. 오히려 민주주의의 원동력인 평등의 개념이 무질서와 노예 상태를 불러와 민주주의의 위기를 초래하고 있다는 경고도 서슴지 않았다. 이처럼 통찰은 정확하게 보는 수준을 넘어 대상의 문제를 파악하고 그 인식의 폭을 넓히는 것이다.

셋째, 성찰(省察)은 자기의 생각, 감정 및 경험을 고려하는 것이다. 고려하는 대상 속에 나를 함께 넣는 것이다. 나와 리더의 관계를 살피는 일이다. 나의 정신적, 정서적 상태에서 통찰력을 얻기 위해 관심을 내면으로 돌리는 것이다.

여행을 하면 세 가지의 유익함을 가져다준다고 했다. 첫째는 타향에 대한 지식이고, 둘째는 고향에 대한 애착이며, 셋째는 자기 자신을 발견하는 것이다. 여행의 진정한 목적은 이렇듯 새로운 풍경을 보는 것이 아니라 나를 돌아보는 성찰을 통해 새로운 눈을 뜨는 것이다.

동서고금을 막론하고 성찰은 자기 인격을 완성하는 기본자세라고 여겼다. 도가에서는 도를 깨닫는 자세로서의 성찰을 강조했다. 『노자』는 "남을 아는 것이 지혜라면 자기를 아는 것은 밝음이다. 남을 이기는 것이 힘이 있는 것이라면 자기를 이김은 정말로 강한 것이다."라고 했다. 소크라테스도 '무지(無知)의 지(知)'를 이야기하면서 "너 자신을 알라."라고 하였다. 데카르트는 "나는 생각한다. 고로 존재한다."라는 말을 통해 '성찰하는 나'를 철학적 사고의 가장 확실한 근거로 보았다.

성찰은 이처럼 자신의 내적 경험, 동기, 신념 및 가치에 초점을 맞추는 신중한 접근이 필요하다. 나를 더 깊이 알기 위해 자기의 생각, 감정 및 행동에 대해 질문하고, 분석하고, 평가하는 것이다.

관찰이 세부 사항을 인식하고 주목하는 행위라면, 통찰은 갑작스러운 깨달음이나 이해의 영역이고, 성찰은 자기의 생각과 감정을 돌아보는 것이다. 대상을 잘 살피는 것이 관찰이라면 통찰은 밖으로 향하던 규칙을 스스로에 들이대며 전모를 파악하는 것이다.

상대를 변화시키거나 통제하긴 어렵다. 이보다는 자신을 돌아보고 반성함이 훨씬 쉽다. 이처럼 나를 성찰하면 강해지고, 강해지면 외부로부터의 웬만한 공격에도 상처받지 않는다. 앞서 언급한 것처럼 시인들은 사물과의 일체화를 통해 사물을 주의 깊게 관찰하고, 통찰하고, 성찰한 결과 주옥같은 글을 감동적인 시의 언어로 표출했다.

내게 정말로 중요한 상대라고 생각한다면 시인이 사물과의 일체화를 통해 시를 쓰듯, 일체화를 통해 그들을 살펴볼 필요가 있다. 관찰, 통찰, 성찰로 이어지며 깊게 살피는 팔로워가 되어야 비로소 살피기의 끝판왕이 될 수 있다.

육법전서에 없는 괘씸죄

전설의 동물인 용에는 수많은 비늘이 있다. 그런데 목 아래 있는 비늘만 반대 방향으로 박혀 있다. 거꾸로 난 이 비늘을 '역린(逆鱗)'이라고 부른다. 용은 길들이면 사람이 탈 수 있을 정도로 순하나 턱 밑에 지름한 자 정도 되는 이 역린을 건드리면 불쾌함을 넘어 분노를 일으킨다. 용의 몸도 건드리면 안 되는 부분이 있듯이 군주에게도 절대 건드리지 말아야 할 역린이 있다.

2014년 4월 개봉된 이재규 감독의 영화 『역린』은 사도세자의 아들로 태어나 우여곡절 끝에 임금의 자리에 오른 정조[현빈]의 이야기를 그렸다. 정조는 역사상 성군으로 알려진 임금이다. 그러나 이 영화는 정조의 역린을 건드리면서 시작된 역사 속에 감춰졌던 24시간 동안의 숨 막히는 이야기를 통해 살아야 하는 자, 죽여야 하는 자, 살려야 하는 자를 적나라하게 묘사했다.

육법전서 어디에도 나오지 않는 죄명이 괘씸죄이다. "쟤 상사한테 찍혔어.", "저 친구 상사한테 제대로 걸렸네.", "상사의 눈 밖에 난 애야."라고 하는 말들은 모두 괘씸죄에 걸렸음을 알리는 표현이다. 괘씸죄는 특정한 기준이 있는 듯도 하지만 실은 주관적인 잣대를 적용한 상상의 감정이 실린 모순덩어리 죄이다.

사전에서는 괘씸죄를 '아랫사람이 윗사람이나 권력자의 의도에 거슬리거나 눈 밖에 나는 행동을 하여 받는 미움'이라 정의하고 있다. 중요한 것은 괘씸죄는 헌법보다 우선하며, 그 폐해는 상상을 초월한다는 것이다. 특히 상사에게 괘씸죄에 걸리면 헤어날 길이 없다. 권력 관계가 있는 대다수 직장, 경찰, 소방, 군대 등 조직에서는 일을 망치는 것보다도 직속 상사의 감정을 건드리는 게 훨씬 심한 타격을 받는다. 괘씸죄는 갑을 관계에서 우위의 자리에 있는 사람이 발동한다.

임진왜란에서 전공을 세운 이순신 장군이 임진왜란 전후 엄청난 고초를 겪었다는 것은 분명한 실화다. 나약한 인간 선조가 제일 무서웠던 것은 백성은 자신을 존경하지 않으나 이순신 장군은 추앙한다는 불편한 진실이었다. 그 두려움 때문에 선조는 백성이 찬양하는 이순신 장군을 편한 마음으로 바라볼 수 없었다. 이순신의 관점에서 쓰인 소설 김훈의 『칼의 노래』는 멀리서 신하들을 죽여 정치하는 선조의 모습을 그리고 있다. 괘씸죄는 이렇듯 객관적 사실과 달리 상사의 감정에 따라 생길 수밖에 없다.

볼턴 백악관 국가안보좌관 역시 트럼프 미국 대통령의 역린을 건드렸다가 물러난 경우다. 그가 그만둔 배경은 단순 경질이 아니라 퇴출에 가깝다. 트럼프 대통령은 "볼턴이 백악관에서 일하는 것이 더는 필요하지 않아 사직서를 요구했다."라는 글을 트위터에 올렸다. 트럼프의 눈 밖에 나서 퇴출했음을 분명히 한 것이다.

1951년 4월 미국의 트루먼 대통령도 본국의 훈령을 무시하고 한국전쟁의 확전을 주장하던 더글러스 맥아더 미 극동군 겸 유엔군 총사령관을 전격 해임했다.

왜 그랬을까? 전쟁의 영웅 맥아더 장군은 한국전쟁이 발발하자, 모두 반대하던 인천상륙작전을 밀어붙였다. 그는 이 작전으로 지휘자로의 능력과 과단성을 인정받았다. 맥아더가 38선을 돌파하자, 소련과 중국의 개입을 우려한 트루먼은 맥아더와의 면담을 원했다. 맥아더는 중대한 시기라서 워싱턴으로 갈 수 없다고 거부했고, 트루먼은 태평양의 웨이크섬까지 날아왔다. 맥아더는 이때 군 통수권자인 트루먼에게 경례도 하지 않고 악수만 했다. 트루먼은 1차대전 때 맥아더 사단에서 대위로 복무했던 부하였다.

- 『맥아더는 정말 영웅인가?』 한겨레 기사 2005-08-04 -

트루먼과 맥아더의 뒤바뀐 서열을 맥아더가 인정하지 않자 괘씸죄가 적용되었을 것으로 보는 분석도 만만치 않았다. 트루먼은 실제로 사적인 자리에서 "맥아더는 극동의 황제가 되고 싶어 했어. 자기는 일개 육군 장교라는 것, 그리고 상관은 바로 미국 대통령이라는 사실을 망각한 게지."라고 그에 대한 적대감을 드러냈다는 언론 보도가 이를 입증하고 있다.

이처럼 군주는 누구나 역린이 있다. 제대로 된 세객(說客)이라면 군주의 역린을 건드리지 않아야 한다. 법보다 법전에 없는 괘씸죄가 더 무섭다.

괘씸죄는 용서가 안 되며 원래대로 돌리기도 힘들다. 괘씸죄가 적용되면 형량은 상상을 초월한다.

죄란 잘못이 있어야 생기는데, 괘씸죄는 뚜렷한 잘못 없이도 생겨난다. 눈치가 없어도 죄가 되고, 윗사람을 챙기지 못하는 원칙에 충실한 올곧은 사람도 괘씸죄에 걸려들 공산이 있다.

괘씸죄에 걸리면 주위 사람은 자신도 같은 처지에 내몰릴까 전전긍긍 안절부절못한다. 편견 없이 바라보면 항상 옳고 그름이 있으나 편견으로 바라보면 옳고 그름은 의미가 없다. 남을 미워하는 것은 내가 모자란 탓이다. 그렇다고 조직에서 리더와 군주만을 탓할 수 없는 것이 팔로워의 처지다.

다이너마이트를 들고 자존심의 불길로 뛰어들지 말라

고정관념은 어떤 집단에 대해 그 구성원들이 공통으로 가지고 있는 특징으로 사회에 널리 퍼져 있는 인식이다. 운동선수는 머리가 나쁘고, 뚱뚱한 사람은 게으르며, 금발은 멍청하다는 것은 전 세계적으로 알려진 고정관념의 대표적 사례다.

사람은 누구나 두 마리의 개(犬, 견)를 키우고 산다고 한다. 하나는 선입견이고 또 하나는 편견이다. 선입견은 사전의 경험을 통해서 내 마음속에 드는 생각이다. 서울대 학생은 머리가 똑똑하니 좋은 기업에 취업할 거라는 생각은 선입견일 뿐이다. 인성이 부족해 좋은 곳에 취업하지 못할 수도 있다. 이런 선입견은 지극히 개인적이고, 상황이 바뀌면 쉽게 변할 수 있다.

편견은 공정하지 못하고 한쪽으로 치우친 생각이다. 여성은 주차를 한

번에 못 한다든지, 몸에 문신을 새긴 사람은 모두 폭력배일 것으로 생각하는 것도 편견이다. 제대로 운전을 배운 여성은 한 번에 주차할 수 있다. 요즘 젊은 사람은 문신을 패션의 일종으로 여긴다. 상사가 문신한 후배에게 점잖게 충고하자 "제 몸을 제가 치장하는데 왜 상관하세요?"라고 치받아 둘의 관계가 한동안 서먹서먹해졌다는 보도도 있었다.

선입견과 편견은 모두 불공정한 행동을 낳는다. 처음에 가졌던 선입견은 고정관념을 만들고, 결과적으로는 편견에 빠져들게 한다. 고정관념과 편견을 없애기란 쉽지 않다.

『인간관계론』을 저술한 데일 카네기는 매우 흥미로운 말을 남겼다. "당신의 판단이 51% 이상 항상 옳으면, 스트레스를 받는 현재의 직장을 때려치우고 뉴욕으로 가서 증권에 투자하라."라고 한 것이다. 한자의 적 的은 곧 적으로 51%의 확률이 있을 때 사용한다. 그만큼 객관적으로 판단하기가 어려운 것이 주식인데 51%만 넘는 확률이 있다면 주저할 것이 없다는 뜻이다.

편견에 빠지지 않으려면 내 생각이 잘못될 수도 있다는 마음으로 늘 배우고 상대의 말을 귀담아들으며 겸손한 자세를 취하는 것이 필요하다.

정신분석학의 원조라 불리는 프로이트 박사는 인간의 모든 행동은 성욕과 위대해지려는 욕망에서 비롯된다고 설명하고 있다. 미국 메리케이 화장품의 창업자이자 탁월한 경영학자인 메리케이 애시도 사람은 돈과 섹스보다 더 원하는 것이 두 가지 있는데 그것은 인정과 칭찬이라고 강조했다. 실제로 인간의 가장 깊은 곳에 있는 본성에는 누구나 인정받고

자 하는 열망이 똬리를 틀고 있다. 칭찬은 누구나 좋아한다. 그래서 인간은 감정의 동물이라고도 했다. 루소도 인간을 형성하는 것은 이성이고 인간을 이끄는 것은 감정이라고 했다.

미국의 지폐에는 대부분 전직 대통령이 등장한다. 1달러에는 워싱턴 초대 대통령이, 5달러에는 16대 에이브러햄 링컨 대통령의 초상화가 새겨져 있다. 10달러에는 알렉산더 해밀턴 초대 재무장관이 등장하고, 20달러에는 7대 앤드루 잭슨 대통령이 새겨져 있다. 50달러에는 남북전쟁 당시 북군 총사령관이었던 18대 율리시스 그랜트 대통령이 모습을 보인다. 그런데 100달러 지폐에 등장하는 사람은 장관도 대통령도 아니다. '건국의 아버지'라 불리는 벤저민 프랭클린이다. 그가 비싼 100달러 지폐에 나온다는 것은 그만큼 미국인의 큰 신뢰를 받고 있다는 증거다. 실제로 그의 최종 학력은 초등학교 2학년에 불과하나 미국 독립에 중추적인 업적을 남겼고, 미국에서는 가장 존경받는 인물 중 한 사람으로 평가받고 있다.
이런 프랭클린도 "인간은 감정의 동물이고, 편견에 가득 차 있으며, 자존심과 허영심에 휩싸여 행동하는 어리석고 가련한 존재이다. 그러므로 인간을 비난하는 행위는 다이너마이트를 들고 자존심이라는 불길 속으로 뛰어드는 것처럼 참으로 어리석은 행동이다."라고 했다.
상대방을 비판하거나 비난하는 행위는 바보도 능히 할 수 있다. 우리는 누구나 잘못을 저지를 수 있다. 그러나 잘잘못을 들춰내기보다 잘한 일을 찾아 칭찬하는 것이 상대방을 올바른 방향으로 이끄는 길이다.
과거 삼성 에버랜드의 허태학 사장은 출근할 때마다 작은 단추 5개를 왼쪽 주머니에 넣고 나온다고 했다. 그리고 직원을 칭찬할 때마다 단추를 오른쪽 주머니에 옮기는 식으로 칭찬 습관을 들였다고 했다. 그 때문인지 그는 경영을 잘했다는 대내외적 평가를 받고 있다.

항상 다른 사람을 인정하고, 나에게 도움이 되는 사람이라는 생각으로 인간관계를 이어가려면 주변을 살피는 일에 각별한 관심을 쏟아야 한다. 특히 리더를 비난하는 행위는 다이너마이트를 짊어지고 자존심이라는 불길 속으로 뛰어드는 것처럼 참으로 어리석은 행동이라고 아니할 수 없다.

가늠자에 가늠쇠를 올려놓기

누군가가 우리가 사는 인생을 '정비공'이라고 표현했다. 정답도 없고, 비밀도 없고, 공짜도 없는 세상이라는 것이다. 그러니 있으면 있는 대로, 없으면 없는 대로 각자의 경제 여건과 주변 상황에 맞게 깜냥껏 살아가면 된다.

그런데 함께 사노라면 반드시 맞닥뜨릴 수밖에 없는 불가피한 상황이 벌어진다. 누군가와 경쟁하게 되고, 주변에 있는 사람과 알게 모르게 비교하게 된다. 형제나 친구, 이웃을 비교하다 보면 삶은 갈수록 피폐해진다. 실제로 비교를 하면 두 가지 상황에 봉착한다. 비참해지거나, 교만해지거나 둘 중의 하나로 귀착된다. 상대가 나보다 부유한 삶을 살면 내 처지가 비참해진다. 여기에 바가지라도 긁히면 이렇게 살아온 나 자신이 한심해지고 초라해지기까지 한다. 반면에 재산은 없어도 나보다 학벌이 부족하고 교양미라곤 조금도 없는 사람을 만나면 마음 한구석에 교만한 감정이 솟구쳤다.

이를 해결하는 방법은 비교는 하되 비교 대상을 남과 하지 않고, 과거의 나와 현재의 나로 국한하는 것이다. 필자는 강의 때마다 "오늘의 내 모습은 과거의 내가 만든 것이며, 미래의 내 모습도 현재의 내가 만들어간다."라는 나의 좌우명을 소개한다. 과거의 나와 현재의 나를 비교하면 반성과 성찰의 시간을 가지면서 새로운 희망과 다짐을 하게 된다.

비교만큼 중요한 것이 있다. 선택이다. 사람은 태어나는 순간부터 죽을 때까지 선택하며 살아가게 된다. 이때 어떤 선택을 하냐에 따라 각자의 인생도 달라진다. 선택에 어려움을 겪는다면 물어보면 된다. 여기저기 묻다 보면 좋은 선택을 할 수 있다. 선택에 도움을 주는 대상은 부모나 스승이 될 수 있고, 책이 될 수 있고, 강연장에서 들은 내용이 될 수도 있다. 특히 독서는 위대한 스승을 많이 만나기에 간접경험도 골고루 할 수 있다.

중요한 것은 가늠자에 가늠쇠를 올려놓는 올바른 선택을 하는 것이다. 올바른 선택을 하지 못해서 크게 후회했던 나만의 아픈 기억이 있다. 지역 언론사에서 데스크를 맡고 있을 때 매주 데스크 칼럼을 연재했는데 반응이 좋아 칼럼집을 출간했다. 내 인생의 첫 책이어서 출판기념회도 열었다. 많은 사람이 축하해 줬다. 덕분에 초판으로 찍은 2,500권을 모두 팔았다. 돈도 제법 됐다. 이 돈을 역량 강화에 사용했어야 했는데 엉뚱하게 주식에 투자했다가 알량한 재산을 날렸다. 조직의 목표인 가늠자에 조직의 목표와 무관한 주식투자를 가늠쇠에 올렸다가 낭패를 본 것이다.

두 번째는 성공한 사람들의 이야기를 담은 『우연한 성공은 없다』라는 책을 시리즈로 출간하였다. 이 책은 충청권 내에서 1만 7천 권을 판매하는 기록을 세웠고, 『성공한 내 모습을 상상하라』 역시 1만 권이 팔리면서 성공학 강사로 출발할 수 있었다. 성공한 자치단체장을 소개하는 『대한민국을 움직이는 자치단체 CEO』 책자를 시리즈로 출간하면서 연구소를 출범시켰고, 덕분에 지금까지 교육 및 연구용역 사업을 하면서 자치단체와 인연을 맺는 기회가 되었다. 가늠자와 가늠쇠가 일치된 덕분에 시너지 효과를 본 것이다.

기업도 마찬가지다. 리더는 매출 증대라는 목표를 세웠는데, 팔로워는 지출 감소로 방향을 설정하면 원하는 결과를 얻을 수 없다. 반면에 리더와 팔로워가 조직의 비전을 공유하면서 목표와 방향을 일치시키면 가늠자와 가늠쇠가 조준선 정렬을 제대로 한 것이니 성과로 이어질 수 있다.

리더와 팔로워가 조직의 비전을 공유하고 목표를 달성하려면 서로 주파수를 맞추며 동기화에 성공할 때 원하는 결과를 얻을 수 있다. 이때 리더는 팔로워에게 적극적인 지원과 피드백을 제공해야 한다.

잭 웰치는 GE 그룹의 CEO로 일하는 동안 5년 연속 '성공적인 경영인상'을 수상했다. 그는 수상 배경을 묻자 "내가 가고자 하는 방향과 직원이 가는 방향이 같았기 때문이다."라고 답했다.

조직이 성공하려면 리더와 팔로워가 조직의 목표를 가늠자에 개인의 목표를 가늠쇠에 올려놓아야 한다. 목표가 일치하지 않으면, 같은 목적을 향해 가고 있지 않으니 각자가 쏟은 노력은 헛수고가 되거나 역효과가 날 수 있다.

켈리 교수는 팔로워를 나뭇잎에 비유하기도 했다. 나뭇잎은 나무의 일부인 동시에 나무 전체를 구성한다. 팔로워 한 사람 한 사람은 개인이지만 조직 전체의 정신, 목적, 방향을 구체화하는 존재다. 팔로워는 공동 목적을 달성하려면 조직의 목표에 개인의 목표가 올려질 수 있도록 협력할 필요가 있다.

갑을의 관계와 웨이터의 법칙

갑과 을은 성격이 서로 다르고, 장단점도 다르다. 명리학 전문가들은 일반적인 갑의 성향을 목표지향적이나 좌우를 돌아보는 융통성이 부족하고 인간적인 면에서는 순수하고 정직하나 너무 직선적이어서 때로는 사람들의 공격대상이 되기도 한다고 설명한다. 반면에 을은 생활능력이 강하고, 성격은 부드럽고 유연한 실리추구형이며 목적 달성을 위해서는 자존심도 굽힐 줄 아는 스타일이라고 설명한다.

흔히 갑을(甲乙)의 관계라는 말을 많이 쓴다. 계약을 맺을 때, 상대적으로 유리한 지위에 있는 자와 불리한 지위에 있는 자의 관계를 설명하는 용어다. 계약서에서 계약 당사자를 '갑'과 '을'로 대신해 표기한 데서 유래되었다. 나무로 표현하면 갑이라는 나무는 하늘을 향해 우뚝 뻗어가는 형상이다. 반면에 을은 갑을 기둥으로 삼아 엉켜 사는 넝쿨과도 같다. 그만큼 환경적응력이 뛰어난 잡초의 형상을 하고 있다. '갑'은 유리한 지위에 있는 자를, '을'은 불리한 지위에 있는 자로 규정한다. 반면 권력은 갑이 쥐고 있으나 실속은 을이 얻는 경우가 대부분이다.

갑과 을 중 누가 더 좋은지는 처한 상황, 개인의 선호도에 **따라 다를** 수밖에 없다. 일반적으로 경쟁적인 분야나 독립적인 활동을 선호하는 경우엔 갑이 유리하고, 협력과 팀워크가 필요한 분야나 대인관계가 민감한 상황에서는 을이 유리할 수 있다.

갑이든 을이든 상대적으로 좋은 것만 있는 것은 아니다. 개인의 역량, 경험, 상황에 따른 요구 사항, 팀 구성원의 성향 등이 영향을 미치기 때문이다.

『90년생이 온다』 책을 저술한 임홍택 작가는 90년대생의 특징을 '간단하거나, 재미있거나, 정직하거나' 3가지로 요약했다. 특히 '정직하거나'와 관련하여 이 책에서는 제품이나 서비스 구매를 거부하는 4가지 '호갱 기업'을 소개하고 있다. **첫째**, 직원과 협력업체에 대한 갑질 등 불공정 행위를 하는 기업, **둘째**, 국내의 낮은 경쟁 상황을 이용하여 차별적인 정책을 취하는 기업, **셋째**, 기업의 수익성 향상을 위해 제품의 품질을 고의로 악화시키는 기업, **넷째**, 복잡한 프로세스를 개선하지 않아 소비자의 불편을 일으키는 기업을 들고 있다.

이 책에는 또한 90년대생들이 바꿔 버린 소비 지형도 소개했다. 대리점 밀어내기 방식으로 갑질의 대표 기업이 된 남양유업, 무너진 용산 전자상가, '프리미엄 전략'으로 역풍을 맞은 다이슨 등도 거론했다. 특히 '갑' 위치의 30대 직원이 '을' 위치의 50대 점주들에게 욕설과 폭언을 하는 녹음 파일이 공개된 이후 남양유업의 비정규직 비율과 최소연봉이 밝혀지면서 불매 운동이 일어나 회사가 최악의 상황까지 갔던 사례를 상세하게 기술해놓았다.

남양유업 대표는 2019년 국회 국정감사에 증인으로 출석하여 "2013년 사태 이후 마감 시스템도 웹 기반으로 바꾸어 모든 대리점이 실시간으로 공유할 수 있고, 직원들도 대리점과 상생하려는 자세를 갖는 등 시스템을 개선해 지금은 전혀 그렇지 않다."라고 답변했다.

'웨이터의 법칙'이 있다. 이해관계가 얽힌 사람에게는 잘하지만, 그렇지 않은 을에게 못하는 사람과는 동업하지 말라는 것이다. 웨이터의 법칙은 미국의 인사 관리에서 보편적인 척도로 평가받는다. 자신과 이해관계에 있거나 가까운 사람에게는 친절하면서도 사회적 약자에게 거만한 행동을 하는 사람은 좋은 갑이 아니라는 것이다. 웨이터를 대하는 태도를 보면 그 사람의 인격이 드러난다고 보는 것이다.

미국 기업의 최고경영자들은 비즈니스 상대방이 식당 종업원을 어떻게 대하는지를 보고 그 사람과의 거래 여부를 판단하는 경우가 많다고 한다. 고급 레스토랑에서 일하던 웨이터가 실수로 손님 중 한 명에게 포도주를 쏟았다. 옷을 버린 손님은 불같이 화를 냈다.

"너 내가 누군지 알아? 여기 지배인 나오라고 해!"

동석한 사람은 의류업계의 여성 CEO였다. 그녀는 상대방의 이런 모습을 보고 계약을 취소했다. 유명 IT 기업 위트니스 시스템의 데이브 굴드 대표도 비슷한 현장을 목격했다. 그러나 웨이터를 대하는 반응은 완전히 달랐다.

"오늘 아침에 바빠서 제대로 씻지 못했는데 어찌 알았지?"

이처럼 유머를 던지며 너스레를 떠는 모습에 호감을 느껴 그 자리에서 계약을 체결했다는 것이다. 기업인들은 다른 건 몰라도 웨이터의 법칙만큼은 예외 없이 정확하다고 이구동성으로 공감하는 분위기다.

웨이터의 법칙과 비슷한 아류의 법칙으로, 부하 직원의 법칙, 경비원의 법칙, 운전기사의 법칙, 청소 노동자의 법칙, 비서의 법칙, 아르바이트생의 법칙 등이 있다. 모두 갑과 을의 관계 이야기이다.

나보다 지위가 낮은 사람에게 권력을 휘두르는 갑질은 언론에 이따금 보도된다. 을은 어찌 됐든 업무와 연결된 사람이다. 힘이 없는 을이라고 무례하게 굴거나 함부로 대하면 갑의 인격이 무너지는 것은 물론 갑의 기업에도 영향을 준다. 함께 일하는 을을 존중해야 나와 내가 속한 조직도 존중받을 수 있다.

따르고 살피는 팔로워 시절에 갑을의 관계를 몸으로 제대로 익혀야 훗날 이끄는 팔로워가 되어도 갑과 을이 함께 살아가는 좋은 세상을 만들어갈 수 있다.

나를 지켜주는 겸손

'상사가 아무리 무한 권력을 주고 전폭적으로 신임하더라도 넘지 말아야 할 경계는 넘지 말아야 한다. 그 기준이 조직의 시스템이고 프로세스다.'

– 김해원, 『직장인 팔로워십』, '프로세스대로 움직여라' 중에서 –

삼국지를 읽어보면 삼국 중에서도 위의 조조가 인재확보에 가장 공을 기울였다는 것을 알 수 있다. 덕분에 위나라에는 탁월한 전략가와 장수, 지략이 뛰어난 책사들이 넘쳐흘렀다. 조조의 큰아들 조비는 스승 사마의에게 "요즘 양수(楊修)가 너무 똑똑하다는 칭찬이 자자하다."라며 조조의 마음을 정확히 읽는 그와 관련하여 항간에 떠도는 이야기를 들려준다. 사마의는 이야기를 듣고서 "지나치게 똑똑하면 명이 길지 못한 법이다. 양수가 머리만 믿고 승상의 마음을 꿰뚫어 보는데 이런 신하를 편하게 볼 리 없다."라며, "특히 주군의 속마음을 읽으면 주군의 위엄이 안 서고, 신하가 잘난 것만 뽐내면 주군의 금기를 건드릴 수 있다."라는 경고를 날린다.

사마의의 경고는 실제로 현실에서 벌어진다. 조조가 한중의 사곡 땅을 놓고 촉의 유비와 전투를 벌일 때였다. 제갈공명의 활약으로 패전을 거듭하던 조조는 몹시 심란했다. 전진하자니 제갈량이 이끄는 촉나라의 전략에 번번이 당하는 판국이었고, 포기하자니 천하의 웃음거리가 될 상황이어서 이러지도 저러지도 못하고 있었다.

조조가 저녁상에 올라온 닭고기를 바라보며 깊은 생각에 잠겼을 때 장수 하후돈이 막사로 들어왔다. 야간에 적군과 아군을 구별하기 위해 주고받는 암호를 받기 위해서였다. 하후돈은 이때 조조가 '계륵(鷄肋)'이라고 하는 말을 듣고 오늘 저녁 암호는 '계륵'이라고 전군에 알린다. 다른 장수들은 이를 별 의미 없이 받아들였는데 하후돈 진영에 있던 책사 양수는 조조의 속마음을 단번에 읽고, 휘하 진영에 철수 준비를 하라고 했다.

까닭을 묻자 "닭갈비는 먹자니 먹을 것이 없고, 버리자니 아까운 부위입니다. 승상은 이번 싸움을 닭갈비 정도로 생각하는데 계속 싸움에 지고 있으니 버려야 하지만 아까워서 선뜻 물러서지 못하는 겁니다. 더 이로울 게 없는 싸움이니 곧 철수 명령을 내릴 겁니다."라고 조조의 심중을 꿰뚫었다.

다음 날 아침 진영을 돌아보던 조조는 한쪽에서 철수를 준비하는 모습에 놀라 자초지종을 확인하던 중 양수가 자신의 마음을 알았다는 사실에 흠칫 놀란다. 조조는 결국 양수가 군율을 어겼다는 죄로 참수케 한 뒤에 곧바로 전군에 철수 명령을 내렸다.

지나치게 총명한 재능을 드러내면 리더의 시기나 질투를 받을 수 있다. 팔로워는 아무리 재능이 뛰어나도 겸손한 자세를 잃지 않아야 한다. 그래야 인정받고 자리도 보전할 수 있다. 아름다운 장미도 날카로운 가시는 숨긴다. 겸손도 재능을 지키는 칼집과 같다.

『직장인 팔로워십』의 저자 김해원 대표는 "직장은 직장에서만 통하는 문화가 있고, 금기시하는 것들이 있으며, 지켜야 할 원칙과 규율이 있다. 상사는 그 정해진 원칙과 규율 안에서 움직인다. 부하도 원칙과 규율에서 벗어나지 않도록 상사를 보필하는 것이 중요하다."라고 했다. 특히 김 대표는 무엇보다도 조직문화를 알고, 조직의 전통을 무시하지 않는 범위 내에서 움직여야 하며, 특히 상사의 마음속에 가시와 같은 존재로 남으면 언제든 토사구팽을 당할 수 있음을 경고했다.

자기 주도적이면서 열정이 넘치는 사람이 자칫 범하기 쉬운 실수가 상사의 인정을 받고 있다고 자기 마음대로 행동하는 것이다. 아무리 상사의 전폭적인 신임을 받아도 월권하지 않는 것은 필수다. 교만은 타인의 마음을 읽는 능력을 떨어뜨리나 겸손은 타인의 마음을 헤아릴 수 있는 능력을 올려 준다. 겸손은 그 자체만으로도 사람의 가치를 높여 대인관계에 도움을 준다.

팔로워의 기본은 리더를 따르며 주변을 살피는 일이다. 이때 무엇보다도 겸손한 자세를 잊지 않아야 한다. 주변을 살피지 않고 겸손을 잃은 팔로워에게 닥쳐오는 피해는 우리의 상상을 초월함을 동서고금의 역사는 산 교훈으로 말해주고 있다.

가장 좋은 물과 가장 좋은 불상은?

한류 열풍 중에서도 첫손에 꼽히는 명작이 있다. 2003년 9월부터 이듬해 3월까지 방영된 MBC 드라마 『대장금』이다. 중동에서 독보적인 인기를 끌었고, 이란에서는 '한국은 몰라도 대장금은 안다.'라는 이야기가 나돌 정도로 당시 대장금의 인기는 하늘을 찔렀다.

조선 시대 궁녀 대장금이 의녀가 되기까지의 과정, 그리고 거기서 발생한 사랑과 성장을 그린 이 드라마는 최고 시청률 57%, 평균 시청률 45%라는 전무후무한 기록을 세웠다.

『대장금』은 궁중에서 '요리'라는 독특한 재료를 가지고 탄탄한 구성과 절묘한 스토리텔링을 만들어 완벽한 드라마를 탄생시켰다. 팔로워의 시각에서 볼 때 궁궐 안에서 벌어지는 일인데 임금보다도 요리의 최고 전문가를 주연으로 설정했다는 자체가 놀랍기 그지없다.

이 드라마에서 중전은 한 상궁이 사람들의 기호와 몸 상태까지 파악하고 있다가 음식을 줄 때 고려하는 세심함에 감동하여 그를 조선 수라간의 최고 상궁으로 임명한다. 한 상궁 마마는 후계자를 키우려고 나름 괜찮아 보이는 어린 대장금을 발견하고는 물을 떠 오라고 시킨 후 넌지시 사람됨을 살폈다.

"물을 떠 오너라."
"다시 떠 오너라."
"내일 다시 떠 오거라."

어린 장금이는 찬물, 더운물, 오동잎을 띄운 물 등 갖가지 물을 다 가져가 보지만 한 상궁 마마는 흡족해하지 않는다. 그러다 문득, 돌아가신 어머니가 물을 어떻게 대했는지 떠올린 뒤에야 비로소 한 상궁 마마 앞에 자신 있는 모습으로 나섰다.

"혹 속이 더부룩하지 않으십니까?"
"속은 늘 더부룩하다.
"오늘 변은 보셨나요?"
"보았다."
한 상궁의 몸 상태를 꼬치꼬치 묻고는 물을 다시 떠올렸다.

"소금을 조금 탔습니다. 천천히 드소서."

"그래, 바로 꼬치꼬치 묻는 것, 그게 내가 물을 떠 오라고 한 이유다. 음식을 하기 전 먹을 사람의 몸 상태와 좋아하는 것, 싫어하는 것, 받는 것과 받지 않는 것, 그 모든 것을 생각하는 것, 그것이 음식을 짓는 마음임을 얘기하고 싶었다."

목이 마를 때마다 아무 생각 없이 찾는 물 한 그릇도 음식의 달인은 엄연히 음식이라 생각하고 물을 먹을 사람을 위한 모든 배려를 담아야 함을 가르친 것이다.

병을 치료할 목적으로 사용할 물은 새로 길은 맑은 샘물을 써야 한다. 한곳에 고여 있어 더럽고 흐리며 미지근한 물을 쓰면 효과가 없을 뿐만 아니라 오히려 사람에게 해롭다.

『소설 동의보감』에서 스승 유의태는 의술을 배우려는 허준을 비롯한 문하생들에게 물의 종류가 무려 33가지나 있음을 설명한다.

"첫째, 정화수(井華水), 새벽에 처음 길은 우물물이다. 성질은 평(平)하고 맛은 달며 독(毒)은 없기 때문이다. 둘째, 한천수(寒泉水), 찬 샘물로 닭의 울음소리가 들리기 전의 것이어야 한다. 셋째, 국화수(菊花水), 국화 밑에서 나는 물로 영수[麴英水]라고 한다. 넷째, 납설수(臘雪水), 섣달에 눈 녹은 물은 간이 병들어도 이 물을 먹으면 낫는다. 다섯째, 춘우수(春雨水), 정월에 처음으로 내린 빗물이다. 여섯째, 추로수(秋露水), 가을철 이슬로 아침 해가 뜨기 전에 이슬을 받아 쓴다. 일곱째, 동상(冬霜), 겨울철에 내린 서리로 술로 생긴 열을 다스린다. 여덟째, 매우수(梅雨水), 매화 열매가 누렇게 된 때에 내린 빗물이다. 아홉째, 감란수(甘爛水), 몹시 휘저어서 거품이 생긴 물로 곽란 치료에 으뜸이다. 열째, 벽해수(碧海水), 짠 바닷물로 설사한 다음 배가 불러 오르고 그득하던 것이 낫는데 넓은 바다 가운데서 맛이 짜고 빛이 퍼런 물이다."

스승 유의태의 해박한 물 지식에 둘러앉은 사람들은 넋이 나갈 정도다.

"이밖에 역류수(逆流水)는 천천히 휘돌아 흐르는 물, 순류수(順流水)는 순하게 흐르는 물, 급류수(急流水)는 빨리 흐르는 여울물, 장수(漿水), 지장수(地漿水), 증기수(甑氣水)……."

물에 대해 끝없이 펼쳐지는 스승의 열변은 태산과 같았고, 이를 바라보는 허준에겐 짜릿한 전율과 진한 감동이 전해졌다. 물은 모두 같은 물이라고 사람들은 대수롭지 않게 여긴다. 그러나 물과 물로 만든 음식에 사람들이 영향을 받으니 가장 좋은 물보다 중요한 것이 어디 있을까.

성균관대 박재희 교수는 '21세기 손자병법'을 주제로 강연할 때 '나무 불상과 나무계단'에 대한 우화를 들려준다. 같은 나무로 만든 부처상과 나무계단이 있었다. 똑같은 재질로 만들었는데 사람들은 나무계단은 마구 밟고 가면서 나무부처에게는 존경을 담아 절을 하는 것이었다. 화가 치민 나무계단은 나무부처를 찾아가 온갖 불평을 쏟아냈다.

"너나 나나 똑같은 나무로 만들었는데 왜 사람들은 나를 밟고 다니면서, 당신에게는 허리를 굽혀 절하는 거요?"

잠자코 듣고 있던 나무부처가 나지막하게 대답했다.

"너는 몸에 톱질의 고통을 당해 봤니, 칼에 수없이 맞아 봤니, 사포에 마르고 닳도록 살이 떨어져 나가는 참담한 고통은 겪어 봤니?"

나무계단은 그 말에 할 말을 잃었다. 인정받는 자리는 고난과 형극의 가시밭길을 지나야 도달할 수 있음을 깨달은 것이다. 사람들은 정상에 우뚝 선 사람을 보면 화려한 성공 가도만 달려온 것으로 착각한다. 속내를 들여다보면 성공의 뒤안길에 시련과 아픔이 없었던 사람은 아무도 없었다. 나무 불상처럼 아픈 만큼 성숙해지고, 겪은 시련과 고난만큼 단단해지는 것이다.

어떤 분야든 따를 자가 없을 정도로 최고의 전문 팔로워로 등극한다는 것은 쉬운 일이 아니다. 희망과 시련은 자유와 고독, 결혼과 구속처럼, 따로는 안 파는 세트 상품이어서 늘 붙어 다닌다. 시련의 역할은 사람을 굴복시키는 것이 아니다. 오로지 희망의 강도와 절실함을 시험하는 용도로 쓰일 뿐이다.

'나지사 명상' 기법, '구나', '겠지', '감사'

공유하고 싶은 메시지가 있고, 이를 나누어 주려고 할 때 받아 줄 사람이 있다는 것은 행복한 일이다. 행복마을 용타 스님의 저서 『마음 알기 다루기 나누기』는 그가 17년 동안 4천여 명이 참여한 가운데 얻은 소중한 체험을 바탕으로 책을 정리했다는 점에서 가치 있다는 평가를 받는다.

이 책에서 용타 스님은 그가 만든 '나지사 명상'을 '행복을 위한 틀'이라고 설명한다. 사람이 동물과 다른 점은 도구를 활용한다는 점이다. 인간의 삶은 도구의 역사다. 모든 문화와 문명은 도구의 활용으로 달라져 왔다. 도구를 활용해 더 편리하고, 더 행복하기 위하여 노력한 시간이 인류의 역사라고 해도 틀린 말은 아니다.

용타 스님은 삶을 관조하고 관찰하면서 '나지사 명상'이라는 도구를 만들었다. '나지사'란 '구나, 겠지, 감사'의 끝 자를 모아 만든 약어다. 우리의 인생은 환경과 마주쳤을 때 단적으로 순경(順境)과 역경(逆境)의 2차원이 존재하는데 이는 사람이 어떻게 받아들이냐에 따라 달라진다. 순경과 역경은 주관적인 판단에 따라 결정된다. 예를 들어 뱀을 보면 사람들은 대부분 놀란다. 그러나 뱀을 보고 군침을 흘리는 뱀 꾼도 있다.

용타 스님은 역경을 어떻게 극복할 것인가를 놓고 깊이 사색한 결과 '나지사 명상' 기법을 터득했다고 한다. 그가 제시한 '나지사 명상'의 첫 번째는 '구나'이다.

예를 들어 누가 내게 와서 "이놈아!"라고 하면 상황에 대한 주관적인 해석을 하지 않고 그대로 바라보는 것이다. 상대가 역경을 만들어도 내

속에서는 순경으로 받아들이는 것이다. 즉, "아무개가 나에게 '이놈아' 하는구나!"라고 하면서 사진을 찍고, 한 줄기 바람이 내 몸을 스치고 지나가는 것처럼 그대로 수용한다는 것이다.

다음은 '겠지'이다. "저 사람이 '이놈아!'라고 하는 것도 나름 그럴 만한 사정이 있겠지!"라고 상황을 이해하려고 노력하는 것이다. 사정이 없는 상황은 없다. 이렇게 이해하면 역경에 걸려서 허우적대지 않고 빙그레 미소를 지으면서 고개가 끄덕여진다는 것이다. 내 인품이 공기처럼 고요하고 밝고 맑다면 상대가 내게 "이놈아!"라고 하진 않을 것이다. 그러니 "나의 부덕으로 이런 소리를 듣는구나!"라고 생각하면 상대에게 화를 내지 않게 되고 오히려 그의 눈을 통해 내 모습을 보면 도리어 감사하다는 생각으로 전환이 된다는 것이다.

셋째, '감사'하는 마음이다. "이놈아!" 정도로 끝내준 것도 그만하면 감사하다고 생각하라는 것이다. 그가 정말로 화가 났다면 욕으로 끝나지 않고 틀림없이 막대기로 뒷머리를 쳐서 졸도시킬 수도 있다. "이놈아!" 정도로 끝내주었으니 얼마나 감사한가?

그 어떤 경우에도 '구나'일 뿐이고, '겠지'일 뿐이고, '감사'일 뿐인 것이다. 이렇게 '나지사'의 틀을 100여 번 연습해 내 몸에 장착시키면 이것이 인품이 되고, 지혜의 신념 체계가 농익어가면 그것이 나의 덕성이 된다고 본 것이다.

용타 스님은 온 천하의 사람이 어떤 역경에 직면하더라도 빙그레 미소를 지으면서 "여차 저차 하는구나.", "그럴만한 사정이 있겠지.", "그만하니 감사하지 않냐?"라고 해석하면 역경을 순경으로 바꿀 수 있다고 했다.

실제로 이 기법은 청주교육대학원 정문희가 쓴 석사 논문 『나지사 명상이 아동의 정서조절에 미치는 영향(2015)』에서 긍정적인 효과가 있는 것으로 확인되었다. 저자는 초등학교 5학년 4개 학급 중 2개 학급을 설정하여 45명을 실험집단으로, 나머지 2개 학급 44명을 통제집단으로 구분해 실험한 결과 '나지사 명상'이 효과가 있다는 긍정적인 결과를 얻었다.

즉, 시간과 장소, 상황에 구애받지 않고 누구나 쉽게 적용할 수 있다는 점, 한국형 명상이라는 점, 수용, 공감, 진정성이라는 상담 효과가 있다는 점에서 나지사 명상이 초등학교 고학년 아동의 정서조절능력 향상에 효과가 있음을 확인한 것이다.

이런 연유인지 '나지사 명상'을 강의에 활용하는 강사들도 더러 있다. 학교에서 돌아오자마자 가방을 소파에 던지고 "에이씨!"하며 털썩 주저앉는 아들에게 "네가 죽고 싶어 환장한 게로구나!"라고 하기에 앞서 먼저 심호흡을 하고 감정조절을 한 뒤에 "우리 아들이 불편한 게 있어서 '에이씨' 하는구나!"라고 상황을 받아들이는 것,

"선생님 대신 나한테 맞는 게 낫겠지!"라고 비아냥하지 않고 "아들이 그럴 만한 속상한 일이 있었겠지."라고 이해해주려고 하는 것,

"공부나 해, 이 자식아! 으이그 자식이 아니라 웬수야, 웬수!"라고 화

를 내는 대신에 "아들이 그럴 만한 속상한 일이 있었겠지, 그래도 몸은 성하게 돌아왔으니 감사한 일이야."라고 껴안아 주었더니 아이가 좋아하더라는 것이다.

'나지사 명상'을 활용하여 자초지종을 들으면 그럴 만한 이유가 있음을 알게 된다. 그 순간 내 마음에 평화가 찾아오면 행복의 향기를 가득 채울 수 있다. 첫술에 배부르란 법은 없다. 중요한 것은 꾸준히 실천하며 팔로워의 길을 묵묵히 걸어가는 것이다.

흔히 사용하는 '골백번'이라는 용어처럼 용타 스님도 백 번은 해봐야 몸에 익어 인품이 되고 덕성이 된다고 하였다. 팔로워들에게 유익한 명상법이어서 소개해보았다.

상대를 바라보는 관점과 초점

상대를 살피는 관점과 초점은 문맥과 맥락에 따라 다르다. 관점(Perspective)은 '사물이나 현상을 관찰할 때, 그 사람이 보고 생각하는 태도나 방향 또는 처지'를 일컫는 말이다. 관점은 개인의 경험, 인식, 지식 등에 따라 형성된다. 같은 사건이나 주제를 놓고도 바라보는 관점이 다르면 다른 의견이 나올 수 있다.

윤코치연구소 윤영돈 코치는 '내가 쓴 안경'을 관점이라고 말한다. 긍정적으로 보는가?, 부정적으로 보는가?, 멀리 보는가?, 가까이 보는가? 이처럼 어떤 사물이나 현상을 관찰할 때 다르게 보려고 바라보고 생각하는 틀을 관점이라고 정의를 내린다. 한마디로 내 생각과 내 가치관을 가지고 사람이나 사물을 바라보는 것이다.

맹인모상(盲人摸象)은 불교 경전인 『열반경』에 나오는 이야기다. 옛날 인도의 한 왕이 진리에 대해 말하던 중 신하에게 코끼리 한 마리를 몰고 오도록 했다. 그리고 옆에 있던 시각장애인 여섯 명에게 코끼리를 만져 보고 각각 설명해 보라고 했다.

코끼리 이빨을 만진 사람은 무같이 생긴 동물이라고 말했고, 귀를 만진 사람은 곡식을 까불 때 사용하는 키라고 했다. 다리를 만진 사람은 절구같이 생긴 동물이라고 했다. 등을 만진 사람은 평상과 같다고 했고, 배를 만진 사람은 장독이라고 했고, 꼬리를 만진 사람은 밧줄 같이 생겼다고 했다.

왕은 이들을 물러가게 한 뒤 신하들에게 "코끼리는 코끼리일 뿐인데 저들은 자기가 아는 내용만 주장할 뿐 부족함을 모른다. 진리를 깨우치는 이치도 이와 같다."라고 했다. 관점은 개인의 경험 및 가치관을 토대로 세상을 바라보는 하나의 해석일 뿐이다. 사람의 견해나 관점은 결국 자신에게 이익이 되는 측면을 반영하기 마련이다.

그래서 중요한 것이 신경 언어프로그램에서 주장하는 '위치 감지법'이다. 위치 감지법은 사건을 나의 시각, 상대방의 시각, 제3의 시각에서 바라보는 방법이다. 쉽게 말해서 종합적으로 나를 감지할 수 있도록 하자는 것이다.

첫째, 자기 입장이나 위치에서 보는 것, **둘째**, 상대방의 입장과 위치에서 보는 것, **셋째**, 대중의 입장이 되어 중립적 위치에서 멀찍감치 떨어져 바라보는 것이다. 이렇게 세 자리에서 바라보아야 비로소 나를 객관적으로 바라볼 수 있는 '자각'이 생기면서 자신을 성찰할 기회도 열린다는 것이다.

관점의 중요성을 상징적으로 보여 주는 유명한 영상이 있다. 영국의 카피라이팅 회사인 퍼플피더(Purplefeather)가 제작한 해외 광고다. 이 영상은 거지가 두 가지 방식으로 구걸하는 모습을 보여 주면서 말의 힘(Power of Word)이 이처럼 달라질 수 있음을 알려주고 있다. 카피라이터와 강사들이 교육자료로 곧잘 활용하는 이 영상은 한 시각장애인이 구걸하는 모습이 등장하는데 팻말에는 이런 글이 적혀 있다.

"나는 앞이 보이지 않습니다. 도와주세요."(I'm blind, please help me.)

행인들은 걸인 옆에 적힌 이 문구를 보면서 동전을 가끔 떨구나 대다수 사람은 무관심하게 스쳐 지나간다. 그때 선글라스를 쓴 한 여자가 다가와 팻말 뒤에 뭐라고 써 주고 간다. 이때부터 걸인을 바라보는 행인의 시선이 확연하게 달라지고 동전을 놓는 사람들이 줄을 잇는다. 다시 선글라스의 여자가 나타났을 때 걸인은 구두를 만져 보고 새로운 글을 써 준 사람임을 알아보고는 "대체 뭐라 썼기에 사람들이 이렇게 돈을 많이 주느냐?"라고 묻는다. 여자는 "뜻은 같지만 다른 말들로 썼어요."라고 답한다. 순간 영상은 팻말 글씨를 클로즈업했다.

"아름다운 날입니다. 저는 그것을 볼 수 없네요(It's a beautiful day and I can't see it)." **영상의 마지막 장면은** "당신의 말을 바꾸세요. 당신의 세상을 변화시키세요(Change your words, Change your world)."라는 자막을 띄우며 끝을 맺는다.

 이 영상은 관점의 중요성을 각인시키고 있다. 위치감지법에서 말하는 **첫째**, 자기 입장이나 위치에서 보는 것이 아니라 **둘째**, 상대방의 입장과 위치에서 보는 것이 얼마나 중요한 것인지를 실감 나게 묘사하고 있다. 시각장애인이 아닌 행인의 관점에서 쓴 팻말의 글씨를 보는 순간 행인들은 장애인의 아픔을 공감하면서 기부의 물결에 동참한 것이다.

 관점의 중요성이 대두되면서 관점을 직업으로 활용하는 흐름도 나타났다. 피와이에이치 박용후 대표는 자신을 대한민국 1호 '관점 디자이너'라고 소개하고 다닌다. 그는 관점을 바꿔서 생각의 방향이나 구조를 바꾸는 일을 직업으로 하고 있다. '카카오톡'을 처음 만들 때 자문을 했던 그는 질문을 어떻게 하느냐에 따라 행동 패턴 등 많은 게 바뀐다고 주장한다. 특히 생각의 방향을 결정하려면 질문이 살아 있어야 창의적인 사람, 성공하는 사람의 대열로 들어갈 수 있다고 강조한다.

 나는 글을 쓰다가 막히면 대처하는 나만의 두 가지 습관이 있다. 피곤해서 졸음이 몰려오는 상황이면 사무실 간편 침대에서 무조건 10~15분 정도 낮잠을 잔다. 그러면 머리가 맑아져 다시 글을 쓸 수 있다. 두 번째는 산책에 나서는 것이다. 한 가지 주제에 집중하며 인근 캠퍼스 주변을 걷다 보면 불현듯 상념이 떠오를 때가 있다. 그러면 스마트폰에 생각나는 것을 적는다.

예를 들어 관점이라는 화두가 있다면 평소 무심코 지나쳤던 나무를 나무가 되어 바라보는 것이다. 그러면 한곳에서 사계절을 겪는 나무의 어려움이 느껴진다. 단풍이 들고 낙엽이 지는 것도 낭만은 커녕 생존을 위한 나무만의 처절한 몸부림이라는 것도 깨닫게 된다.

관점과 달리 초점(Focus)은 특정 대상이나 주제에 관심을 가지고 주의 깊게 몰입하는 것이다. 특정 주제에 초점을 맞추고 집중하면 세부 사항도 탐구할 수 있다. 초점의 사전적 의미는 '사람들의 관심과 주의가 집중되는 중심 부분'을 일컫는다.

예를 들어 우리가 평소 경험하는 태양 빛은 온기를 느낄 정도의 따스한 수준이다. 그러나 돋보기로 빛을 모으면 사물을 태우고 불을 일으킬 만큼 강력한 에너지가 나온다. 반면 초점이 흐려지면 아무런 에너지도 발생시킬 수 없다. 이것이 바로 한곳에 집중하는 힘이다.

이렇듯 초점은 한 요소나 측면을 강조하고, 대신 다른 요소나 측면을 배제하는 것이다. 가령 회의에서 토의할 주제로 '마케팅 전략'이 정해졌다면 참석자들은 각자의 초점에 맞춰 회의에 참여한다. 한 사람은 제품 홍보에, 다른 사람은 시장 조사에 맞추는 식이다. 초점은 관점에 따라 다양해질 수 있다.

관점과 초점을 바꾸는 것은 새로운 것을 만들거나 창의적인 사고를 할 때 매우 중요하다. 사람은 누구도 똑같을 수 없다. 똑같은 것을 봤어도 이를 받아들이는 사람의 경험과 지식, 문화적 가치 수준에 따라 달라질 수밖에 없다.

관점과 초점을 바꾸면 상대를 이해하게 된다. 서로에 대한 신뢰가 깊어지면 유연한 사고가 가능해진다. 적극적인 경청과 의사소통 덕분에 상대의 피드백 및 제안에도 관심을 쏟게 된다. 상대의 시각에서 보면 배려하는 마음이 생기고, 어떤 곳에 처하든 주인의식도 생긴다.

팔로워들은 관점을 바꾸고, 초점을 바꿀 때 공동의 목표를 향한 팀플레이 정신이 싹트고, 건설적인 피드백과 협업이 이루어진다. 이렇게 학습하면서 끊임없이 쇄신하면 전문성도 깊어지고 폭넓은 인간관계도 형성해 갈 수 있다.

살피는 팔로워의 '예, 하지만(Yes, But)' 대화법

한국인들은 아는 사람이 부탁하면 쉽사리 거절하지 못한다. 기본적으로 상대를 배려하는 정(情)의 문화가 사회 전반에 깔려 있기 때문이다. 부탁하는 사람도 대부분 윗사람인 경우가 많아 거절은 더욱 힘들다. 리더와 팔로워도 마찬가지다. 조직의 입장에서 바라보면 상하 관계인 경우가 대부분이어서 부탁을 뿌리치기란 쉽지 않다.

이럴 때 상대에게 싫은 내색을 비추지 않고 거절하는 방식이 'Yes, But(예, 하지만) 화법'이다. 『콜드리딩』의 저자 이시이 히로유키는 접속사 '하지만'은 우리가 의식적으로는 거의 못 느끼나 잠재의식에 꽤 큰 힘을 발휘한다고 주장한다. 바로 앞에 오는 문장의 위력을 감소시키고, 뒤에 이어지는 문장에 힘을 실어 주는 것이 접속사 '하지만'의 마법이라고 설명하고 있다.

옳은(Yes) 말씀이라고 리더의 의견에 동의하는 것 같지만 리더의 자존심을 건드리지 않은 상태에서 하지만(but)이라고 나름의 논리를 펴면서 해결책을 찾아가는 대화법이라고 소개하고 있다.

실제로 '예, 하지만' 대화법은 서로 다른 관점을 인정하면서 열린 대화를 허용하는 피드백이나 제안을 할 때 활용하는 방식이다. 리더의 생각과 결정을 존중하면서도 자기의 생각과 의견을 우회적으로 표현할 수 있기에 팔로워에게는 매우 유용한 표현 기법이라고 할 수 있다. 아래는 '예, 하지만' 대화법의 사례다.

정 소장: 미안하네만 섭외할 강사 명단 제안서를 오늘 중으로 작성해 줄 수 있을까?
박 부장: 알겠습니다. 하지만 오늘 오후까지 제출할 제안 서류가 있으니 이것을 먼저 마무리하고 난 다음에 내일까지 해 드리겠습니다.
정 소장: 그런가? 일이 바쁜 모양이군. 그럼 내가 직접 하겠네. 신경 쓰지 말게.

'예, 하지만' 화법은 이처럼 리더의 요구를 긍정적으로 받아들인 다음에 대안을 제시하는 것이다. 강사 명단을 만들어 주겠지만 당장 제출할 제안 서류가 더 급하니 이것을 끝내고 하겠다는 대안을 제시한 것이다. 팔로워가 리더의 요구를 적극적으로 경청한 뒤에 자기의 생각과 업무처리에 대한 긍정적 자세를 보여 준 것이다.

'예, 하지만' 접근 방식은 정중하고 긍정적인 태도를 유지하는 것이 생명이다. 리더를 무시하거나 대립적인 언어를 피하고 대안을 제시함으로써 리더의 불만을 잠재우는 것이다. 그렇게 하면 팔로워와 리더 간의 신뢰 관계가 깨지지 않기 때문에 더욱 개방적이고 협력적인 팀 환경을 구축해 나갈 수 있다.

SG 워너비의 노래 '타임리스(Timeless)'에 "날 아프게 했지만 울게 했지만, 이것 하나만큼은 고마워. 눈 감는 그 날 내가 가져갈 추억 만들어 줘서." 라는 가사가 있다.

포맨의 '고백'이라는 노래에서는 '참 많이 부족하지만' 세상을 다 뒤져도 자신 같은 남잔 없다는 걸 알아 달라고 한다. 또 '조금은 어색하고 부족하겠지만' 시간이 흐른 뒤엔 당신을 바라보면서 웃을 테니 나와 가졌던 좋은 시간을 기억해 달라고 요구하는 것이다.

'하지만'으로 나의 부족함을 누그러뜨리면서 그래도 나 같은 남자는 없으니 나를 그리워해 달라고 애원하는 것이다. '하지만' 화법은 당장은 상대의 청을 들어줄 수 없다는 뜻을 우회적으로 밝히면서도 리더의 감정을 상하지 않게 하면서 의견을 개진할 수 있는 팔로워의 대화법으로 최적격인 셈이다.

'Yes, But' 접근 방식은 열린 의사소통과 대화를 장려해 오해와 갈등을 예방하는 데에도 도움이 된다. 팔로워는 'Yes, But' 화법으로 다져진 신뢰를 기반으로 하여 공동 목표를 향해 힘차게 나아갈 수 있다.

Story 3 요약 (Summary)
살피는 팔로워

인간은 사회적 동물이다. 관계하며 살아가는 존재라는 뜻이다. 관계의 가장 기본은 상대를 살피는 것이다. 살핀다는 개념은 단순히 보이는 것만 살피는 게 아니다. 공자는 살피는 단계를 3단계로 제시했다. 상대의 행동하는 바를 보고, 왜 그런 행동을 했는지 이유를 파악하고, 상대가 편안하게 생각하는 상태가 어떤 것인지 꼼꼼히 들여다보는 시(視)·관(觀)·찰(察) 3단계로 살펴야 한다고 했다.

가령 학생이 지각했을 때 교칙을 어겼다고 적발 즉시 벌점을 주는 것은 보는 시(視)의 개념에 머문 것이다. 그 학생이 가정형편이 어려워 6km나 되는 먼 거리를 매일 걸어서 다닌다는 사실까지 알았다면 지각하는 이유인 관(觀)의 개념까지 살핀 것이다. 학생이 어떻게 하면 편안하게 공부할 수 있도록 도와줄까 고민하다가 기숙사에 들어가도록 배려했다면 편안한 마음이 될 수 있게 찰(察) 단계까지 살핀 것이다.

찰(察)은 행위의 특징에 따라 관찰, 통찰, 성찰의 3단계로 구분할 수 있다. 관찰(觀察)은 지켜보고 살펴보는 것이다. 이를 통해 주변의 세계를 이해하고 해석하는 단서를 찾을 수 있다. 통찰(洞察)은 문제를 깊이 이해하고 깨닫는 것이다. 단순 관찰과 분석에서 벗어나 새로운 수준으로 이해하는 것이다.

마지막 성찰(省察)은 내 생각과 감정, 경험까지 고려하는 것이다. 고려하는 대상 속에 나를 포함하여 상대와의 관계를 살피는 것이다. 시인은 사물과의 일체화가 이루어져야 이를 토대로 시인의 언어를 시로 남긴다. 팔로워도 리더와의 일체화를 통해 리더를 살펴볼 필요가 있다. 이렇게 시·관·찰 형태로 살피고, 관찰, 통찰, 성찰의 단계로 이어진다면 살피기의 끝판왕이 될 수 있다.

  짝을 생각하는 배려(配慮), 팔로워가 리더의 입장을 고려하여 경계의 선을 넘지 않는 겸손, 상대의 감정을 건드리지 않고 윈-윈의 구도를 이끌어가는 칭찬과 인정도 살피는 전략의 한 방편이다. 여기에 갑을의 관계와 웨이터의 법칙을 토대로 약자를 고려하면서, 상대의 호불호와 몸 상태까지 읽고 세심하게 판단하며 배려하는 살피기를 학습하며 나에 대한 성찰로 이어지는 '나지사' 명상법을 제대로 익혀보는 것이다.
  나를 바라볼 때도 나의 시각과 상대가 보는 나, 제3자의 시각에서 바라보는 나 등 위치 감지법으로 바라보는 관점이 얼마나 중요한 것인지 새삼 깨닫게 한다. 덧붙여서 어디에 초점을 두고 상대를 바라볼지까지 고려한다면 살피는 단계도 하산 시점에 이르렀다고 할 수 있을 것이다.

Story **04**

이끄는 팔로워(실행력)

'하라'보다 힘이 센 게 '하자'다. '하자'보다 더 힘이
센 게 '할게'다. 솔선은 이념이 아니라 실천이다.
- 김성희, 『용인술』 중에서 -

Story **04**

이끄는 팔로워(실행력)

이끄는 팔로워가 되려면

'**팔**로워십은 리더십의 하위 요인이 아니라 하나의 독립적인 개인의 표현 방식이다. 단지 위에서 아래로의 힘의 흐름이 아니라, 자신 내부로부터 옆으로의, 위로의 흐름이다.'

연세대 교육대학원 산업교육과 최미정은 『팔로워십 유형과 조직몰입 간의 상관성 연구(2003)』 논문을 통해 이같이 결론을 내렸다. 그는 개인의 성장을 통해서 팔로워십이 이루어지며, 개인의 성장은 수행 능력 향상과 역량 강화, 조직에의 기여, 조직으로부터 인정받는 선순환의 과정을 거쳐 형성된다고 분석했다.

개인의 성장은 혼자만의 노력으로 이루어지지 않는다. 따르고 살피는 조직의 많은 관계망 속에서 형성된다. 팔로워의 삶과 업무는 개인 간의 협조와 팀워크, 그리고 효과적인 상호 관계 속에서 영향을 받고 있기 때문이다.

최미정은 그의 논문에서 팔로워의 중요성이 높아지는 이유로 4가지를 들었다. **첫째**, 팔로워의 지적 수준이 향상되고, **둘째**, 각종 정보를 공유할 수 있으며, **셋째**, 팔로워가 고객에 대한 이미지를 결정하고, **넷째**, 향후 리더로 성장할 잠재 능력을 보유하고 있기 때문이라고 분석했다.

20년 전 논문에서 주장한 팔로워십의 중요성은 최근 들어 더욱 분명하게 빠른 속도로 현실화하고 있다. 집단지성이 사회적인 흐름으로 인정받고 있는 점, 정보화 사회가 진행되면서 정보가 모두에게 공유되고 있는 점, 팔로워의 실행력이 성과로 이어지고 있는 점, 마지막으로 팔로워들이 그들만의 전문성을 토대로 리더의 단계로 올라서는 팔로워가 점점 증가하는 점 등이 이를 입증하고 있다.

반면에 바람직한 팔로워는 '나무와 숲을 동시에 보는 통찰력, 타인과 융합할 수 있는 사회적 역량이 있고, 지위와 상관없이 활동하며 목적 달성을 위해 적극적으로 참여하고 노력하려는 의지가 있는 사람'이라고 해석했다.

유클(1998)은 정확한 정보를 제공하고, 잘못된 결정에는 도전하고, 부적절한 영향력에 저항하고, 지원과 자극을 주며, 코칭과 충고를 하면서 리더십 향상에 중요한 역할을 하는 것이 팔로워라고 하였다.

불러(1993)는 좋은 조직은 좋은 리더보다 좋은 팔로워를 더욱 필요로 하며, 좋은 팔로워란 충성스러운 업무 수행자(Implementer)이자 조직의 미래를 위해서 조직을 변화시키는 사람이라고 주장했다.

이러한 연구 결과를 종합해 보면 팔로워십은 수동적 개념보다 적극적 개념이 더 강하다는 것을 알 수 있다. 팔로워는 주어진 상황에서 조직의 목표 달성을 위해 스스로 자기를 계발하고 독립적으로 자기 관리를 하며, 책임을 가지고 최선을 다하는 존재라는 사실이 확인되고 있다. 따라서 팔로워십은 리더에게 신뢰를 주고 리더가 발휘하는 영향력을 수용하고 때로는 용기 있게 대안을 제시하면서 조직을 위해 헌신하는 것이 팔로워의 역량이라고 할 수 있다.

　팔로워십을 리더십의 하위 요소가 아닌 독립적인 요소로 보는 시각도 있다. 그러나 필자는 따르고 살피고 이끄는 따살이 팔로워십의 관점에서 볼 때 리더십은 오히려 팔로워십의 하위 요소이며, 팔로워십의 부분집합 개념으로 보는 것이 타당하다고 보고 있다.

　이런 사실로 판단할 때 팔로워는 시간이 흐르고 역량을 갖춰 나갈수록 수동적인 존재가 아니라 독립적이면서도 능동적인 존재가 될 수밖에 없다. 따라서 이끄는 팔로워는 팔로워의 완성형인 동시에 리더와 동등한 개념으로도 볼 수 있다.

이끄는 3단계, 지식, 견식, 담식

'최고 결정권자는 이익에 명분과 책임을 더하여 결단해야 한다. 최고 결정권자는 최고 수준의 결단을 내려야 한다. 사욕이나 지엽(枝葉), 말단에 치우친 결단을 해서는 안 된다. 결정은 옛일을 계량하고, 미래를 시험하고, 평소를 참조해서 해야 한다.'
- 중국 전국시대 초나라 사상가 귀곡자(鬼谷子)의 '귀곡자' 중에서 -

　한나라의 책사 괴통은 한신에게 "사소한 이해타산에 얽매이면 천하의 큰 수를 잃게 되고, 알면서도 실행하지 않으면 모든 일의 화근이 된다."라고 했다. 그러나 지식이 결단으로 이어지려면 올바른 판단력과 담대한 용기가 수반된 담식(膽識)으로 무장되어 강인한 행동력으로 표출될 때 비로소 그 빛을 발한다.

  삼국지에는 제갈공명을 담식겸우(膽識兼優)한 사람이라고 서술한 대목이 나온다. 적의 병사들이 해자를 둘러 파고, 녹각을 겹겹이 놓았는데 공명이 그 가운데 깊이 침입해 전공을 거두는 모습을 보면서 담식을 겸비한 뛰어난 책략가라고 극찬한 것이다. 여기에서의 담식은 이끄는 팔로워의 실행력과 같은 개념이다. 팔로워가 끊임없이 쇄신하면서 성장하려면 지식, 견식, 담식의 3단계 과정을 밟는다.

  첫째, 지식(知識)은 개인이 학습하거나 경험하여 보유한 것으로 주로 공식적인 교육이나 개인적인 연구를 통해 얻는다. 그러나 단순히 아는 수준에 머물러 있어서 정보와 데이터 역할을 넘어서지 못하는 경우가 많다. 지식만 많은 사람은 단순한 박식가일 뿐이다. 오늘날 이런 사람은 조직에서도 쓰임 받기 힘들다.

  둘째, 견식(見識)은 머리에 있는 지식이 체험을 통해 나의 몸과 마음에 스며들어 피와 살이 되면서 지혜로 녹아든 경우다. 그러나 이 역시 인간의 신념일 뿐 행동으로 구체화되지 않은 상태다. 견식은 사람이나 사물, 사건 등을 보거나 체험할 때 형성되는 직관적 지식이다. 나의 사고와 나의 관점이 추가되어 학자들처럼 비평이나 평론을 할 수 있으나, 다소 주관적 성향이 강하다.

  셋째, 담식(膽識)은 견식이 확고한 가치관과 의지, 그리고 굴하지 않는 용기가 되어 실행력으로 발현되는 지식이다. 결과를 내야 하기에 높은 전문성과 분석적 사고가 필요하며 문제를 해결하는 힘도 있어야 한다. 따라서 담식은 지향하는 가치관과 정당하다고 여기는 의지, 굴하지 않는 용기가 곁들여진 상태다.

담식이 부족하면 어려운 상황에서 올바른 판단을 내리기가 어렵다. 따라서 행동으로 성과를 내야 하는 팔로워에게는 지식보다도 견식과 담식을 갖추는 게 급선무다. 단순한 정보나 데이터 형태의 지식이 아니라, 체험을 통해 형성된 직관적인 견식, 여기에 확고한 가치관을 토대로 결단하는 담식을 갖추었을 때 팔로워의 실행력은 비로소 그 빛을 발하게 된다.

교세라의 창업주 이나모리 가즈오는 지식을 신념으로까지 높인 자신을 믿는 것이 견식이며, 여기에 용기가 더해져 행동에 옮기는 것을 담식이라고 표현했다. 내가 가진 지식을 신념으로 승화시키고 이를 토대로 행동에 옮기는 것을 담식이라고 본 것이다.

이처럼 '지식', '견식', '담식'의 '3식'을 갖추려면 PDCA기법을 활용하는 것이 필요하다. PDCA란 Plan(계획), Do(실행), Check(평가), Action(개선)의 각 앞글자를 딴 업무의 4가지 프로세스를 의미한다. 계획을 세우고, 행동하고, 점검해 보고, 재조정 또는 개선하는 방식이다.

맥도날드는 매장운영과 고객 서비스의 품질을 개선하기 위해 PDCA 주기를 활용했다. 이 과정에서 매장 내 서비스 프로세스를 개선하였고, 메뉴 항목의 품질과 다양성을 개선하여 고객만족도를 높여왔다. 업무의 효율성을 높이는 태스크 관리기법으로 많은 세계적 기업들이 도입하고 있는 제도인데 소프트뱅크 손정의 회장이 사용했다고 해서 더욱 유명해졌다.

결단력과 실행력이 수반되지 않는 지식은 얕은 상식에 지나지 않는다. 견식 역시 한낱 견해에 그칠 수 있다. 체험으로 쌓은 견식이 내 몸에 피와 살이 되고 의지와 가치관이 더해져 실천하는 담식으로 승화되었을 때 비로소 앎은 생명력을 얻는다.

지식으로 정보를 판단하고, 견식으로 용단을 내리고, 담식의 전문성을 토대로 행동하는 것이야말로 굿 팔로워가 갖춰야 할 배움의 최고 경지라 할 수 있을 것이다.

CEO리더십연구소 김성회 소장은 이와 같은 담식과 관련하여 언론에 기고한 글에서 "우리 사회가 강한 것보다 옳은 것, 수치보다 가치, 다수보다 소수를 배려하는 지식, 견식, 담식의 3식이 갖춰진 합리적 의사결정이 많아지길 기대한데."라는 견해를 피력했다.

수직적 사고, 수평적 사고, 입체적 사고

사람은 시간이 흐르면 주변 환경에 따라 자연스럽게 변화의 길을 걷는다. 이때 배운 게 많을수록 생각도 깊어진다. 팔로워의 삶 또한 이와 비슷한 경로를 걷는다. 따르는 과정에서는 수직적 사고에 머물렀다면 살피는 단계에 이르면 수평적 사고를 하게 되고, 이끄는 단계에 들어서면 입체적 사고를 하면서 갈수록 사고의 영역이 확대된다.

점(點)에서 머물렀던 생각은 현장에서 부딪치는 과정에서 선(線)으로 이어지고, 사람들을 만나면서 면(面)이라는 형태로 밑그림이 형성된다. 그저 서 있으면 땅이지만 걸으면 길이 되는 것과도 같은 논리이다. 지금 당장은 오지 않을 세계처럼 보여도 시간이 흐르고 견식과 담식을 쌓다 보면 결과물로 나타나는 것은 만고불변의 진리이다.

팔로워의 삶은 나무의 삶과 흡사하다. 뿌리는 땅속 깊은 곳에 두고 몸통은 땅 위로 솟아 올라와 언제나 하늘로 향해 뻗어야 한다. 가지 위의 잎새는 스치는 바람을 느끼며 바깥 상황을 주시하고 주변을 살피는 데 소홀함이 없어야 한다. 꽃 한 송이 피우려 해도 지극정성을 다해야 한다는 섭리는 자연이 우리에게 가르쳐주는 준엄한 교훈이 아닐까.

팔로워의 삶은 평범해 보여도 순탄치만은 않다. 태어나는 순간 갑(甲)이었던 남자는 수직적 사고를 하다가 아내와 결혼하면서 을(乙)이 되어 수평적 사고를 해야 하는 경계의 지점으로 내밀린다. 그러나 이것도 잠시, 자식이 태어나는 순간 내게도 소중한 아이라는 기쁨과 함께 병(丙)이 되었다는 슬픔이 교차하는 거울 속의 불쌍한 자신과 마주하게 된다. 황당한 것은 집에 애완견을 들이고 나서 정(丁)으로 추락했다는 사실이고, 그 애완견이 새끼라도 낳는 날이면 무(戊)도 아닌 무(無)의 신세가 될 수도 있다는 웃픈 현실이 삶의 실제 모습으로 드러날 수도 있기 때문이다.

반전의 묘미가 없는 것도 아니다. 점에서 시작되었던 아이는 아무것도 모르는 수직적 사고에 머물러 있으나 자라면서 부모를 잘 따르는 팔로워로 성장한다. 그리고 성인이 되어 아내와 결혼하고 나면 살피는 팔로워로 바뀌고 자식이 태어나면 이끄는 팔로워로 성장한다. 이를 이끌어주는 힘은 무엇보다도 살피는 능력이 완벽하게 갖춰져야 한다.

김범준 작가는 그의 저서 『80년생 김 팀장과 90년생 이 대리가 웃으며 일하는 법』에서 "수평적 커뮤니케이션이라는 진정한 평등 없이 소통은 불가능하며 이를 알아차리지 못하면 후배에게 아낌없이 주는 나무가 아닌 아낌없이 고통을 주는 쓰레기로 전락하는 것임을 인식하고 반성해야 옳다."라고 경고했다. 이를 해결하지 못하면 답답함이 실망으로, 실망이 절망으로, 절망이 포기로, 결국은 퇴사로 이어지는 결정적인 이유가 될 것이라고 밝혔다.

대부분 사람은 조직에서 팔로워로 살아가며 삶을 마감한다. 그런데 모범적인 팔로워가 되었다는 것은 리더로 살아가는 길이 열렸다는 뜻이다. 이는 따르고 살피는 팔로워를 지나서 이끄는 팔로워로 변신하면서 나만 생각하는 점과 선의 편협에서 벗어나 우리 모두를 생각하는 입체적 사고를 하게 되었다는 의미다.

아울러 고정관념, 선입견, 편견에 휘둘리지 않고, 나만 생각하는 나쁜(나뿐) 생각에서 벗어나 상대를 배려하는 시각으로 바라보는 입체적인 눈이 생긴 것이다. 게다가 타인까지 배려하는 사고의 영역을 확장했다는 것은 이끄는 팔로워로서 종합적으로 판단하는 리더의 시각을 고루 갖췄다는 뜻이다.

이렇듯 자신의 지위를 내려놓고 서로의 생각을 거침없이 나눌 수 있는 자세를 갖출 때 조직 전체를 생각하는 입체적인 팔로워로 성장하게 된다. 선입견에 갇혀 사람을 오해하고, 편견에서 벗어나지 못해 상대에게 실망을 주는 행태는 이끄는 팔로워로 가는 길에 가장 큰 걸림돌이다.

'타타타'의 노랫말 가사는 팔로워십을 제대로 익히는 것이 얼마나 힘든가를 가늠케 한다. '타타타(Tathata)'는 산스크리트어로 '본래 그러한 것', '그게 그거야'라는 긍정의 의미가 있다. 그런데 노래 가사는 '네가 나를 모르는데 난들 너를 알겠느냐?'라면서 사실상 비웃고 있다. 바람이 부는 날엔 바람으로, 비 오면 비에 젖어 사는 게 팔로워의 삶이고 팔로워의 세계다.

가수 김국환은 이 노래 한 곡으로 오랜 무명생활의 종지부를 찍었다. 따르는 팔로워에서 이끄는 팔로워가 되어 리더로 변신하는 것은 손에 꼽을 정도로 희박한 확률이다. 왜 그럴까? 점에서 출발하여 선으로 이어지다 면으로 바뀌면서 공간까지 활용하는 입체적 사고를 한다는 것은 자기 위주의 생각에서 타인 위주의 생각으로, 수직적 사고에서 수평적 사고로, 다시 입체적 사고로 환골탈태해 왔다는 뜻이다. 그리고 이러한 일련의 상황이 많은 사람에게 각인이 되면서 공감대가 형성되었다는 뜻이다.

입체적 사고가 가능한 팔로워는 집단지성을 활용하여 문제의 답을 찾을 수 있는 사람이다. 상사와 부하, 그리고 조직 속에서 내가 하는 일의 가치와 의미를 성찰하면서 해야 할 일을 만들어서 스스로 실천할 수 있다는 뜻이다.

리더를 이끄는 집단지성

'신혼부부는 결혼반지를, 젊은 부부는 아이의 돌 반지를, 노부부는 자식들이 사 준 효도 반지를 내놓았다. 운동선수들은 평생 자랑거리이며 땀의 결정체인 금메달을 내놓았다. 김수환 추기경은 추기경 취임 때 받은 십자가를 쾌척했다. 그 귀한 것을 어찌 내놓으셨냐고 주위에서 아까워하자 "예수님은 몸을 버리셨는데 이것은 아무것도 아니다."라고 말했다고 한다.'

– 『김대중 자서전』 중에서 –

  1997년 12월 3일 저녁 한국의 임창렬 경제부총리와 미셸 캉드쉬 국제통화기금(IMF) 총재는 긴급 경제구제자금 합의서에 서명했다. 이를 텔레비전으로 보던 일부 국민은 눈물을 흘렸다. 한국이 IMF로부터 195억 달러를 빌리는 수모를 겪는 순간이었다.

  'IMF'의 아픈 기억을 당시 국민은 모를 리 없다. 이자와 금리는 20%대까지 천정부지로 치솟았다. 환율은 연일 가격제한폭까지 올랐고, 주식시장이 폭락하자 여기저기서 서민들의 곡소리가 하늘을 찌르는 듯했다. 기업 부도도 잇따랐다. 한보철강을 시작으로 대우, 기아차 등 굴지의 기업들이 줄줄이 무너졌고, 해고 등으로 일거리가 없는 실업자는 170만 명을 넘어섰다.

  정리해고, 구조조정, 실업자와 같은 단어들이 매일 신문 지면을 채웠다. 물가는 어제와 오늘이 다를 정도로 미친 듯 뛰었고, 나라는 백척간두의 위기에 몰린 듯했다. 김영삼 대통령은 한때 군 조직의 하나회 척결과 금융실명제 실시 등으로 국민의 90% 지지까지 받았다. 그러나 IMF를 겪으면서 김 대통령의 인기는 급속도로 추락했고, 지지율은 10% 미만으로 주저앉았다.

  이때 국민의 입줄에 오르내리던 유머가 있었다. '대통령과 솥' 이야기였다. 내용은 이랬다. 박정희 대통령은 튼튼한 솥을 사다가 밥을 잔뜩 해 놓고 서거하셨다. 전두환 대통령은 이 맛있는 밥을 싹 다 먹어 치웠다.

노태우 대통령은 밥이 없자 누룽지를 긁어먹고 물을 부어 숭늉까지 다 마셨다. 김영삼 대통령은 밥 솥에 밥이 하나도 없자 부아가 나서 박박 긁어대다가 구멍이 나는 바람에 솥을 버렸고, 새로 취임한 김대중 대통령은 그 솥을 찾으러 다니느라 지금 정신이 없다는 이야기였다.

 이 무렵에 시작된 것이 '금모으기운동'이었다. 현대판 '신국채보상운동'이라 불렸던 금모으기운동은 장롱 속에 있던 금을 내다 팔고 달러를 사들여 IMF에 빌린 달러를 갚자는 국민운동이었다. 한국이 구제금융 자격을 갖추기 위해 100억 달러의 외환 보유금을 마련해 달라는 IMF의 요구에 대한 국민적 대응이었다.

 팔로워 관점에서 볼 때 금모으기운동은 국민을 결집하는 자발적인 집단지성의 발로였다. 집단지성(Collective Intelligence)은 1910년대 하버드 대학교수이자 곤충학자인 윌리엄 모턴 휠러가 개미의 사회적 행동을 관찰하면서 처음 제시했던 이론이다. 그는 소수의 우수한 개체나 전문가의 능력보다 다양성과 독립성을 가진 집단지성이 올바른 결론을 도출하기 때문에 여러 사람의 생각을 모아 결정하는 것이 훨씬 더 낫다고 주장했다.

 실제로 1907년 무렵 영국에서는 소의 무게를 알아맞히는 재미있는 실험을 했다. 비전문가인 다수의 대중과 소수의 전문가가 수차례 대결을 벌였는데 다수 대중의 평균치가 항상 더 정확하게 나와 집단지성의 필요성을 증명해 보였다.

 집단지성은 이미 조선 시대 세종도 '다사리 회의'를 진행하면서 활용했다. '다사리'는 '모든 사람을 다 말하게 하여'라는 뜻이다. 세종은 참석자들이 마음속 이야기를 모두 말할 때까지 기다렸다. 다사리 회의와 관련하여 세종실록은 '서로 논박하면서 각자의 마음속에 쌓인 생각을 전부 털어놓도록 하는 회의 형태'였다고 기록하고 있다.

『세종의 적솔력』을 저술한 세종리더십의 권위자 여주대학교 박현모 교수는 "세종의 생각은 보통 사람들까지 발언하게 하여 참여의식을 높이는 '양(量)의 팔로워십'을 이끈 것"이라고 해석했다. 이는 필자가 제시한 이끄는 팔로워십과도 맥락을 같이 한다. 세종은 이런 과정을 거치면서 만장일치와 다수결 방식을 결정했다. 간혹 회의 참석자의 이해관계가 엇갈려 결론이 나지 않고, 다수결로도 결정하기 어려울 때는 회의를 주관해온 왕이 반대를 무릅쓰고 독단 결정을 내린 뒤에 추진을 강행했다고 전해지고 있다.

컴퓨터와 인터넷의 시대가 도래하면서, 집단지성은 여러 분야에서 능력을 발휘하고 있다. 네이버의 지식인처럼 다수의 대중과 전문가들이 참여하는 묻고 답하기, 수많은 사람이 만들어가는 새로운 백과사전 위키피디아(Wikipedia)와 나무위키 등은 대표적인 사례다.

2021년 SBS 드라마 '조선구마사'는 한국 방송 드라마 역사상 최초로 일주일 만에 종영했다. 이 드라마가 막을 내린 것은 MZ세대 집단지성의 힘이 작용한 결과로 해석할 수 있다. 조선구마사는 조선 시대 인물이 중국식 복장을 하고, 중국 음식을 먹는 등 실존 인물을 왜곡해 묘사하다가 시청자들의 공적 분노를 일으켰다. 온라인 커뮤니티와 소셜 미디어에서는 조선구마사를 이대로 방영하게 두어서는 안 된다는 여론이 젊은 세대를 중심으로 들끓었다.

일부에서는 광고주를 압박하자는 의견을 제기했다. 관련 기업체의 이름과 연락처가 여기저기 나돌았다. 동진제약 호관원이 제일 먼저 광고를 취소하면서 광고 기업과 제작 지원 기업이 모두 취소의 물결에 동참했다. 광고 없이 드라마를 내보내야 하는 처지에 이르자 SBS는 일주일 만에 방영을 중단하고 만 것이다.

2007년 12월 삼성중공업 크레인이 유조선 허베이스피리트호를 들이받으면서 유조선 탱크에 있던 원유 1만여 kℓ가 태안 해역으로 유출되었을 때도 집단지성은 발휘되었다. 우리 국민은 사고 직후 피해 지역을 찾아가 기름을 닦고 오염된 모래를 걷어 내는 등 너도나도 자원봉사에 나섰다. 하루 최대 6만여 명, 총 123만 명의 자원봉사자가 참여하는 바람에 만리포로 가는 2차선 길은 전국에서 자원봉사자들을 싣고 달려온 전세버스로 곳곳이 정체되곤 했다.

금모으기운동과 태안 유류 피해에 따른 대단위 자원봉사 활동은 재난과 국가 위기 속에서 집단지성이 발휘되면 팔로워십이 얼마나 큰 역할을 하는지를 보여 준 대표적 사례다.

세종대왕은 집현전 학자의 집단지성을 자문 기능으로 가장 잘 활용했다는 평가를 받고 있다. 물론 삼국시대에도 이와 유사한 제도는 있었다. 고려 인종 때 '연영전(延英殿)'을 '집현전(集賢殿)'으로 고치고 활용했다는 기록이 남아 있는 것으로 볼 때 한국의 집단지성 역사도 오래전부터 시작되었음을 짐작할 수 있다.

공유의 미학

'혼자 판단하는 습관을 버리자. 스스로 중요하다고 생각하는 것이 다른 사람이 보기에도 무작정 중요하다고 여길까? 이러한 생각이 엄청난 판단 착오라는 것을 새삼 깨닫게 되었다. 우선 회사를 집단지도체제로 전환하기로 했다.'

- 이준배, 『밥값 이름값』 중에서 -

1999년 종잣돈 3백만 원으로 제이비엘을 창업해 연 매출 100억 원대의 수익을 달성한 이준배 대표. 2014년 기계설비 분야 최연소 '기능한국인'으로 선정된 그는 기능올림픽 선수 출신으로 19살에 직장 생활을 시작하면서 학력 차별의 설움을 겪었다. 그러나 그는 이러한 사회적 편견을 극복한 덕분에 고졸 출신 최초로 폴리텍대학 청주 캠퍼스 교수가 되어 화제가 되기도 했다.

아이디어를 보유한 1인 창조기업과 일반인 등을 지원하려고 'I BUILT SEJONG(아이빌트세종)'을 설립하고 기술과 능력, 그리고 마음가짐의 중요성을 알리던 이 대표는 회사를 운영하던 중 우여곡절 끝에 깨달은 것이 있다.

회사에 문제가 발생하면 대표 혼자서 해결하려고 발을 동동 구르는 것이 얼마나 위험한 일인지, 회사가 오로지 대표 혼자의 시스템으로 운영 체계를 구축하는 것보다 더 큰 위험은 없다는 사실이었다.

한때 어느 도의원이 대한민국 국민이 레밍(lemming)이라는 쥐처럼 우두머리 쥐를 따라 맹목적으로 달리는 습성이 있다고 빗대었다가 여론의 뭇매를 맞고 크게 사과한 일이 있었다.

1958년 디즈니에서 제작한 『하얀 광야(White Wilderness)』에 나오는 영화 속 레밍들은 귀여운 모습을 보이지만 이내 떼를 지어 질주하다가 절벽 아래 바다로 몸을 던져 목숨을 잃는다. 앞서가는 쥐들을 무작정 따라가다 집단으로 빠져 죽은 것이다. 이처럼 맹목적인 집단 심리를 설명할 때 레밍을 예로 들며, 뚜렷한 주관 없이 다른 사람들의 선택을 따라가는 것을 '레밍 신드롬'이라고 부르고 있다.

레밍과 달리 인간은 '협력'이라는 강력한 무기를 가지고 있다. 당연히 여럿이 모이면 집단지성이라는 신의 한 수를 발휘한다. 이준배 대표는 회사를 대대적으로 정비하면서 집단지도체제로 전환했다. 혼자 판단하고 행동하지 않도록 하는 구성안을 내놓았다. 그래서 생각한 것이 '공유'라는 말이었다. 함께하는 것에 의미를 두면서 기존에 사용하던 '보고'와 '지시'라는 말도 자제하게 되었다.

회사는 그 후 보고와 지시라는 용어를 없앴다. 직원들은 새로운 기획 내용을 공유하고 공유된 업무는 서로의 전문성에 기대어 협조를 부탁하는 형태로 바꿨다.

객관이란 무엇인가? 이준배 대표는 한 주도자에 의해 만들어진 이미지는 잘못 길을 들어서면 다시는 헤어날 수 없게 되지만 처음부터 객관적으로 만들어진 이미지는 애초에 길을 잘못 들어설 확률이 최소로 줄어들 수밖에 없다고 주장한다.

모든 것을 같이 판단하는 회사, 그렇게 회사는 변화를 꾀하기 시작했다. 함께한다는 것, 혼자가 아닌 둘이라는 것, 둘이 아닌 함께 세상을 살아간다는 것, 그보다 더 큰 행복은 없다.

이 대표는 회사를 운영하면서 만든 두 개의 좌우명이 있다. '서운해하지 말자', '탓하지 말자'라는 것이다. 누군가에게 서운하다고 생각하면 시작을 찾게 되고, 그 시작을 찾으면 해결책을 찾는 것은 고사하고 문제의 책임을 타인에게 씌우기 위해 방법을 찾느라 악인 역할을 하게 된다. 그래서 '서운해하지 말자'가 첫 번째 좌우명이 되었다.

그는 모든 실수가 자신에서 비롯되는 것이라며 '스스로 탓했다.' 이러한 좌우명은 회사가 위기에 처했을 때 강력한 힘을 발휘했다. 직원들이 서로 신뢰하는 분위기가 형성되자 회사는 원위치의 상황을 넘어 엄청난 부가가치를 창출하기 시작했다. 그리고 회사는 2010년 꿈에 그리던 100억 원대의 매출을 마침내 달성했다.

다양한 가능성이 존재하는 현실에서 살아남으려면 리더 한 명에 의존하기보다 집단지성으로 대응해야 효과적이다. 리더 한 명의 경험보다 집단 전체의 경험으로 대처하면 문제의 해법을 찾는 속도도 빨라지고, 더 나은 해답을 내놓을 수 있다. 이 과정에서 기대치 않던 시너지 효과를 거둔 것도 집단지성의 힘 덕분이었다.

집단지성은 집단에 소속된 개인들이 현안에 대해 어느 정도 지식이 있고, 상호 독립적으로 판단하면서 다수가 참여할 때 바른 답을 찾을 확률이 높다. 이 원리를 이해한다면 집단지성의 힘을 신뢰하지 않을 수 없다.

그러나 집단지성이 자칫 집단사고(Groupthink)로 귀결되는 일은 피해야 한다. 집단사고는 1970년대 미국의 심리학자 어빙 재니스의 저서, 『집단사고에 의한 희생들』을 통해 널리 알려졌다. 집단 내에서 의사를 결정할 때 각자의 목표나 열정, 생각, 노력, 가치가 반영되지 못하고 하나의 획일적인 방향성만을 갖는 의사결정 성향을 일컫는다. 집단사고가 만든 의사결정은 다양한 대안을 검토하지 않고 객관적 분석이 부족하여 실패할 가능성이 크다.

집단사고 실패의 대표적 사례로는 1986년 1월 28일 미국 나사가 챌린저호를 발사했다가 73초 만에 폭발해 7명의 우주인 전원이 사망한 사건이다. 이날 사고는 고무 재질의 고체연료 로켓 부스터에 들어간 오링(O-Ring)이 차가운 날씨에 탄성을 잃는 바람에 압력을 이기지 못하자 폭발한 것. 이 사고로 미국 사회는 충격에 휩싸였다. 당시 오링 기술자는 불량 가능성을 인지하고, 발사 일정을 늦춰달라고 했다. 그러나 고위 관리자들이 그의 말을 무시했다가 이 같은 변을 당한 것이다.

사회적으로 많은 난제가 등장할 때마다 집단지성을 떠올린다. 집단지성은 말 그대로 팔로워들의 힘이다. 여러 사람의 역량이 합해지면 산술적인 합 이상의 엄청난 시너지 효과를 가져온다. 대기업보다는 규모가 작은 조직, 아직 때가 덜 탄 신생 조직이라면 집단지성의 효과를 볼 수 있다. 편협한 집단사고의 틀에서 벗어나 인간의 가장 원초적인 힘인 협력을 잘 활용하면 수많은 난제가 해결된다.

리더 한 사람이 다수의 능력보다 항상 우위일 수 없고, 다수보다 더 많은 일을 할 수 없다. 고집이 필요 없는 시점에서 리더가 고집을 부리고 완고한 모습을 보이면 측근들은 떠나고 결국 리더만 혼자 남게 된다. 그런 리더에서 더 기대할 것이 있을까?

이끌지 말고 따르게 하라

평범한 리더는 "무엇을 하라"라고 한다. 괜찮은 리더는 "언제까지 무엇을 하라"라고 시한을 일러 준다. 그보다 더 지혜로운 리더는 기회가 몇 번 남았는지, 더 나아가 왜 그런지를 구성원에게 제대로 알려 준다. 그렇게만 해줘도 팔로워들은 무척 영리해진다. 일을 어떻게 하면 더 잘할 수 있을까를 스스로 생각할 수 있게 되기 때문이다.

- 김경일, 『이끌지 말고 따르게 하라』 중에서 -

인지심리학의 권위자인 아주대 심리학과 김경일 교수는 그의 저서 『이끌지 말고 따르게 하라』에서 리더의 질책과 검사가 반복되면 팔로워들은 정신적 탈진을 맞게 되니, 차라리 한 걸음 떨어져 각각의 일에 얼마나 남았는지 알려 주는 방식을 택하면 그들은 훨씬 더 영리해진다. 이 경우 팔로워들은 알아서 우선순위를 정할 것이며 이것이 이끌지 않고 따르게 하는 비법 중 하나라고 소개했다.

나는 매주 한 번은 만나는 벗이 있다. 공무원으로 퇴직한 후 사무실 인근에서 벤처사업을 시작한 친구다. 친구를 만나면 항상 진 사람이 저녁을 사는 5판 3승의 당구 게임을 즐긴다. 경기가 끝나면 술잔을 기울이며 업무 진척 상황을 듣고, 서로 격려해 주며 도움을 주려 노력하고 있다.

나는 교육 사업을 하는 덕분에 책을 가까이하며, 창조적인 저술 활동에 몰입하기도 한다. 이따금 글에 물꼬가 트지 않으면 산책하면서 머리를 식히곤 한다. 심신의 압박을 덜고 싶을 때 잠시나마 하던 일에서 벗어나 가볍게 즐길 수 있는 스포츠가 당구가 아닌가 싶다. 당구는 운동기구도 필요 없다. 그저 맘에 맞는 사람이 있으면 함께 근처 당구장을 찾으면 된다.

당구를 즐긴 지는 벌써 4년째 접어들었다. 3구 경기를 처음 시작할 당시 나의 실력은 150이었고, 친구는 200 수준이었다. 내가 게임에서 번번이 지자 친구는 자연스럽게 250으로 알아서 당구 지수를 올렸다. 그런데도 실력의 차이가 기울어진 운동장처럼 나타나자 게임을 이겼어도 이런저런 이유로 오늘은 자기가 사겠다면서 나의 체면을 세워 주곤 했다.

이런 일이 반복되자 술값을 떠나 열심히 하지 않는 나 자신에게 화가 났다. 더는 당구 지수를 조절할 명분이 없었다. 이때부터 만나기로 한 날이 되면 유튜브 영상을 조금씩 보며 기법을 익힌 뒤 당구장으로 향했다. 그렇게 6개월이 지나자 승률은 비슷해졌다. 1년여가 지났을 때는 내가 80~90% 이상 이기는 실력 우위로 올라설 수 있게 되어 이제는 200으로 내리도록 배려(?)해 주었다.

치열한 경기에서 쫓기는 자와 쫓는 자 중 어떤 사람의 마음이 더 편할까? 대부분 쫓기는 자가 더 힘이 들 것이라고 이야기한다. 꼭 그럴까? 김경일 교수는 둘 다 힘들다고 이야기한다. 둘 다 원래의 자기 기량과 능력을 제대로 발휘하지 못할 가능성이 크기 때문이다.

 실제로 숨 막히는 접전 상황에서 긴박하게 쫓거나 쫓기고 있을 때는 평소보다 기량을 발휘하기 어렵다. 축구의 승부차기에서 먼저 차는 쪽이 더 많이 이긴다는 통계는 동점에서 시작하기 때문이라는 심리학 연구 결과도 있다. 당구도 마찬가지다. 승패에 집착한 나머지 서로가 비슷한 상황에서 마음을 내려놓지 못하고 압박감을 느끼면 충분한 기량을 발휘하기 힘들다.

 어떤 일이나 행동하기에 가장 좋은 때나 경우를 '기회'라고 표현한다. 그래서 지혜로운 리더라면 팔로워에게 '어떤 일을 언제, 어떤 상황에서 하는 것이 가장 좋을지' 고민할 수 있도록 주문하는 것이 필요하다.

 이때도 마찬가지로 처벌의 강도를 높일 것처럼 다그치기보다는 남아 있는 기회의 횟수가 얼마 없음을 알리는 것이 효과적이다. 경쟁 사회에서는 개인이든 조직이든 마찬가지로 경쟁해야 한다. 하지만 치열한 경쟁의 상황에서 쫓고 쫓기는 압박감이 더해지면 의욕이나 전의를 불사르는 것보다 오히려 능력과 의욕을 떨어뜨려 제 실력을 발휘하지 못할 수 있다.

 엇비슷한 실력이 오랫동안 이어지는 사이를 라이벌 또는 호적수라고 한다. 사람은 경쟁이 있어야 자극을 받는다. 막연한 것보다 구체적인 경쟁상대가 있다면 훨씬 더 자극을 받을 수 있어서 좋다.

 일은 내 능력보다 약간 어렵고 힘들게 느껴질 때가 흥미롭고 능률도 오른다는 연구 결과가 있다. 호적수라면 서로를 발전시키는 데 더없이 좋은 관계가 된다. 이런 경우라면 나도 발전하고, 상대도 발전할 수 있다.

 생텍쥐페리는 『어린 왕자』에서 "배를 만들어야 한다면 나무와 연장을 주고 배 만드는 법을 가르치기 전에 먼저 바다를 그리워하도록 하면 스스로 배 만드는 방법을 찾아낼 것이다."라고 했다. 이끄는 팔로워가 되기 위해 반드시 터득해야 할 기법이다.

당구 실력이 느는 것도 마찬가지다. 상대를 이끌지 말고 호적수 친구를 찾아 매번 5판 3승의 기회를 주는 것이 현명한 방법이다. 이 경우 하수는 스스로 느는 방법을 찾아내고 게임에 이기기 위해 정진하니 실력도 일취월장할 수밖에 없다.

똑부, 똑게, 멍부, 멍게

에리히 폰 만슈타인 장군은 제2차 세계대전 시기에 독일 국방군 육군 원수까지 올랐던 지휘관이다. "전쟁은 졌다고 생각할 때까지 지는 것이 아니다."라는 명언을 남겼던 그는 제2차 세계대전 초 독일군의 승리를 이끈 프랑스 침공의 주역이었으며, 독소전쟁에서도 대활약했던 명장이었다.

만슈타인 장군은 자신의 저서 『지휘 교범』에서 리더의 유형을 똑똑, 멍청, 부지런, 게으름 등 4가지 기준으로 열거하면서 누가 장군으로 승진할 자격이 있는지에 대한 의견을 피력했다. 이것이 계기가 되어 각 앞글자를 따서 '똑부', '똑게', '멍부', '멍게'라는 4가지의 형태가 나왔는데 리더의 유형을 구분하는 것으로서 지식인 사이에서 화제가 됐다.

첫째, '똑부'는 똑똑하고 부지런한 스타일로 고급 참모 역할에 적합하다. 지적 수준이 높고 업무 속도가 빠르며, 결과물도 훌륭하다. 때로는 독선적이고 부하의 업무에 만족하지 못해 수시로 개입한다. 그래서 고급 참모가 더욱 어울린다는 비판을 받는다.

둘째, '똑게'는 똑똑하면서 게으른 스타일로, 최고 지휘관에 적합하다. 똑똑한데 게으른 것이 어떻게 최고 지휘관이 될 수 있는지 의아해할 수 있다. 코오롱 그룹의 민경조 부회장도 가장 도움이 되는 CEO는 권한의 90%를 부하에 위임하는 '똑게'라고 했다. 실제로 모회사에서 직원들에게 네 가지 타입 중 어떤 타입이 가장 이상적이라고 생각하는지 설문했더니 '리더가 똑똑하되 적당히 게을렀으면 좋겠다.'라는 답이 40% 이상 나왔다.

지도자는 멍청해서는 안 되지만 너무 부지런하면 아랫사람들은 주눅이 들어서 결국은 시키는 일만 한다. 의욕과 사기가 떨어지면 인재는 조직을 떠날 수밖에 없다. 지휘관은 일의 흐름을 파악하고 효율적 방안만 제시하면 된다. 나무 한 그루보다는 숲을 보면서, 전체적인 성과에 집중할 필요가 있다.

아주대 김경일 교수는 그의 저서 『이끌지 말고 따르게 하라』에서 리더는 자신과 자기 일에 부지런해야지 나 아닌 다른 사람들에게 부지런하면 곤란하다고 했다. 아울러 훌륭한 리더는 자신에게는 '똑부'이지만 부하에게는 권한을 위임하는 '똑게'가 되어야 한다면서 '똑게'가 리더의 바람직한 형태임을 분명히 했다.

셋째, '멍부'는 멍청한데 부지런한 스타일이다. 현실에서 이런 대표를 만나면 답이 없다. 인격은 부족한데 앉은 자리가 존귀하고, 지혜는 부족하면서 과대망상에 사로잡혀 있으니 직원에겐 재앙이나 다름없다. 그래서 '멍부'는 가장 위험한 CEO로 분류된다. 직원들은 덩달아 일찍 출근해야 하는 부담까지 느낀다. 창의성을 계발하려면 도전정신이 있어야 하는데 경영자가 아침 일찍 나와서 저녁 늦게까지 설쳐대면 직원의 창의성과 도전정신은 물 건너갈 소지가 크다.

넷째, '멍게'는 멍청하며 게으른 스타일이다. 똑똑한 부하에게 관여를 안 하니 차라리 낫다는 평가가 나온다. 경영자는 여러 부분에서 솔선수범해야 한다. 그러나 직원이 아침 일찍 출근해서 밤늦게까지 일하도록 하는 것은 잘하는 일이 아니다. 이 경우 직원에게 오히려 피로감만 줄 수 있다. 이보다는 균형과 전략이 중요하다.

팔로워들은 어떤 부류의 상사를 선호할까? 똑부 > 똑게 > 멍부 > 멍게 순이라고 생각하기 쉽다. 그러나 실제 가장 선호하는 타입은 '똑게'이고, 가장 싫어하는 타입은 멍부다. '똑부'는 피곤해서 싫고 '멍부'는 답이 없으니 밑에 있으려 하지 않는다. 팔로워들이 선호하는 '똑게'는 야근을 싫어한다. 과업도 빠른 해결과 비전을 제시하며, 권한도 부하에게 위임하는 스타일이다.

반면, 가장 위험한 '멍부'는 팀의 방향성을 제시하지 못하고, 업무처리도 우직함과 성실한 자세를 선호한다. 당연히 연장근무가 많고, 과업에 투자하는 시간에 비해 성과는 낮다. 내가 속한 조직이 야근을 많이 한다면 팀장은 멍부일 가능성이 크다.

프로이센 육군의 참모 인사 평가 기준은 절대 요직에 앉혀서는 안 될 인물로 실력은 없는데 의욕만 높은 '멍부'를 가장 우려했다고 한다. 직원들의 창의성과 도전정신을 키우려면 '똑게'가 최적이다. 팔로워를 거쳐 리더에 오른 사람은 권한 위임을 잘한다.

내가 한 일에 대한 정확한 평가는 후임자가 가장 잘할 수 있다. 후임자의 눈에는 전임자가 어떤 시스템을 어떻게 구축했고, 얼마나 일을 잘 했는지가 속속 드러난다.

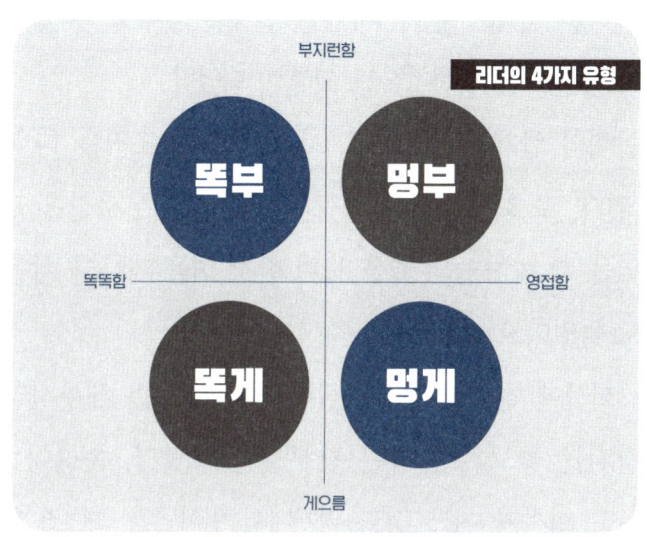

〈표〉 리더의 4가지 유형(출처: 대한민국 정책브리핑)

이끄는 팔로워를 키우는 권한 위임

"조직 구성원이 CEO와 똑같은 생각을 할 수 있을까? 어림없는 일이다. 나와 같은 생각을 하고, 나보다 더 똑똑하다면 창업했지, 그가 왜 내 밑에서 일하겠는가?"

– 쥬비스 그룹 조성경 회장, 충북경제포럼 조찬 특강에서–

쥬비스 그룹 조성경 회장의 특강은 엄청난 몰입을 가져왔고 팔로워십에 대해 다시 한번 생각하게 하였다. 장사는 혼자 하고 나만 잘하면 되나 사업은 조직이 하니 운영관리를 잘해야 한다는 원론적 이야기부터, 조직을 이끌려면 팔로워의 능력과 입장을 충분히 존중해야 한다는 주장은 공감이 되고 깊이 와닿았다. 위기의 순간에 드러나는 직원의 본성은 이들을 판단하는 잣대가 된다. 사람은 언제든 실수할 수 있으나 시스템은 실수하지 않는다는 경험철학도 교훈이 되었다.

사람은 능력의 한계가 있으므로 사장이 모든 조직을 다 관리하려고 해서는 안 된다. 조 회장은 회사가 갑작스러운 세무사찰을 당해 위기의 상황에 놓였을 때 밤하늘의 별을 보며 한강 변을 지나다 삶을 포기하고 싶은 생각도 들었다고 술회했다.

그러다가 회사에 들어왔더니 야심한 시각에 이번 세무사찰에 어떻게 대처해야 할지를 놓고 토론하는 간부들을 보았다. 눈물이 핑 돌았다. 세월이 흐르고 회사가 어느 정도 위기에서 벗어났을 때 조 회장은 열띠게 토론하던 간부 세 명에게 대표 직함이 새긴 명함을 주었다. 영업 전략 대표, 인재 육성 대표, 홍보 마케팅 대표라는 직함이었다. "역할을 나누면 각자가 주인의식을 갖고 일하게 됩니다. 내 권한인 양 움켜쥐기보다는 나눠야 함께 성장할 수 있어요."

조 회장은 성향도 다르고, 성격도 다른 이들과 함께 하는 것이 어렵지 않냐는 질문에 "가는 방향만 일치하면 함께 가면 된다."라는 견해를 밝혔다. 오히려 한 사람을 지정해 알아서 다하라고 맡기면 책임감의 무게에 짓눌릴 수 있으나, 분야별 전문가에 맡기면 분야의 의견을 수렴해서 앞으로 나아가는 것도 어렵지 않을 것이라고 했다.

"등산할 때 한 발, 한 발 앞으로 나아가 정상에 오르는 것은 힘드나 내려오는 건 금방이라는 생각이 들었어요."

기업은 성장하지 않으면 영속할 수 없으니 리더가 변화해야 살아남는다. 그래서 생각한 것이 이왕 리더를 하려면 존경받는 리더와 존경받는 엄마가 되자는 거였다. 그러려면 제대로 하는 게 제일 빠른 방법임을 깨닫게 되었다고 했다. 제대로 한다는 것은 무슨 뜻일까? 그것은 조직의 비전에 함께 갈 개인이 실력과 역량을 발휘하도록 권한 위임을 제대로 하는 것이다.

한비자는 현명한 군주는 관리를 움직이지 직접 백성을 다스리지 않는다고 했다. 불이 났을 경우 휘하 관리에게 빨리 물동이를 들고 달려가라고 하는 것은 낮은 단계의 인재 쓰기이다. 리더가 그립을 강하게 쥐면 조직이 경직되는 것은 불 보듯 뻔하다. 이보다는 권한 위임을 통해 많은 사람을 움직여 불을 빨리 끄는 일이 급선무다.
권한 위임은 이처럼 실질적인 권한을 이끄는 팔로워에게 위임하여 목표를 달성하도록 하는 것이다. 팔로워가 일에 성취감을 느끼도록 하려면 스스로 목표를 설정하고 이룰 수 있도록 권한을 위임해야 한다.

　권한 위임은 팔로워에게 성장의 기회를 주는 것이다. 아무리 역량이 뛰어난 구성원일지라도 역량을 발휘할 기회를 주지 않으면 성과를 창출할 수 없다. 권한 위임은 팔로워의 능력과 역량을 신뢰하고 이들의 잠재 능력까지 신뢰하는 것이다. 동시에 이끄는 팔로워의 능력을 인정하고 존중하는 것이다. 권한 위임은 리더와 이끄는 팔로워가 협력자로서 수평적인 역할 관계를 추구하는 것이다. 아울러 조직의 목표를 달성하기 위해 이끄는 팔로워가 책임감 있게 의사를 결정할 수 있도록 파트너십을 공고히 하는 것이다.

명확한 판단과 올바른 보고

　나주문화관광 홈페이지 소설 연재 난에 『임진왜란과 호남사람들』의 저자 김세곤 호남역사연구원장이 기록한 『거북선을 만든 나대용 장군 평전』이 실려 있다. 이 평전에는 선조 임금에게 보고했던 조선통신사 황윤길과 김성일의 엇갈린 보고 내용이 상세하게 수록되어 있다.

　정리하면 이렇다. 1590년 3월 6일 조선통신사 정사 황윤길, 부사 김성일 등 일행은 서울을 떠난 지 8개월 만에 일본 교토에 도착해 도요토미 히데요시를 접견했다. 황윤길과 김성일은 히데요시에게 선조가 보낸 국서를 전했다. 국서에는 히데요시의 일본 전국 통일을 축하하면서 양국 간의 우호를 돈독히 하자는 내용이 담겨 있었다.

　일본 통역관은 조선통신사를 복속 사절로 소개했다. 히데요시는 이를 듣고 매우 기뻐했다. 황윤길과 김성일은 작별인사를 하고 물러 나온 이후로 히데요시를 만나지 못했다. 그런데 귀국하기 직전 히데요시의 답신을 받고 경악했다. 조선 국왕에게 자신의 목적이 조선과의 통교가 아님을 분명히 하고, 명나라를 침입할 때 길잡이로 나서 달라는 정명향도(征明嚮導), 즉, 일본이 명을 칠 테니 조선은 앞장서 길을 열어 달라는 것이었다.

1591년 1월 28일 조선통신사 일행이 부산에 도착하자 정사 황윤길은 히데요시의 국서를 급히 서울에 보내면서 "반드시 병화(兵禍)가 있을 터이니 곧 서울에 올라가 보고하겠다."라고 했다. 조정은 파란에 휩싸였다.

선조는 2월 13일 종6품인 정읍 현감 이순신을 파격적으로 정3품인 전라좌수사로 승진 임명했다. 그리고 3월에 조선통신사를 접견했다. 정사 황윤길은 반드시 병화가 있을 것이라고 했으나 김성일은 그러한 징후는 못 느꼈다고 상반되게 보고했다.

선조가 "도요토미 히데요시는 어떤 인물인가?"라고 묻자, 황윤길은 "눈빛이 반짝반짝해 담과 지략이 있는 사람 같다."라고 보고했고, 김성일은 반대로 "그의 눈은 쥐와 같아 족히 두려워할 위인이 못 된다."라고 깎아내렸다.

좌의정 류성룡은 보고를 마친 김성일에게 "그대는 황윤길의 보고와 고의로 다르게 말하는데, 만일 병화(兵禍)가 있게 되면 어떻게 하려고 그러시오?"라고 묻자 "어찌 왜적이 나오지 않을 것이라고 단정하겠습니까? 다만 온 나라가 놀라고 의혹이 될까 두려워 풀어주려 한 것뿐 입니다."라고 답변했다(선조수정실록 1591년 3월 1일).

황윤길과 김성일이 엇갈리게 보고하자 조정에는 논쟁이 벌어졌다. 당시 서인은 세력을 잃고 동인이 집권한 시기였다. 서인의 영수 정철은 1591년 2월 광해군을 세자로 책봉해달라고 건의했다. 화가 난 선조는 정철을 파직시켰다. 동인은 이에 질세라 서인이 민심을 동요시키려 한다며 공격에 가세했고, 선조는 이에 동조하여 전쟁은 없을 것이라고 결론을 내렸다.

하지만 서장관 허성은 동인의 영수 허엽의 아들임에도 일본이 전쟁을 일으킬 것이라고 솔직하게 보고했고, 무관 황진은 김성일의 주장에 분개하여 그의 목을 벨 것을 상소하려다 주변의 만류로 그만두었다고 한다.

조선통신사의 엇갈린 보고가 있은 지 그로부터 정확히 13개월 뒤에 임진왜란이 일어났다. 그리고 조선의 전 영토는 왜군의 군화에 짓밟혔다. 선조와 집권 세력인 동인의 오판이 나라를 풍전등화(風前燈火)의 상황으로 몰고 간 것이다.

리더의 명확한 판단은 실로 중요하다. 그러나 판단의 기준을 제시하는 팔로워의 올바른 보고도 이에 못지않게 중요하다. 찰떡같이 말했는데 리더가 개떡같이 들으면 답이 없다. 그러나 개떡같이 말해놓고 찰떡같이 들으라고 하는 것은 올바른 자세가 아니다.

팔로워의 화이부동

사람들만이 생각할 수 있다. 그렇게 말하지는 마세요.
나무와 바위 작은 새들조차 세상을 느낄 수가 있어요.
자기와 다른 모습 가졌다고 무시하려고 하지 말아요.

그대 마음의 문을 활짝 열면 온 세상이 아름답게 보여요.
달을 보고 우는 늑대 울음소리는 뭘 말하려는 건지 아나요.
그 한적 깊은 산속 숲 소리와 바람의 빛깔이 뭔지 아나요.
바람의 아름다운 저 빛깔을, 얼마나 크게 될지 나무를 베면 알 수가 없죠.
서로 다른 피부색을 지녔다 해도 그것은 중요한 게 아니죠.
바람이 보여 주는 빛을 볼 수 있는 바로 그런 눈이 필요한 거죠.
아름다운 빛의 세상을 함께 본다면 우리는 하나가 될 수 있어요.

― 제주 소년 오연준의 '바람의 빛깔' 중에서 ―

엠넷 '위키드'에 출연한 제주 소년 오연준 어린이가 부르는 '포카혼타스'의 삽입곡 '바람의 빛깔'을 듣다가 몸서리쳐질 정도의 전율을 느꼈다. 아홉 살 소년의 감성이라고는 도저히 믿을 수 없을 만큼 어른과 어린이 모두를 홀린 천상의 목소리는 감동 그 자체였다. 게다가 그가 부른 노래의 가사 내용도 흡사 팔로워십의 완결판으로 손색이 없어 보였다. 이후 팔로워십 강의를 할 때마다 이 영상을 보여 주면 수강생들도 격하게 공감하는 모습이었다.

오연준 어린이는 2018년 문재인 대통령과 김정은 국방위원장이 만나는 평양의 남북정상회담 만찬장에 깜짝 등장했다. 이 자리에서 '바람이 불어오는 곳'과 '고향의 봄'을 청아한 목소리로 불러 참석자들의 사랑을 독차지했다. 특히 이설주 여사가 환한 미소를 짓고, 김여정 부부장이 따라서 노래를 부르면서 정상회담의 스타로 떠올랐다.

팔로워는 바람의 빛깔과도 같은 존재다. 그러니 자기와 다른 모습을 가졌다고 무시하려 해서는 안 된다. 마음의 문을 활짝 열고, 달을 보고 우는 늑대의 울음소리도 들어보고, 숲 소리와 바람의 빛깔도 느껴야 한다. 얼마나 크게 될지 모를 나무는 베지 말아야 당연하다.

우리는 바람이 보여 주는 빛을 볼 수 있는 바로 그런 눈을 가져야 한다. 아름다운 빛의 세상을 함께 본다면 우리는 하나가 될 수 있다. 팔로워들이 각자의 전문성을 가지고 조직에 이바지할 때 조직은 성장과 발전을 거듭한다. 팔로워들은 화합하며 조화롭게 지내야 한다. 그러나 결코 같아질 필요도 없고, 같은 것을 강요할 일도 아니다.

『논어』 제23장에는 '군자 화이부동 소인 동이불화(君子 和而不同 小人 同而不和)'라는 내용이 등장한다. 군자는 어울리되 항상 근본을 지키고, 소인은 어울려도 각자 욕심을 낸다는 뜻이다. 화이부동은 다른 의견을 가진 사람들이 조화롭게 살아가는 것이다.

우리는 다양한 견해를 가진 사람들과 조화롭게 일하며, 서로 다른 관점에서 문제를 바라보고, 차이점을 인정하면서 함께 발전해 나가야 한다. 자신만의 의견과 견해는 갖되 타인과의 협력을 중요시하며, 보는 관점이 다르고 차이점이 있다는 것을 인정하고 존중하는 태도를 견지하는 것이다.

자연의 섭리도 마찬가지다. 곱게 물드는 단풍나무도 나무마다 운치가 다르다. 이들이 어우러지면 천연색 숲이 되고, 햇살 아래에서 아름다운 풍광을 마음껏 뽐낼 때 울긋불긋 꽃 대궐이 차려진다. 다양한 나무들이 어울려야 건강한 숲이 만들어진다. 소나무도 있고, 참나무도 있고, 잡목과 이름 모를 꽃도 피어 있어야 보기 좋다.

별들도 다르지 않다. 이들도 어두운 밤하늘이 있기에 빛을 내는 것이며, 모양과 위치와 크기가 각기 다르기에 우리에게 색다른 향연을 선사하는 것이다.

자연이 아름다운 것은 화이부동의 나무와 꽃잎이 어우러져 대자연의 오색찬란한 신비스러움을 만들기 때문이다. 팔로워도 이처럼 생김새도 다르고 피부 빛깔도 성별도 다르다. 그러나 각자 자기만의 독특한 전문성을 갖추고 있기에 조직이라는 틀 속에서 화이부동하는 팔로워가 되는 것임은 두말할 필요가 없다.

팔로워의 천국, ㈜마이다스아이티

2015년 1월 청주에서 '유레카 포럼'이라는 조찬 포럼을 만들었을 때 필자는 첫 강사로 ㈜마이다스아이티 이형우 대표를 초청했다. 수년 전 한국 강사협회에서 강의를 직접 들었던 터라 이번에도 진한 울림을 줄 것이란 확신이 들어서였다. '사람이 답이다.'라는 주제로 진행된 강연은 예상대로 CEO들의 관심을 끌었다.

이형우 대표는 '사람 중심'의 경영 철학을 추구한다. 그는 사람이 답이라고 생각하는 평소의 소신처럼 팔로워의 가치를 소중하게 여기며, 회사 내에 팔로워십 문화 정착을 위해 애써 왔다. ㈜마이다스아이티는 1997년에 문을 열었다. 창업 초기 큰 규모의 투자 없이 시작되었으나 이 대표는 회사를 발전시키기 위해 많은 시간과 노력을 기울였다.

포스코 벤처 1호로 시작한 ㈜마이다스아이티는 공학 기술용 소프트웨어를 개발·보급하는 회사다. 구조 분야 엔지니어링 서비스와 웹 비즈니스 통합 솔루션 서비스를 제공하는 건축물 구조 해석 분야의 선두주자로 자리매김했는데 세계 시장의 18%, 국내 시장의 93%를 점유한 이 분야의 명실공히 1위 회사다.

㈜마이다스아이티가 빠르게 성장한 배경에는 '4무 정책'이라는 독특한 인사 시스템도 한몫했다. 이곳에는 스펙, 상대평가, 징벌제도, 정년제도가 없다. 이 회사에서 경영의 핵심 요소는 사람이고, 사람이 원하는 것은 행복이므로 '사람의 행복을 돕고 세상의 행복 총량을 늘리는 것'을 경영의 목적으로 삼는다.

㈜마이다스아이티에 입사하려면 팔로워십과 리더십 중 무엇이 중요하며, 그 이유가 무엇인가라는 질문을 받는다. 그만큼 회사는 일하는 사람들의 가치를 인정하고, 그들이 자유롭게 의사소통하고 창의적인 아이디어를 제안할 수 있는 환경을 만들려고 노력해 왔다.

㈜마이다스아이티의 슬로건은 필자가 처음에 제시한 팔로워의 판단 잣대인 시비(是非)와 이해(利害)로 만들어지는 네 가지 경우의 수 중에서 최상의 조합 형태인 시리(是利)와 정확히 일치한다. 즉 '옳은 일을 올바르게'라는 회사의 슬로건은 시(是)에 해당하고, 직원에게 행복과 보람, 나눔을 추구하는 핵심 가치는 리(利)에 속한다. 이것을 개인의 이익, 조직의 이익, 그리고 사회의 이익으로 확산시켜 나가고 있다.

㈜마이다스아이티에는 '해피 마이다스 데이(HAPPY MIDAS DAY)'에서만 볼 수 있는 특별한 시상식이 있다. 멋진 리더, 훌륭한 팔로워를 선

발하는 것이다. 먼저 행복 역량이 우수하고 구성원 육성을 잘하는 탁월한 리더를 뽑아 '최고의 리더상'을 준다. 아울러 가치역량이 우수하고 성장 가능성이 큰 팔로워에겐 '최고의 팔로워상'을 수여한다. 최고의 리더와 최고의 팔로워에게 지급하는 포상금과 포상 휴가 3일, 외식 상품권, 과일 바구니는 똑같다. 이 때문에 ㈜마이다스아이티는 리더십과 팔로워십의 양 날개로 움직인다는 평가를 받는다.

〈표〉 ㈜마이다스아이티의 슬로건과 핵심 가치

㈜마이다스아이티는 '팔로워들의 천국'이다. 회사의 인재관과 문화는 '팔로워'를 중시한다. 회사 내부는 플랫폼형 조직 구조를 채택하고 있으며, 리더와 팔로워 간의 거리가 가깝다. 팔로워들은 리더의 지도와 지원을 받으며 자신의 역량을 개발하고 성장할 수 있다.

이러한 인재관과 문화를 인정받아 ㈜마이다스아이티는 '대한민국에서 가장 좋은 회사' 1위, '한국에서 가장 사랑받는 기업' 1위 등에 올랐다. 해외에서도 '아시아에서 가장 우수한 아이티 기업'의 영예를 안았다.

이형우 대표는 회사는 일하는 사람들의 인생의 일부분이 돼야 한다고 생각한다. 회사가 일자리만 제공하는 것이 아니라 구성원의 인생을 풍요롭게 할 기회와 환경을 제공해 주려고 노력하고 있음을 직원들은 믿고 있다.

'사람이 답이다.'라는 대표이사의 신념처럼 회사의 성장과 발전을 가져오는 데 최일선에서 역할을 하는 사람은 팔로워이다. 따라서 회사는 팔로워의 가치를 중요시하며, 회사와 직원이 동반 성장하는 것을 최우선 목표로 한다. 회사는 언제나 직원 교육과 역량 강화를 위한 프로그램 개발에 앞장서고 있다.

리더는 늘 팔로워의 행복을 생각하고, 팔로워는 조직에 대한 책임감으로 보람을 느끼고, 개인과 회사는 세상에 대한 책임으로 나눔을 실천하며 아름다운 세상을 추구하는 ㈜마이다스아이티의 비전은 우리 모두의 비전으로도 손색이 없어 보인다.

팔로워의 공헌력, 계족산 황톳길

'어디서 무엇을 하든 공헌할 수 있는 특화된 힘을 만들어 두고, 늘 훈련하자. 재능과 기질이라는 개별화된 특성 위에 '죽여주는 기술' 하나쯤은 익혀 두자. 그리고 그 기술을 우리의 좋은 관계를 위해 활용하자. 동료가 나의 출현을 불쾌해하고, 두려워하고, 불편하게 하지 말자. 나의 출현이 사람들의 기쁨이 되게 하자. 내가 그곳에 존재한다는 것이 가장 멋진 선물이 되게 하자.'

— 구본형 저, 『구본형의 필살기』 중에서 —

멋진 사랑은 모두의 로망이고, 우정은 인류의 자부심이듯 사람은 관계를 통해 인생의 깊은 맛을 느낄 수 있다. 이를 주도적으로 이끌어가는 팔로워의 공헌력은 헌신을 요구한다. 공헌력은 경쟁이 아닌 서비스의 개념이다. 공헌력은 함께 일하고, 즐기고, 새로움을 창조해 내는 원동력이다. 한자로 풀이하면 공헌은 바치고 드리는 것이다. 그러니 힘을 써서 누군가를 위해 무언가를 위해 이바지하는 것이다. 이렇게 본다면 공헌은 공적인 헌신을 하는 것이다.

공헌력을 키우려면 어떻게 해야 할까. 중요한 것은 세상을 바라보는 눈과 인식을 전환하는 것이다. 받으려 하기보다는 나누려고 해야 한다. 사람들은 안다. 누구나 나를 무너뜨리려는 세력에는 저항하지만 나를 도우려는 사람에게는 마음의 문을 활짝 연다.

구본형 변화경영연구소장은 "경쟁력은 불타는 바다에서 피 흘리며 싸우는 사람들의 언어이지만 새로운 바다에서 삶을 개척하고자 한다면 공헌력이 최고이며, 경쟁자들과의 경쟁보다 고객의 삶을 위해 무엇을 공헌할 수 있을지에 집중하는 것이 절실하다."라고 했다.

상대를 이기려고 피눈물을 흘리면서 노력하고 경쟁하는 것이 가치 있는 줄 안다. 그러나 이는 자신과 타인 모두의 삶을 파괴하는 삶이다. 공헌력은 걷기 좋은 길에 누군가를 위해 황토를 깔아 주는 것이다.

대전시 대덕구 계족산에는 많은 애호가가 찾는 황톳길이 있다. 발족(足) 자가 들어가 있어 한 번 방문한 사람들은 산 이름을 쉽게 기억한다. ㈜맥키스컴퍼니 조웅래 회장은 해발 420m에 있는 임도에 많은 돈을 들여 황토를 깔고 맨발로 걸을 수 있는 황톳길을 만들었다. 덕분에 이곳은 전국적 명소가 되었다.

계족산 황톳길은 어떤 연유로 조성하게 된 걸까? 2006년 고교 동창 친구들이 대전으로 조웅래 회장을 찾아왔다. 조 회장은 골프를 못 쳤다. 친구들과 어울릴 수 있는 것은 무작정 걷는 트레킹이 전부였다. 그때 일행 한 사람이 하이힐을 신고 있어서 운동화를 빌려주고 자신은 맨발로 5~6시간 정도를 걷게 되었다.

맨발 트레킹 이후 신기한 일이 일어났다. 몸이 따뜻해지고 머리가 맑아져 정말 오래간만에 깊은 잠을 잔 것이다. 기분 좋은 변화는 신기하게도 며칠간 이어졌다. 피부도 좋아지고 화장실도 편히 가는 등 속이 편안해졌다. 가장 큰 부작용은 아무리 술을 마셔도 취하지 않는 것이었다. 이에 직접 경험한 맨발 걷기의 건강 효과를 모든 사람과 공유하고 싶어 계족산 황톳길 조성을 시작하게 되었다고 한다. (출처: 사람과 산)

맥키스컴퍼니는 계족산 황톳길에 해마다 10억 원을 들여 황토를 까는 등 유지관리도 하고 있다. 지금도 관리 직원은 일주일에 두 차례씩 흙을 파서 뒤집고 물을 뿌리는 등 황톳길을 가꾼다.

이곳에서는 매년 1월 황톳길 맨몸마라톤대회와 계족산 맨발축제, 그리고 5월에는 에코힐링 마사이 마라톤대회가 열린다. 계족산 황톳길은 연간 100만 명이 찾으면서 한국 관광 100선에 4회 연속 선정되었다. 기업 이익의 사회 환원 뚝심이 빛을 본 것이다. 자치단체가 여는 축제를 한 기업인이 지역의 축제로 성장시킨 것은 팔로워의 공헌력 모범 사례로 손색이 없다.

팔로워의 영향력은 어디서 나올까. 무엇을 얻어 오는 것보다는 무엇을 줄 수 있냐에 따라 결정된다. 돈이 많으면 돈을 나누면 되고, 재능이 많으면 재능을 기부하면 된다. 몸으로 봉사할 수도 있고, 아이디어와 정보로 도움을 줄 수도 있다.

이도원 배움경영연구소장은 블로그에서 "공헌력을 강화할 수 있는 첫 번째 요소가 '나누려는 마음과 태도'라면 두 번째 요소는 바로 그 '선물'의 품질이라고 보았다. 파티에 가면 행사장을 흥겹게 만들 멋진 선물을 가지고 나타나야 하는데 그 선물이 멋지면 나의 공헌력도 커지게 마련"이라고 설명했다.

봉사하는 방법은 다양하다. 그중에서 최고의 공헌은 자신이 가장 잘하는 재능으로 봉사하는 것이다. 축제가 흥겨운 잔치가 되려면 노래를 잘하는 사람은 노래로, 춤을 잘 추는 사람은 춤으로, 사람을 잘 웃기는 사람은 유머로, 고기를 잘 굽는 사람은 맛있게 구운 고기로 공헌하는 것이다.

팔로워의 경쟁력은 공헌하는 순수한 힘에서 나온다. 세상 모든 일은 혼자서 만들 수 없다. 진심으로 공헌하려면 혼신을 기울여야 하고, 진심이 담긴 공헌은 모두를 감동의 도가니로 몰아넣을 것이다.

팔로워십으로 꽃피운 순천 정원박람회

"시장 혼자서 이래라저래라 시정을 추진하는 시대는 갔다고 봅니다. 투수가 제아무리 공을 잘 던지면 뭣하겠습니까? 받아줄 포수가 시원치 않으면 경기를 제대로 치를 수 없습니다. 그래서 저는 팔로워십이 조직과 지역발전을 위해 필요한 핵심 요소라 생각했습니다."

– 심윤섭, 『기꺼이 따르는 힘』 중에서 –

    우리나라의 갈등지수가 높은 이유는 사회가 갑작스럽게 성장하면서 이겨야 한다는 생각만을 너무 계속 주입해 왔기 때문이다. 그래서 서로를 보살피고 보듬어 주고, 상대를 인정해 주는 미덕이 부족하다.
    모두 남 앞에 나서는 것에만 익숙하다. 비전을 제시하는 사람들과 꿈을 실현해 나가며 헌신하는 팔로워에 대해서는 배려하지 않는다. 이는 우리 사회에 그만큼 독선과 오만이 많고 갈등이 심하며, 자기 멋대로 말하고 행동하는 것이 사회 전체에 만연해 있음을 나타내는 것이다.
    시장은 공무원에게는 리더지만 시민에게는 시민을 모셔야 하는 팔로워다. 국장은 자기 국에서는 리더지만 시민과 시장에게는 팔로워가 된다. 그래서 시장의 비전을 함께 실행해 나가려는 마음가짐을 갖는 것이 중요하다. 시민도 마찬가지다. 자기 목소리만 내기보다는 비전 있는 시장을 선출해서 함께 지역발전을 이루어야 한다.

    팔로워십의 중요성을 누구보다도 잘 아는 노관규 순천시장은 "우리나라도 이제 팔로워십에 주목할 때가 됐다."라고 주장한다. 그는 팔로워들이 해야 할 과제로 세 가지를 꼽았다.

    첫째, 헌신하는 것이다. 이는 리더 개인에 대한 헌신이 아니라 조직의 비전달성을 위한 헌신이다. 헌신은 비전을 가꾸어 나가는 데 꼭 필요한 요소다.

둘째, 독립성과 능력을 갖추는 것이다. 예컨대 선장인 리더가 기계실에 있는 사람에게 "이것을 조작해 보세요"라고 했는데 "조작할 줄 모릅니다."라고 했다면 팔로워로서 존재 의미를 상실한 것이다. 시민도 마찬가지다. 시민은 자기 목소리를 내야 하나 시민의 역할과 본분도 다해야 옳다. 결국은 각자의 분야에서 자기 기능을 발휘할 수 있도록 일정한 교양과 실력을 갖추는 게 팔로워의 역할이다.

셋째, 용기이다. 리더가 올바른 방향성을 갖고 비전을 추진해 나갈 때 팔로워는 열심히 응원하고 도와주지만 잘못된 길로 갈 때는 "아니오"라고 분명히 목소리를 낼 수 있어야 한다. 이는 순천시가 시정 운영의 바탕으로 삼고 가야 할 기본 철학이다.

- 정문섭, 『대한민국을 움직이는 자치단체 CEO』 2권 -

노관규 시장은 공무원은 팔로워 역할이 더 중요한데 리더십 교육만 받는 현실이 바람직하지 않다고 생각한다. 순천시는 계장급 이상 공무원이 팔로워십을 공부하고 토론하면서 지역 행사의 의전부터 과감하게 바꿨다.
시가 주관하는 행사에 공식적인 시장 자리를 없애고 먼저 오는 순서대로 앞자리에 앉도록 한 것이다. 시장도 행사장에 빨리 오면 앞자리에 앉고 늦게 오면 뒷자리에 앉는다. 내빈 소개도 생략했다. 구성원 모두 리더와 팔로워를 겸하고 있다는 생각에서다. 축사도 그 자리에서 꼭 필요한 사람만 한다.

말로만 시민을 섬기는 것이 아니라 잘못된 관행부터 하나하나 바꾸고 있다. 서로의 가치를 존중하면서 잘하면 도와주고, 아니면 과감하게 정리하고 새롭게 비전을 만들면서 전체의 모양과 틀을 다져 나가는 것이다. 리더만 존중받는 사회가 되어서는 곤란하다. 지금은 말 없는 다수의 팔로워가 대접받고 그들과 소통해 나가는 것이 더 중요하다.

노관규 순천시장은 십여 년 전 공무원 팔로워십 교육을 대대적으로 진행한 바 있다. 대시민 서비스 향상과 순천만국제정원박람회 등 국제행사를 앞두고 역량 강화를 통한 조직 활성화를 위해 취한 조치였다.

당시 교육은 시민 상호 간 섬김과 소통으로 정원박람회를 비롯한 글로벌 순천으로 도약할 수 있는 확실한 기반을 다지기 위해서였다. 민선 시정을 팔로워십에 기초를 두고 조직의 활성화를 이뤄 세계 속의 명품도시를 실현한다는 목표 아래 추진한 것이다.

이런 것들이 결실을 이루면서 2023 순천만국제정원박람회는 개장 190일 만에 목표 관람객 800만 명을 넘어서는 등 성공적인 국제 박람회의 역사를 새롭게 썼다는 평가를 받았다. 노 시장은 정원박람회의 성공적 개최 이후 향후 순천만, 국가 정원, 도심으로 이어지는 정원을 무대로 한 국판 월트디즈니를 구상하고 있음도 내비쳤다.

노관규 시장은 어려운 사람을 만나면 꽃 이야기를 꺼냈다. 꽃 중에는 봄에 피는 꽃이 있고, 여름에 피는 해바라기꽃이 있고, 가을에 피는 꽃과 겨울에 피는 동백꽃이 있다. 진달래와 철쭉은 봄에 피지만 국화는 가을에 핀다. 그는 인생도 이와 같다고 했다. 그래서 가을에 피는 국화가 봄에 피려고 해서는 안 되듯, 다른 사람이 꽃을 피웠는데 나는 아직도 꽃을 피우지 못했다고 좌절하면서 주저앉지 말라고 격려의 말을 잊지 않는다.

리더와 팔로워도 마찬가지다. 각자의 꽃과 피는 시기는 조금씩 다를 수 있다. 그러니 서두를 것도, 조급해할 것도 없다.

이끄는 팔로워, LEAD 대화법

직장인 826명을 대상으로 '사표 내고 싶은 충동을 느낀 경험이 있는지'에 대해 조사했다. 응답자의 86.6%가 있다고 답했다. 특히 사표 충동을 가장 유발하는 대상은 '직속 상사(51.3%)'였으며, 최고경영자, 임원 등 회사의 상위 계층이 뒤를 이었다. 아직도 직장 상사와의 소통이 원활하지 않다는 이야기다.

소통 중에서도 가장 힘든 소통은 상대방을 질책할 상황이 벌어졌을 때다. 통상 직원을 나무라다 보면 언성을 높이고 화를 내는 경우가 많다. 감정을 절제하지 못한 상태에서 쏟아내는 말은 언어폭력이다. 이는 감정을 배설하는 것이지 효과적인 질책과는 거리가 있다.

혹 질책당하는 직원이 악감정을 갖고 녹음이라도 하여 공개하면 괴롭힘 방지법 위반으로 본인만 곤란해진다. 직원 역시 퇴사하거나, 설사 있어도 앙금은 가라앉지 않는다. 중요한 것은 상대를 질책하기에 앞서 왜 그렇게 결정했는지에 대해 시·관·찰 단계로 살피고 공감하는 것이 선행되어야 한다는 것이다.

『MZ세대와 꼰대 리더』의 저자 김영기 박사는 "인간관계의 질책은 수술과도 같다. 수술이 잘못되면 환자의 생명을 잃을 수 있듯, 질책이 잘못되면 두 사람의 관계가 일순간에 나빠져 공든 탑이 무너질 수 있다."라고 주장했다. 김 박사는 이럴 때 활용할 수 있는 비폭력 기법의 대화를 소개하고 있다. 그가 제시하는 비폭력 질책 스킬의 원리는 다음과 같다.

첫째, 관찰이 가능한 용어를 사용해야 한다. 사람은 누구나 정확한 근거(Fact) 없이 인격적 비난을 당하면 자존심이 상하고 마음의 상처를 입는다.

"김 대리, 입사한 지 몇 년 됐어요? 대리가 신입사원보다 못하니 원."
"박 과장! 젊은 사람이 어떻게 열정도 없고, 책임감도 부족해요?"

상사로부터 이런 소리를 들으면 누구든 반발심이 생긴다. 따라서 관찰 가능한 행동이나 사실만을 언급하면서 직원을 나무라야 한다. 가령 늦게 출근한 직원에게 시간관념이 없다고 매도하기보다는 "오늘 20분 늦게 출근했네요"라고 정확한 사실만 언급하라는 것이다.

둘째, 확대 용어를 쓰지 않아야 한다. '확대 용어'란 '항상', '늘', '매사에', '언제나'와 같은 추상적인 말을 사실에 덧씌워 부하 직원을 매도하는 것이다.

예를 들면,

"정 차장은 왜 항상 부정적으로 대답합니까?"

"안 대리는 자료 제출이 언제나 늦는데 이유가 뭡니까?"

"당신은 일을 왜 매사에 그런 식으로 처리해요?"

라는 식으로 추상적인 부사어를 넣어 도매금으로 상대의 감정을 자극하는 것이다.

셋째, 나-표현법(I-Message)으로 말해야 한다. 나-표현법은 너-표현법(You-Message)과 반대되는 기법이다. 특히 화를 낼 때 "당신은 왜 그 모양이야?"와 같은 너-표현법을 쓰면 상대방을 공격하는 것이니 폭력적 대화로 돌변한다. 스포츠 경기에 비유하면 너-표현법은 권투나 태권도에 해당한다.

예를 들어,

"김 과장은 일을 그렇게밖에 처리하지 못해요?"

"정 대리는 보고서 내용이 제대로 되었다고 생각해요?"

라는 형태의 너-표현법을 사용하면 상대방은 마음의 상처를 받는다. 반면에 나-표현법을 쓰면 문장의 주어가 내가 되니 상대에 상처를 주지 않고 상대 선수를 제압할 수 있다. 이는 마치 유도 경기와 흡사하다고 강조하고 있다.

이를테면,

"김 과장은 일을 그렇게밖에 처리하지 못해요?"라는 너-표현법을 "김 과장이 담당한 고객이 계약을 취소하겠다고 하는 바람에 내가 곤란해졌어요."라고 한다든가,

"정 대리는 보고서 내용이 제대로 되었다고 생각해요?"라고 이야기할 것을 "보고서에 추진 일정이 없으니 내가 결재를 할 수 없네요"라고 말하는 것이다.

나-표현법은 공식으로 요약하면 '사실 + 나의 애로 사항'이 된다. '상대방의 객관적 행동이나 사실, 또는 보이는 현상'(사실)을 있는 그대로 말하고 '그 바람에 내가 겪는 어려움'(나의 애로 사항)을 덧붙이는 형식이다.

저자는 나-표현법으로 이루어지는 비폭력 대화는 MZ 직원을 나무랄 때 더욱 빛을 발한다고 주장한다. 기존의 직원들은 인격 비난의 질책을 받아도 참고 견디나 MZ 세대들은 사표 제출 등 돌출행동으로 나올 소지가 크다. 따라서 상대방이 왜 그렇게 결정했는지에 대해 먼저 시·관·찰 단계로 살피고 상대가 불만의 감정을 갖지 않도록 충분히 상대의 입장이 되어 반드시 공감하는 과정이 이루어진 상태에서 대화가 시작되어야 한다.

필자도 상대의 말을 잘 듣고 공감한 뒤에 상대가 잘못을 스스로 인정하고 결정을 따르도록 하는 'LEAD 대화법'을 구상했다. 대화법의 요지는 먼저 상대의 이야기를 듣고, 충분히 공감해 주고, 스스로 잘못을 인정하게 한 뒤에 최종 결정을 내려 불만 없이 따라오도록 하는 데에 목적을 두고 있다.

    Listening(경청): 상대가 하는 말을 귀 기울여 경청한다.
    Empathy(공감): 상대가 처한 상황과 입장을 충분히 공감해 준다.
    Acknowledgment(인정): 상대가 저지른 행동으로 내가 어려움을 겪고 있다는 사실을 인정하도록 한다.

Decision(결정): 상대의 인정을 토대로 결정 사항을 알리고 상대가 수긍하도록 한다.

필자의 LEAD 대화법은 4단계의 대화 프로세스에서 알파벳의 첫 글자를 따서 만든 것이다.

첫째, L은 경청(Listening)이다. 상대의 이야기를 무조건 들어 주는 단계이다. 이는 상대가 한 행동을 정확한 사실(Fact)에 근거하여 이야기한 뒤에 왜 이런 일이 생겼는지 상대에게 확인하고 먼저 상대방의 의견을 듣는 단계이다.

예를 들어,

"정 과장 업무 일정을 또 상의 없이 바꿨던데, 그래도 되는 거요?"라고 항의하는 게 아니라 "정 과장, 업무 일정을 상의 없이 바꿨네요?"라면서 실제 사실을 확인하며 바꾼 이유에 대해 상대방의 의견을 먼저 들어보는 것이다.

둘째, E는 공감(Empathy)이다. 상대의 감정과 관점을 이해하고 공감하는 단계이다. 비판 비난에 앞서 상대가 왜 그렇게 했을까에 대해 상대의 입장이 되어 시·관·찰 단계로 차근차근 살펴보는 것이다. 핵심은 깊은 공감을 표시하면서 상대의 반발을 예방하는 것이다.

셋째, A는 인정(Acknowledgment)이다. 직원의 행동이 조직에 끼친 우려 사항을 설명하여 인정하도록 하는 것이다. 예를 들면 불가피한 사정이 있어 일정을 바꿨다며 말하는 직원을 꾸짖는 것이 아니라 상의 없이 일정을 바꾸는 바람에 나와 조직의 계획에 차질이 생겨 어려움을 겪고 있음을 나-표현법(I Message)으로 말하여 상대가 인정하도록 하는 것이다.

넷째, 마지막 D는 결정(Decision)이다. 상대가 인정한 사실을 토대로 회사에서 결정한 사실을 알리는 것이다. 예를 들면 직원이 한 행동으로 우려했던 상황이 벌어져 조직에 어려움이 발생했고, 그 결과 이렇게 최종 결정했다고 확정된 회사의 방침을 알려 주는 것이다.

실전 상황을 만들어 LEAD 대화법을 배워보자.

상황: 이 대리는 평소 책상을 정리하지 않는다. 책상은 늘 서류들로 수북이 쌓여있다. 팀장이 이를 지적했음에도 습관은 바뀌지 않고 있다. 팀장은 고객정보 유출 위험성이 있어 연초부터 두 차례나 지적한 바 있다. 오늘도 아침에 일찍 나와 보니 이 대리의 컴퓨터는 켜져 있었고, 서랍도 잠겨 있지 않았으며 고객정보가 포함된 서류는 그대로 책상 위에 있었다. 팀장은 화가 났으나 감정을 삭이고 LEAD 대화를 시작했다.

(Listening): 출근하는 이 대리에게 행동에 대한 이유 들어보기.
팀장: 이 대리! 아침에 보니 이 대리의 컴퓨터가 켜져 있네요. 책상 위엔 고객정보가 든 서류도 그대로 놓고 갔고요. 맞나요?

대리: (Listen) 죄송합니다. 외근하고 바로 현장에서 퇴근하는 바람에...

(Empathy): 상대의 행동을 이해하고 공감해 주기

팀장: 이 대리가 요즘 다리도 불편하고 유방암 치료를 받는 아내를 간호까지 한다는 이야긴 직원들에게 들었어요. 많이 힘들죠?
대리: (Empathy) 죄송합니다. 사정은 있다고 해도 면목이 없습니다.

(Acknowledgment): 확인된 감정과 우려 사항을 전달하고 상대에게 인정받기

팀장: 작년에도 총무팀에서 불시에 보안 점검을 하여 타 과에서 지적을 받은 적이 있어요. 서류도 책상 위에 그대로 있었고, 컴퓨터도 켜 두고 갔는데 고객정보가 유출되면 팀 전체의 근무 기강을 문제 삼을 수 있어요.
대리: (Acknowledgment) 그러네요. 어쨌든 죄송합니다.

(Decision): 우려 사항을 조치 결정했으니 다음부터는 이런 일이 없도록 주의 주기

팀장: 고객정보가 유출될 우려가 커 예방 차원에서 시말서를 받기로 했으니 오늘 중 제출하시고 다음부터는 이런 일이 없도록 주의해 주셨으면 합니다.
대리: (Decision) 예, 앞으로 조심하겠습니다. 시말서를 바로 제출하겠습니다. 팀장님께 걱정을 끼쳐서 죄송합니다.
팀장: 그리 생각하니 고마워요, 점심은 내가 살게요. 갑시다.

이처럼 LEAD 대화는 먼저 **첫째**, 사실 확인을 유도해 상대의 이야기를 경청하고(Listening), **둘째**, 그렇게 할 수밖에 없었던 상대의 입장을 충분하게 공감해 주고(Empathy), **셋째**, 회사 전체의 우려 사항 전달과 함께 상대의 잘못을 스스로 인정하게 하고 (Acknowledgment), **넷째**, 회사에서 최종 결정(Decision)을 내렸으니 다음부터는 이런 일이 없도록 주의해달라고 주문하는 것이다.

LEAD 대화는 일방적인 대화가 아니다. 사실을 지적한 다음에 상대의 이야기를 듣고 상대의 입장을 충분히 공감해 주는 것이 먼저다. 그 후에는 어떤 점을 잘못했는지 짚어주고, 마지막에는 회사 측의 결정 사항을 알리며 더는 안타까운 일이 없었으면 좋겠다고 마무리하는 것이다.

Story 4 요약 (Summary)
이끄는 팔로워

따르기가 기본기를 갖추는 단계였다면, 살피기는 팔로워로서의 제반 조건을 모두 갖추는 시기다. 마지막 이끌기는 따르기와 살피기를 토대로 새로운 세상으로 나아가는 팔로워의 완성된 모습이라 할 수 있다. 전문가라면 해당 분야의 리더로 인정을 받을 것이고, 폭넓은 경험을 두루 쌓았다면 일인지하 만인지상(一人之下 萬人之上)의 자리도 올라설 수 있다.

팔로워십을 다룬 연세대 교육대학원 산업교육과 최미정은 『팔로워십 유형과 조직몰입 간의 상관성 연구(2003)』 논문에서 팔로워십이 급부상하는 네 가지 이유를 언급했다. **첫째**, 팔로워의 지적 수준이 향상되고, **둘째**, 각종 정보의 공유가 가능하며, **셋째**, 고객 이미지를 결정하고, **넷째**, 향후 리더로 성장할 능력을 갖춰서라고 분석했다.

20년 전 논문에서 주장했던 팔로워십이 급부상하는 이유는 최근 빠른 속도로 현실 속에 나타났다. 집단지성은 사회적 흐름이 되었고, 정보화 사회가 진행되면서 정보는 모두에게 공유되고 있으며, 팔로워의 실행력이 각 분야의 성과로 이어지고, 리더의 단계로 올라선 팔로워가 증가한 점 등이 이를 입증하고 있다.

팔로워의 생각과 삶도 바뀌고 있다. 따르는 과정에서는 수직적 사고에 머물렀다면 살피는 단계에 이르면 수평적 사고를 하게 되고, 이끄는 단계에 들어서면 입체적 사고를 하면서 갈수록 사고의 영역이 확대됐다.

이는 고정관념, 선입견, 편견에 휘둘리지 않고, 나만 생각하는 나쁜(나뿐) 생각에서 벗어나 상대를 배려하는 시각으로 바라보는 입체적인 눈이 생긴 것이다. 게다가 타인까지 배려할 정도로 사고의 영역을 확장했다는 것은 이끄는 팔로워로서 종합적으로 판단하는 리더의 시각을 고루 갖췄다는 뜻이다.

금모으기운동과 유류 피해에 따른 태안 해역 대단위 자원봉사 활동처럼 집단지성을 활용하여 조직을 이끌고 국가 위기를 극복한 사례는 향후 팔로워들이 나아가야 할 방향성을 제시했다고 할 수 있다.

팔로워를 이끌지 않고 따르게 하는 기회의 횟수 제공, 인간의 가장 강력한 힘으로 평가받는 '협력'과 상상력을 이끌어주는 '영감', '똑게' 리더가 팔로워에게 맡기는 '권한 위임'은 팔로워십 향상에도 많은 도움을 주고 있는 요소들이다.

Story 05

물고기가 물을 만나면

물고기가 물을 만난 것처럼, 바늘이 실을 만난 것처럼, 리더와 팔로워는 협력해야 한다. 조직의 역량은 리더와 팔로워의 협력 크기에 달려 있다.

STORY **05**

물고기가 물을 만나면

세종대왕과 장영실

'행사직(行司直) 장영실은 그 아비가 본래 원나라의 소주·항주 사람이고 어미는 기생이었는데 공교한 솜씨가 보통 사람에 뛰어나므로 태종께서 보호하시었고 나도 역시 그를 아낀다.' ─『세종실록』, 세종 15년 9월 16일 ─

장영실의 아버지는 원나라 소주·항주 출신의 귀화인이다. 당시는 원나라가 축출되고 명나라가 기세를 올리던 때였다. 그 시절 왕조가 흥하고 망하면 수많은 망명객이 중국에서 조선으로 몰려오곤 했다. 장영실의 아버지도 그런 사람들 틈에 끼어 조선으로 흘러들어 왔다면 양인 정도의 신분은 받았을 것이다.

그런데 장영실은 왜 천민이 되었을까? 조선왕조실록을 보면 장영실의 어머니는 동래현의 관청에 소속된 관기였다. 관의 기생인 어머니의 신분을 따라 노비가 된 것이다. 그러나 장영실은 신세 탓만 하진 않았다. 어린 시절 그는 노비의 신분임에도 불구하고, 동래현의 병기 창고에 들어가 포졸들이 사용할 수 없어서 버린 각종 병장기를 고쳐 놓아 현령의 귀여움을 독차지했다. 그 결과 관상감 출신의 남양 부사 추천으로 한양으로 올라가 궁중에서 일할 수 있었다.

　태종에 이어 세종도 장영실의 재능을 한눈에 알아보았다. 급기야 천민의 신분에서 벗어나게 해 주고 관직까지 내렸다. 덕분에 그는 노비의 삶에서 탈출하여 스스로 운명을 개척하기 시작했고, 2급 공무원인 종3품의 벼슬까지 올라갈 수 있었다.

　세종의 배려로 중국 유학을 다녀온 장영실은 이후 물시계를 비롯한 여러 가지 과학 기구를 발명하였다. 먼저 농사짓는 데 이용하기 위해 비가 온 양을 재는 측우기를 세계 최초로 발명했다. 백성들이 규칙적인 생활을 하는 데 도움이 되는 해시계와 물시계도 만들고, 천체의 이동을 관측함으로써 시간을 알 수 있는 혼천의도 제작했다.

　세종은 장영실에게 시간에 따라 태양이 움직이고 계절에 따라 자연이 변화하는 것을 살필 수 있는 장치를 설치하도록 연구실을 만들어 주고 책임을 맡겼다. 장영실은 세종의 지시에 따라 경복궁에 천문 기상의 변화를 한눈에 알아볼 수 있는 간의를 설치했다. 그리고 간의대를 통해 별의 위치를 측정하고, 낮에는 규표를 이용해 해의 높이를 측정했다.

　세종은 모든 한국인이 인정하는 조선 시대의 위대한 지도자였다. 그는 한글 창제와 과학기술의 발전을 통해 백성 모두가 잘사는 나라로 만들겠다는 명확한 비전과 목표를 갖고 있었다. 세종은 자신의 과학적 비전을 장영실과 공유했고, 그가 과학지식의 역량과 전문성, 그리고 창의력을 마음껏 발휘하도록 적극적으로 지원해주었다.

사람이 큰 뜻을 이루려면 내부적 준비와 더불어 외부적 조건을 잘 갖추어져야 한다. 하나는 나를 키워줄 '사람'이고, 둘은 시대적 흐름인 '때'를 잘 만나야 한다. 관상어 중에서도 비단잉어로 알려진 '코이(koi)'라는 물고기는 아주 특이하다. 이 물고기는 작은 어항에다 기르면 5~8cm밖에 자라지 않지만, 커다란 수족관이나 연못에 넣어두면 15~25cm까지 자란다. 그런데 강물에 방류하면 90~120cm까지 자란다. 그래서 코이의 법칙이라는 말도 탄생했다.

세종과 장영실의 팀워크는 모범적인 리더와 팔로워의 관계로 서로를 존중하고 신뢰하는 기반 위에 싹을 틔웠다. 세종은 장영실의 천부적인 재능을 인정하고 위임한 덕분에 과학기술을 혁신시킬 수 있었다. 장영실도 세종의 지원 덕분에 자신의 역량을 코이처럼 최대한 발휘하여 국가 발전에 이바지할 수 있었다.

이순신과 나대용

초천(超遷)과 불차탁용(不次擢用)은 연공서열을 따지지 않고 벼슬의 등급을 뛰어넘어 인재를 등용하는 제도이다. 선조는 1591년 2월 임진왜란이 일어나기 1년 전 류성룡이 천거하자 이순신에 대한 불차탁용의 인사를 단행했다.

이순신은 당시 종6품의 정읍 현감이었다. 이를 정3품의 당상관인 전라좌수사로, 무려 7단계나 뛰어넘는 발탁인사를 감행한 것이다. 선조가 잘했던 일로 꼽히는 것은 이순신 장군의 불차탁용 인사다. 노동조합 제도가 정상 가동되는 지금 시스템에서 보면 파격이 아니라 불가능한 인사였다.

　윤석열 대통령도 한동훈 검사를 법무부 장관으로 임명하는 초천(超遷)의 인사를 단행했다. 호사가들은 사법연수원에 좌천된 한동훈 검사를 중앙지검장으로 낙점하거나 검찰총장 정도로 임명할 것으로 예측했다. 그러나 윤 대통령은 이미 인수위 시절부터 "법무부 장관은 내가 생각해 놓은 사람이 있다."라고 말했다. 이순신에 대한 불차탁용 인사는 역사의 평가를 이미 받았다. 한동훈 인사는 훗날 역사가 평가할 몫이다.

　이순신 장군은 선조의 발탁인사 덕분에 임진왜란이 일어났을 때 조선의 바다를 성공적으로 지킬 수 있었다. 그러나 선조는 이순신 장군을 그 자리에 계속 두진 않았다. 그 바람에 이순신 장군은 원균을 비롯한 서인들의 모함에 넘어가 파직, 투옥하고, 백의종군하게 하는 바람에 충분한 기량을 발휘하지 못했다.

　김세곤 호남역사연구원장이 저술한 『거북선을 만든 나대용 장군-나대용 장군 평전』에는 나대용과 이순신의 첫 만남이 상세히 수록되어 있다. 해상세력 출신인 왕건은 서기 903년 수군을 이끌고 서해를 통해 내려와 후백제 견훤의 중심부였던 금산군을 공격한다. 그리고 이곳을 점령한 뒤에 나주로 개칭했다. 전라도는 전주와 나주의 머리글자를 합한 것이다. 그만큼 나주는 전라도의 요충지이자 남부 지역의 해상중심 도시였고 바다 및 배의 역사와 인연이 깊다.

　거북선을 설계한 나대용은 나주에서 태어나 28세에 무과 급제하였다. 그는 훈련원봉사(訓練院奉事)로 재직하다가 32세 때에 사직하고 고향인 나주로 돌아왔다. 이후 그는 자신이 거처하는 방 벽면에 설계도를 수없이 그려 붙여 가며 거북선 연구에 몰두했다.

1591년 이순신 장군이 전라좌수사로 부임하자 나대용은 이순신에게 구상 중인 거북선 설계도를 보여 준다. 이순신은 그를 믿고 곧바로 거북선 건조 책임관으로 임명했다. 나대용은 이후 불에 쉽게 타지 않는 배를 만들기 위해 몰두한다. 낮에는 산에 올라가 배에 사용할 재목을 베어 왔고, 밤에는 거북선 모형을 제작하는 데 심혈을 기울였다. 설계도를 보완하고 실험하기를 여러 차례, 1592년 4월 마침내 배가 완성된다. 그리고 임진왜란이 나자 거북선은 사천해전, 당포해전, 한산도 대첩 등에서 맹위를 떨쳤다.

거북선 설계도를 그린 나대용과 이를 단번에 알아보고 그의 재능을 전폭적으로 신뢰해 거북선을 만들게 한 이순신, 이 둘의 관계 속에서 탄생한 거북선은 미래를 내다보는 리더와 실행력이 뛰어난 팔로워가 최상의 조합으로 빚어낸 결과물이었다.

충무공 이순신 장군은 나대용을 장하게 여겨 조정에 아뢰기를 "몸을 돌보지 아니하고 죽을힘을 다해 싸웠으니 나대용의 공이 가장 으뜸입니다."라며 칭찬을 아끼지 않았다고 했다.

당 태종과 위징

부하가 직언하지 않으면 상관은 고립될 수 있다. 그런 의미에서 볼 때 당 태종과 위징(魏徵, 580~643년)은 중국 역사상 가장 아름다운 군신 관계의 모범으로 손꼽힌다. 위징은 당 태종에게 직언과 충언을 아끼지 않았고, 덕분에 당 태종은 국가와 백성을 위한 선정을 펼칠 수 있었다.

당나라의 2대 황제였던 당 태종은 뛰어난 군사적 능력과 정치적 재능으로 당의 건국과 번영에 크게 이바지했다. 그는 수나라 말기의 혼란을 평정하고, 중앙아시아를 정벌하여, 당의 영토를 크게 확장했다. 재위 기간 조용조 제도와 과거제도를 실시하여 농민들에게 토지를 나누어 주고, 인재를 양성했다.

위징은 직간(直諫)하기로 이름이 높았다. 위징은 당 태종의 형 이건성의 측근이었다. 당시 위징은 형에게 동생 이세민이 영민하여 반란할 우려가 크니 독살할 것을 권했다. 그러나 형은 이 말을 듣지 않다가 동생에게 살해당한다. 모시던 주군이 죽고 동생 이세민이 황제로 등극하자 위징은 죽음을 각오했다. 그러나 이세민은 명군이었다. 위징의 솔직함과 재능, 지혜, 능력 및 성실성을 높이 평가하고 오히려 그에게 간의대부를 맡아달라고 요청했다. 위징도 이런 당 태종의 리더십과 능력을 인정했다. 이렇게 해서 두 사람 사이에 쌓인 신뢰와 존중은 최고의 정책 파트너로 일할 수 있게 만들었다.

당 태종은 훗날 "위징은 일이 있을 때마다 나에게 바른 말을 했는데 언제나 나의 잘못을 정확히 지적해 주었다. 그의 간언은 맑은 거울이 형체를 비추듯 내가 잘한 것, 잘못한 것을 분명하게 지적해 주었다."라고 술회했다.

위징은 이처럼 기회가 있을 때마다 태종의 잘못을 지적하며, 공정하고 현명하게 통치할 것을 간언했다. 심지어 태종이 그의 친척이나 친구들에게 관직을 주거나 세습하는 것도 반대하며 공정한 인사를 요구했다. 위징은 당 태종에게 자신의 의견을 피력할 때 두려움은 없었으나 대신 정중한 자세로 전달했다고 한다. 이에 태종도 그의 비판을 겸허하게 받아들이고 반성과 개선의 기회로 삼았으며, 그가 제안한 권장 사항과 정책은 적극적으로 구현하였다.

리더와 팔로워를 동시에 성장하게 하는 방법은 '간언(諫言)'과 '납언(納言)'이 있다. 팔로워는 잘못된 일을 고치도록 바른말을 올리는 것이고, 리더는 그 말을 기꺼이 수용하여 받아들이는 것이다. 간언이 팔로워의 일이라면 납언은 리더 몫이다. 당 태종은 위징의 전문성을 인정했고, 위징도 당 태종의 비전과 정책을 믿었기에 성공적으로 구현되도록 최선을 다했다.

당 태종과 위징의 관계는 중국 역사에 지속적인 영향을 미쳤다. 위징의 조언과 기여는 중국 역사상 황금기였던 당 태종 시대에 안정적인 통치를 하는 데 큰 도움이 되었다. 그들의 협력은 유능한 팔로워와 이를 수용하는 리더로서의 이상적인 모습을 보여 주었다. 당 태종은 위징의 능력과 충성심을 높이 평가했고, 위징은 당 태종의 비전을 공감하며 헌신적으로 일했다. 그 결과 당 왕조는 번영과 안정을 누릴 수 있었다.

당 태종과 위징처럼 리더는 팔로워의 능력을 평가하고 그를 중용해야 한다. 아울러 팔로워도 리더의 비전을 이해하고 그를 위해 헌신해야 한다. 이렇듯 서로에 대한 신뢰와 존중이 바탕에 깔린 리더와 팔로워의 협력 관계는 조직의 성장과 발전을 돕는다. '자치통감'은 정관 16년 위징이 죽었을 때 태종이 몹시 슬퍼했다는 대목을 이렇게 적었다.

> "구리로 만든 거울은 의관을 바로잡게 해 주었고, 역사라는 거울은 나라의 흥망성쇠를 알게 해 주었으며, 사람이라는 거울은 나의 잘잘못을 깨닫게 해 주었다. 그런데 오늘 위징이 죽었으니 사람이라는 거울 하나를 잃고 말았구나!"

설리번과 헬렌 켈러

미국의 작가 마크 트웨인은 "19세기에 두 명의 위인이 태어났다면 한 사람은 나폴레옹이고 또 한 사람은 헬렌 켈러이다."라고 극찬했다. 미국 정부도 헬렌 켈러의 큰 뜻을 기려 그녀에게 대통령 훈장을 주었다. 헬렌 켈러는 '팔로워의 자랑'이자 '수(守)·파(破)·리(離)의 모범'이며 '따살이 팔로워십의 교과서'라고 할 수 있다.

미국 앨라배마주에서 태어난 헬렌 켈러는 생후 19개월 정도 되었을 때 극심한 고열로 청각과 시각을 잃고 말도 할 수 없게 되었다. 그녀의 부모는 여러 해 동안 병원을 찾아다녔으나 효과를 보지 못했다. 헬렌 켈러는 견딜 수 없는 어둠과 외로움으로 실의에 빠져들었다.

그렇게 고통스러운 나날을 보내던 헬렌 켈러는 인류 역사상 가장 위대한 스승으로 꼽히는 앤 설리번 선생을 만난다. 설리번의 어머니는 결핵으로 사망했고, 아버지는 알코올 중독자였다. 미국 보스턴의 한 보호소에 맡겨진 설리번은 함께 보호소에 있던 동생마저 세상을 뜨자 충격을 받아 미치면서 시력마저 잃었다.

　괴성을 지르고 수차례에 걸쳐 자살까지 시도했던 설리번은 회복 불능 판정을 받고 정신병동의 지하 독방에 갇혔다. 이때 중년의 간호사 로라가 설리번을 돌보겠다고 자청했다. 로라는 날마다 과자를 들고 가서 책을 읽어 주고 기도도 해주었다. 그렇게 한결같은 관심과 사랑에도 설리번은 듣지 않았고 음식도 거부했다.

　그러던 어느 날 설리번은 잠시 반응을 보였고, 정신이 돌아온 듯 로라와 처음 대화를 나눴다. 그 후 둘 사이에 대화 시간은 점점 길어지면서 2년 후에는 파킨슨 시각장애인 학교에 입학할 수 있었다. 학교생활을 하는 동안 웃음을 되찾은 그녀는 최우등생으로 졸업하였다. 한 신문사의 도움으로 개안 수술을 받아 시력도 되찾았다. 수술로 글을 볼 수 있게 된 어느 날, 설리번은 한 신문광고 기사를 읽게 된다.

　'보지도 못하고 말하지도 못하는 아이를 돌볼 사람을 구함!'

　운명이라고 생각한 그는 즉시 아이를 찾아갔다. 아이는 설리번을 만나고 나서부터 말을 조금씩 하게 되었다. 손바닥에 글씨를 써서 말을 배우고, 알파벳도 조금씩 익히는 등 정신 근육이 다져지자 수화를 배워 사람들과 소통도 시도했다. 그녀가 바로 헬렌 켈러였다.

　1894년 헬렌 켈러는 보스턴에 있는 호러스 맨 농아학교와 뉴욕에 있는 라이트 휴메이슨 수화 학교에 다니면서 배움의 물꼬를 텄다. 1898년에는 케임브리지 여학교에 입학했고, 1900년 가을엔 래드클리프 칼리지를 우등생으로 졸업했다. 이후 그녀는 시각, 청각, 언어기능을 잃은 사람에게 도저히 불가능할 것 같은 일들을 하나하나 해내기 시작했다.

"장애는 불편하나 불행한 것은 아니다."

모든 장애인에게 감동적인 명언을 남긴 헬렌 켈러는 처음으로 고등교육기관에서 인문계 학사 학위를 받은 시각, 청각 중복 장애인이었다. 졸업 후엔 작가이자 교육자, 사회주의 운동가로 활동했다.

그녀는 영어 외에도 프랑스, 독일어, 라틴어, 그리스어 등 5개 국어를 구사했고, 이를 토대로 세계 각지를 다니며 시각장애인 기금을 모금하는 등 시각 장애 복지와 교육 사업에 헌신했다.

1937년에 일제강점기 시절 강연차 한국에 온 적도 있다. 당시 경성부에서 강의를 마치고 기차를 타고 평양과 개성, 대구를 방문했다. 그녀는 6.25 전쟁 때도 방한한 적이 있을 만큼 한국과 인연이 깊다.

신은 생명을 평등하게 만들었다. 그러나 신의 평등은 능력과 환경이 같은 게 아니라 개개인 모두는 다 다르고 유일하다는 평등이다. 헬렌 켈러는 세상은 고난으로 가득하지만, 고난의 극복으로도 가득하다고 했다. 그녀는 생전에 '사흘만 세상을 볼 수 있다면'이라는 감동의 글을 남겼다.

"사흘만 세상을 볼 수 있다면 첫째 날은 사랑하는 이의 얼굴을 보겠다. 둘째 날은 밤이 아침으로 변하는 기적을 보리라. 셋째 날은 사람들이 오가는 평범한 거리를 보고 싶다. 단언컨대 본다는 건 가장 큰 축복이다."

들을 수도 볼 수도 말할 수도 없었으나 이 삼중고의 장애를 극복하고 장애인 인권 운동가로 세상에 이름을 남긴 헬렌 켈러.

로라의 간호로 일어선 설리번이 헬렌 켈러의 리더였다면 헬렌 켈러는 팔로워의 삶을 살다 이끄는 팔로워로 변신한 대표적 사례다. 무엇보다도 헬렌 켈러는 스승보다 더 위대해진 '따살이 팔로워십'의 전형(典型)이자 수(守)·파(破)·리(離)의 3단계 과정을 모두 실천한 이끄는 팔로워의 끝판왕이었다.

이석형 함평군수와 정헌천 곤충연구소장

해마다 5월이면 전남 함평군에서 나비 축제가 열린다. 나비 축제는 지방자치단체에서는 가장 성공한 축제로 꼽힌다. 함평의 대자연 속에서 나비와 자연을 소재로 펼치는 생태 학습 축제다.

이곳을 찾는 관광객들은 10만 평의 유채꽃과 24만 평의 자운영꽃이 수만 마리의 나비와 어울려 연출하는 아름다움의 향연에 흠뻑 취한다. 축제장에서는 생태계의 아름다움과 소중함을 체험하는 각종 행사가 열린다.

나비 축제를 처음 구상한 사람은 이석형 군수다. 그는 KBS 피디(PD)로 12년간 근무하다 군수에 출마하여 39살이라는 최연소 나이로 함평군수에 당선됐다. 당선의 기쁨도 잠시, 98년 6월부터 군정 업무를 넘겨받다 보니 눈앞이 캄캄해지는 느낌이었다. 함평군의 재정은 파산 선고를 받은 것이나 다름없을 정도로 심각했다.

세금 수입은 연간 44억 원에 재정자립도는 12%, 농업종사자는 65세 이상 고령 인구가 24%를 넘었다. 게다가 함평은 천연자원도, 지하자원도 없고, 관광자원도 없는 3무의 고장이었다.

이 군수는 지역 경제를 어떻게 살릴까를 놓고 고민을 거듭했다. 하루는 함평천을 걷다가 문득 이곳에 대규모로 꽃을 심어 친환경 분위기를 조성하고 생태 체험 축제를 열면 어떨까 하는 생각이 떠올랐다. 함평천에 있던 갈대밭을 갈아엎고 메밀을 심었다.

첫해는 태풍 '예니'가 한반도를 덮치면서 메밀이 모두 떠내려가고 말았다. 유채꽃을 심자는 아이디어가 나왔다. 그렇게 심은 유채꽃은 함평천을 노랗게 물들이며 장관을 이뤘으나 어떻게 활용해야 할지 생각이 떠오르지 않았다.

그때 노란 나비 대여섯 마리가 팔랑이며 날아가는 모습을 보다가 피디(PD) 시절에 만났던 정헌천 나비 박사의 얼굴이 떠올랐다. '나비는 살아서는 이벤트, 죽어서는 전시관'이라며 나비에 미쳐 있던 정헌천은 군수의 전화를 받자 곧바로 함평으로 달려왔다. 농업기술센터 산하에 곤충연구소를 설립한 뒤 그를 소장으로 임명했다. 그리고 나비를 인공 증식할 방법을 개발하라는 임무를 주었다. 직원들에게는 나비 축제에 대한 아이디어를 모으기 위해 수시로 회의를 열고 의견을 수렴했다.

긍정의 반대말은 부정이 아니라 아직 긍정이 일어나지 않은 상태라는 말이 있다. 처음에는 주저주저하던 직원들도 시간이 지나자 공공 휴지통에 나비 디자인을 넣자는 의견에서부터 가로등도 나비 모양으로 바꾸자고 하는 등 경쟁적으로 아이디어를 쏟아내기 시작했다.

나비 축제에서 가장 중요한 것은 나비다. 그러나 날아다니는 나비를 축제를 위해 대량으로 잡아 놓았다가 축제장에 풀 수도 없는 노릇, 이런 고민을 한꺼번에 해결한 사람이 정헌천 소장이다.

나비를 대량으로 키워 나비 축제를 성공시킨 일등 공신이다. 그는 따듯한 제주도로 날아가 채취한 나비 애벌레를 유리온실에서 부화시켜 약 10만 마리 이상의 나비를 확보했다. 축제가 시작되자 부화한 나비를 행사장 곳곳에 풀어 축제 분위기를 고조시켰다. 아이들은 함평에 가면 나비를 찍어내는 나비 공장이 있다고 떠들었다.

마침내 1999년 5월 5일 어린이날을 맞아 시작된 축제를 보려고 몰려드는 인파로 도로는 마비 조짐을 보였다. 개막 첫날부터 관광객들은 구름처럼 몰려들었다. 함평 나비 대축제는 한때는 연간 200만 명이 찾을 정도로 우리나라의 대표적 생태 체험 축제로 자리매김했다.

함평 나비 대축제는 영국의 에든버러 축제와 함께 경제성 있는 이벤트를 개최해 성공을 거뒀다는 평가를 받았다. 함평 나비 축제가 뜨자 이석형 군수는 시골 군수에서 전국적 인물로 급부상했다. 덕분에 거뜬히 3선 군수를 마치고, 전국산림조합중앙회장까지 역임했다.

이석형 군수와 정헌천 나비 박사의 협력은 지역축제를 성공시킨 상생의 모델이다. 그러나 축제가 성공하는 데에는 정 소장의 헌신이 큰 역할을 했다. 팔로워가 헌신하겠다는, 공헌하겠다는 자세를 취하면 시너지 효과가 난다. 시너지 효과는 자연 속에서도 벌어진다. 두 개의 식물을 가까이 심어놓으면 그 뿌리들이 얽혀서 주위 토양을 더욱 비옥하게 하니 따로 심을 때보다 훨씬 더 잘 자란다.

한 남자와 한 여자가 결혼해서 아기를 낳아 세 식구를 만드는 것도 바로 시너지이다. 시너지의 본질은 차이점을 인정하는 것이다. 서로의 차이점을 존중하고 강점을 활용하며 약점을 서로 보완할 때 시너지 효과는 더 크다.

독일의 심리학자인 맥스 링겔만 교수는 집단에 참여하는 개인의 수가 늘어갈수록 성과에 대한 1인당 조직 기여도는 오히려 떨어진다는 사실을 발견했다. 이를 링겔만 효과라고 불렀다.

이를테면 1인당 공헌도가 한 사람이 참여할 때는 100%이지만 두 사람이 참여하면 93%로 줄고, 세 사람이 참여하면 85%로, 여덟 사람이 참여하면 40%로 줄어든다고 한다. 따라서 링겔만 효과를 넘어서 조직 발전을 가져올 방법은 개개인의 희생이 모여야 가능하다.

헌신은 몸을 바치는 것이다. 그 주체는 바로 나 자신을 바치는 것이다. 그래서 자발적이라는 의미가 포함된다. 조직의 발전이 나의 발전이 되려면 상호발전이 선순환을 이뤄야 한다. 팔로워는 그래서 포로가 아닌 프로의 자세를 가질 필요가 있다.

경영학의 아버지라 불리는 피터 드러커는 "팔로워의 능력은 오직 헌신하는 자세에서 비롯되며, 이는 개인의 희생과 봉사 정신 형태로 발휘된다."라고 했다. 팔로워의 공헌이 뚜렷할수록 조직은 리더와 함께 살아 움직이는 조직으로 자리매김하게 된다고 본 것이다.

정헌천 소장은 나비 축제를 전국 최고로 만든 공로를 인정받아 2006년 대한민국 지역혁신박람회에서 지역혁신 우수 리더로 뽑혀 대통령상을 받았다. 이어 2007년에는 『한국사 나비류의 인공증식 기법 및 유전적 변이에 관한 연구』 논문으로 이학박사 학위를 취득했다. 선순환 효과가 이어진 것이다.

나비 박사 정헌천 소장을 기억하는 사람은 거의 없다. '나비 축제' 하면 사람들은 아직도 '이석형 군수'를 떠올린다. 그러나 나비 축제가 정헌천 곤충연구소장을 비롯한 다수의 함평군 공직자 팔로워의 헌신적 노력과 군민의 뒷받침이 있었기에 성공할 수 있었다는 사실만큼은 결코 부인할 수 없다.

정갑철 화천군수와 장석범 나라사랑축제본부장

강원도 화천군은 86%가 산이고, 5%가 물이다. 활용할 수 있는 땅이라고 해 봐야 9%가 전부다. 인구는 6만이지만 그중 3만6천 명은 주둔한 군인이고, 민간인은 2만4천 명에 불과하다. 화천군은 군인이 주 관광객이다. 40%의 민간인이 60%의 군인에 기대어 사는 경제구조로 얽히고 설켜 있다.

정갑철 화천군수는 2002년 군수에 당선 직후 지역발전을 위해 관광 기반 시설을 구축하는 것이 가장 시급하다고 판단했다. 그래서 화천의 세 가지 자원인 산과 물, 그리고 청정성을 떠올리며 빈곤을 타개할 방법과 가능성 등을 여러 가지로 저울질했다.

당시 화천군에는 1999년부터 3년째 화천의 옛 이름을 딴 낭천 얼음 축제가 열리고 있었다. 그러나 빙어 낚시를 하는 수준이어서 동네잔치라는 지역적 한계를 벗어나지 못하고 있었다.

　2002년 10월 낭천 얼음 축제를 준비하는 자리에 들른 정 군수는 이 자리에서 참석자들에게 "지역 주민만을 대상으로 하는 축제가 아니라, 전국적으로 상품화할 수 있는 화천 대표 축제를 구상하면 군 차원에서 적극적으로 지원하겠다."라는 의사를 밝혔다.
　이때 평소 잘 알고 지내던 후배 장석범씨가 산천어 낚시를 제안했다. 손맛이 끝내준다는 이유였다. 산천어는 몸길이가 30cm나 된다. 일급수에서만 살아 화천의 청정성을 홍보하기에도 안성맞춤이었다. 화천과 산천어 이름은 어감이 비슷해 잘 어울릴 것 같았다. 마치 화천을 위해 태어난 물고기로 느껴졌다.
　주민들은 낭천 얼음 축제에 별 재미를 못 본 터라 산천어축제에도 그다지 관심을 보이지 않았다. 오히려 "지역에 살지도 않는 산천어를 가지고 와서 왜 야단법석을 피우느냐?"며 의아한 눈초리로 바라보기까지 했다. 축제를 열려면 낚시점의 도움이 필요했다. 고기를 잡으면 회를 뜰 사람이 있어야 하고, 축제장에서 운영할 식당 섭외 등 기본 행사준비를 모두 마쳤다.

　드디어 2003년 1월 2일 제1회 산천어축제가 시작되자 주말 방문객 수만 2만여 명을 훌쩍 넘어섰고, 최종 방문객 수는 22만 명으로 집계되었다. 이어 2004년 2회 때는 58만 명이 다녀갔고, 3회 때는 70만 명을 넘어섰으며, 2006년부터는 방문객 수가 100만 명을 돌파했다.

2009년 뉴욕타임스는 화천 산천어축제를 금주의 포토뉴스로 소개했고, CNN은 산천어축제를 겨울철 세계 7대 불가사의로 보도했다. 산천어를 잡기 위해 얼음판 위에서 일시에 1만2천 명이 낚시하는 풍경과 추운 겨울 날씨에 산천어를 잡겠다고 물속에 뛰어드는 풍경을 매우 흥미로운 볼거리로 소개했다.

인구라고는 고작 7천여 명뿐인 중부 전선 최전방 지역 화천읍에서 시작한 산천어축제가 1백만 명이 넘게 찾는 대표 축제로 성장한 배경에는 군 공무원 전체를 움직인 정갑철 군수의 열정과 축제 기간 주말을 반납하고 함께 움직여 준 군청 공무원들, 그리고 섬세하게 기획을 세워 실천한 화천군 나라축제조직위원회 장석범 운영본부장의 헌신적인 노력이 있었다. 장석범 본부장은 2006년 국내 처음으로 100만 명의 관광객 유치에 성공한 공로를 인정받아 '지역혁신 리더'로 선정돼 대통령상을 받았다.

산천어축제는 프로그램도 기획사에 맡기지 않는다. 주민과 행정기관이 모여 축제 기획과 운영, 평가까지 한다. 그래서 산골 마을의 훈훈한 정을 느낄 수 있는 다채로운 프로그램이 많다. 축제 때 불편을 겪었던 관광객이 올리는 섭섭한 글이나 비판도 외면하지 않고 두었다가 개선할 수 있도록 최선을 다한다.

정갑철 화천군수와 장석범 나라사랑축제본부장은 산천어축제를 성공적으로 이끈 모범 사례다. 정 군수는 리더로서 화천군의 발전과 행정을 총괄하는 수장직을 맡아 전략적 결정을 내리고, 장 본부장은 산천어축제의 추종자이자 핵심 조직자로서 결정적인 역할을 했다. 그는 축제의 운영을 관리하고 다양한 활동을 조정하며 참가자들에게 기억에 남을 경험을 보장하는 기획을 담당했다.

이들의 협업은 상호 신뢰와 공동 목표로 특징지어진다. 정 군수는 장석범에게 축제 조직의 책임을 맡기고 그의 성공적인 행사 진행 능력을 믿었으며, 장 본부장은 군수의 리더십을 존중하고 높이 평가했다. 특히 둘은 축제의 계획 및 실행 프로세스 전반에 걸쳐 아이디어, 피드백 및 필요한 조정을 교환할 수 있도록 열린 소통을 이어 갔다. 그 결과 개별 역할을 넘어 지역사회, 기업, 정부 기관을 포함한 다양한 이해관계자와 협력하여 응집력 있고 매력적인 글로벌 축제로 승화시킬 수 있었다.

정갑철 군수와 장석범 본부장의 리더십과 팔로워십은 산천어축제의 성장과 명성에 크게 이바지했다. 이들의 공동 노력은 화천군의 관광산업을 발전시키고 문화 교류를 촉진하며 방문객에게 기억에 남는 경험을 선사했다.

정 군수는 축제의 비전과 방향을 제시했고 장석범 본부장은 집념과 솜씨로 계획을 실행했다. 이 과정에서 공동의 목표를 달성하기 위한 신뢰, 효과적인 의사소통 및 이해관계자와의 협력은 축제의 성공과 화천군에 긍정적 영향을 미쳤다.

Story 5 요약 (Summary)
물고기가 물을 만나면

인간의 성장 가능성은 '코이'라는 관상어와 비교할 바가 아니다. 물고기가 어떤 환경의 물을 만나느냐에 따라 크기가 달라지듯, 팔로워도 어떤 리더를 만나느냐에 따라 융합의 시너지효과가 달라진다는 것을 사례로 살펴보았다.

장영실은 세종을 만나면서 측우기와 해시계, 물시계, 혼천의를 간의대에 설치하는 등 많은 것을 발명했다. 이를 통해 세종은 백성들에게 농사를 짓는 것과 규칙적인 생활을 할 수 있도록 도와주면서 조선의 과학기술 발전도 크게 진일보했다.

이순신과 나대용의 만남도 마찬가지다. 나대용은 전라좌수사로 부임한 이순신 장군을 찾아와 자신이 구상 중인 거북선 설계도를 보여 주었고, 이를 알아본 이순신은 그를 곧바로 거북선 건조 책임관으로 임명했다. 덕분에 거북선은 임진왜란이 발발하기 직전에 완성했고, 실전에 배치된 거북선은 사천해전, 당포해전, 한산도 대첩 등에서 맹위를 떨쳐 조선을 구하고 백성을 살렸다.

당 태종과 위징의 관계도 중국 역사상 가장 아름다운 군신 관계의 모범으로 꼽히고 있다. 당 태종은 충직한 신하를 알아보고 그에게 도와달라고 요청했고, 위징도 당 태종의 그릇을 신뢰하고 존중하면서 최고의 정책 파트너로 일했기에 당 태종을 중국 역사상 3대 명군에 들어가도록 보필할 수 있었다.

설리번과 헬렌 켈러의 사례는 '팔로워의 자랑'이자 '수(守)·파(破)·리(離)의 모범'이며 '따살이 팔로워십의 교과서'라고 해도 손색이 없다.

자치단체에서 가장 먼저 성공한 축제로 소개되는 함평의 나비 축제는 이석형 군수와 나비에 미친 정헌천 곤충연구소장의 공통 주제인 '나비'를 화두로 축제를 구상하고, 대대적인 나비 부화에 성공함으로써 지역 축제의 성공을 열었다는 점에서 높은 평가를 받고 있다.

화천의 산천어축제도 정갑철 군수의 열정과 어감도 잘 어울리는 '화천'과 '산천어'의 만남을 제시한 장석범 나라사랑본부장의 축제 제안과 멋진 기획이 맞물려 7천 명에 불과한 화천읍에 연간 1백만 명의 관광객이 몰리는 축제를 개최할 수 있게 했다.

'줄탁동시(啐啄同時)'란 말이 있다. 병아리가 알에서 나오기 위해 안에서 껍데기를 '톡톡' 쪼면 어미 닭도 밖에서 '탁탁' 깨뜨려 세상 밖으로 나오는 것을 돕는다. 리더와 팔로워도 마찬가지다. 손뼉도 마주쳐야 소리가 나는 것처럼 둘 중 하나가 결핍되면 제대로 된 힘을 발휘할 수 없다. 갈수록 전문화, 세분화하는 시대 흐름에서는 리더와 팔로워가 각자 역량을 최대한 발휘하며 선순환할 때 조직은 최고의 성과를 거두며 경쟁력을 높일 수 있다.

Story 06

팔로워의 핵심 역량

실천이 없으면 달라질 게 없다. 팔로워의 핵심 역량은
오로지 실행력에 달려 있다.

Story 06

팔로워의 핵심 역량

내 삶을 주도하는 주인의식

어떤 일이든 자기 일처럼 책임을 갖고 최선을 다해 이끌어 가는 마음가짐을 주인의식이라고 한다. 가는 곳마다 조건과 상황이 변화하더라도 늘 주도적으로 행동하라는 '수처작주(隨處作主)'가 이와 같은 뜻이다. 스스로 일을 찾아내어 일하는 직원만큼 회사에 도움이 되는 직원은 없다.

주인의식을 거론하다 보면 떠오르는 사례가 있다. 사무실에 떨어진 휴지를 놓고 사장과 직원은 서로 다르게 이해하고 받아들인다. 먼저 사장은 휴지를 줍지 않는 직원이 주인의식이 없어서 그렇다고 안타까워한다. 반면 직원은 "내 집이 아닌데 어떻게 내 집으로 생각하느냐?"라며 어이없다는 표정을 짓는다.

당신은 언제까지 월급만 받고 눈치를 보면서 회사에서 시키는 일만 할 생각인가? 사장도 휴지 따위로 직원의 주인의식을 논하기에 앞서, 직원의 삶과 일 안에서 주도성을 기를 수 있는 구조와 환경이 무엇인지 심각하게 고민하고 답을 내놓아야 한다. 직원도 마찬가지다. 월급에만 의미를 둔 채 삶을 낭비하지 말고 직장을 다니는 동안 삶의 주도성을 찾는 방법을 처절하게 고민해야 한다.

가수 겸 배우인 옥택연이 군 복무를 마치고 전역했다. 원래 옥택연은 미국 영주권자로 군 복무 대상자가 아니었다. 그런데도 현역 입대를 하려고 미국 영주권을 포기했다. 여기서 끝나지 않았다.

허리 디스크로 군 대체 복무 판정을 받자 허리 디스크 수술을 받고 완쾌된 뒤에 다시 현역 판정을 받고 입대한 것이다. 그렇게 백마부대 신병 교육대에 입대한 옥택연은 복무 기간 동안 '캡틴 코리아'라는 별명으로 불리며 군대 체질이라는 소리를 들었다. 병영 생활에서도 부대원들에게 좋은 모습을 보여 모범 병사 표창까지 받았다.

반면에 모 가수는 병역을 피하려고 미국으로 도피해 미국 시민권을 얻었다. 법무부는 그가 나라의 이익이나 공공의 안전을 해할 염려가 있다고 보고 입국 제한 대상자로 등록했다. 그 결과 그는 20년 넘게 한국에 들어오지 못했다. 최근 법원 한국 입국비자 발급 소송에서 승소 판결을 받았다고 하지만 이를 바라보는 국민의 시선은 여전히 싸늘하다.

아무리 군대가 변했다고, 좋아졌다고 해도 군대는 군대다. 엄연히 규율이 있고, 상명하복의 군대 문화는 여전히 존재한다. 지금 복무 중인 군인들도 모두 국방의 의무를 다하기 위해 입대한 것이다.

세계 최고의 부자로 거론되는 워런 버핏은 자신의 성공 비결을 '주인처럼 행동하는 것'이며 이러한 주인의식은 열정을 불러일으킨다고 했다. 주인의식이 없는 사람은 그저 자신에게 맡겨진 일만 처리하는 안일함 때문에 일에 몰두할 수 없다. 일을 통한 자기완성 또한 불가능하다. 재테크와 자기 계발 서적을 읽을 때 종종 접하는 빌 게이츠의 명언이 있다.

'가난하게 태어난 것은 당신의 잘못이 아니지만, 가난하게 죽는 것은 당신 책임이다' 라는 문장이다. (If you are born poor, it's not your mistake. But if you die poor, it's your mistake)

클린턴 미국 전 대통령의 아내 힐러리 여사는 2004년 미국에서 가장 존경받는 여성 1위로 뽑혔다. 힐러리 여사와 관련하여 전해지는 이야기 중에 미국 사람들 사이에 오르내리는 재미있는 일화가 있다.

클린턴 대통령 부부가 여행하던 중 시골을 지나가다 한 주유소에 들러 기름을 넣게 되었다. 그런데 주유하던 사람은 대학 시절 힐러리와 친하게 지내던 첫사랑이었다. 잠깐 정담을 나누는 모습을 본 클린턴은 차가 출발하자 힐러리에게 농담을 던졌다.

"만일 당신이 저 남자와 결혼했으면 지금쯤 당신도 주유소에서 함께 기름을 넣고 있겠네요." 이 말에 힐러리는 빙그레 웃으면서 "아니죠, 그렇다면 바로 저 친구가 대통령이 되었겠지요."라고 했다는 것이다. 힐러리의 주인의식이 느껴지는 답변이다.

누구나 첫사랑은 특별히 의미 있는 경험이다. 그러나 사람의 마음을 얻는 일은 쉽지 않다. 첫사랑은 준비되지 않은 상태에서 다가오는 경우가 대부분이다. 그래서 실패할 확률이 높다. 세월이 흐른 후 사람들은 현재 사는 사람과 불협화음을 일으킬 때 불현듯 추억 속 첫사랑을 떠올린다. 그 첫사랑이 잘살고 있으면 아쉬움에 배가 아프고, 못 살고 있으면 왠지 가슴이 아프고, 첫사랑이 찾아오면 골치가 아프다. 차라리 안 보이는 게 나을 수 있다.

스티븐 코비는 『성공하는 사람들의 7가지 습관』 책에서 '어떤 문제에 봉착했다면 환경이나 주변을 탓하지 말고, 자기 자신에게서 먼저 문제점을 찾아야 한다'고 했다.

인간의 본질을 설명하는 세 가지 사회적 패러다임이 있다. 조상을 원인으로 보는 유전적 결정론과 부모의 영향으로 보는 심리적 결정론, 현재 나의 모습은 내가 모시는 상사, 배우자 동료, 또는 말 안 듣는 10대 자녀 때문이라는 환경적 결정론이다. 그러나 이 모든 것은 자아의식과 무관한 것이어서 자신의 삶을 주도할 수 없다. 주변 사람이나 환경을 바꾸기보다 나 자신을 변화시키는 일이 훨씬 쉽다.

실패하는 사람은 항상 타인이나 환경을 탓하며 일생을 수동적인 자세로 살아가는 패턴에 익숙하다. 그러나 인생은 스스로 책임지려는 순간 주도권은 내게 찾아오고, 그 사이 자신은 적극적으로 변하고, 능동적인 행동과 주도적인 말로 나의 영향력을 확대하며 살아가게 된다. 당연히 자아의식은 점점 더 성숙해져서 자연스레 성장하는 삶을 살아갈 수 있다. 주인의식이 팔로워가 갖춰야 할 핵심 역량인 이유이다.

협력은 팔로워의 강력한 힘

"혼자 성공하는 시대는 지나갔다. '똑똑한 나'보다 '똑똑한 우리'를 원하는 시대다. 미래는 똑똑한 우리를 만들 협업력이 있는 인재를 원한다. 협업은 물리적인 결합이 아니라 화학적인 결합이다."

― 김지영, 『다섯 가지 미래 교육 코드』 중에서 ―

팔로워는 파트너다. 팔로워는 협력자다. 적어도 함께 일하는 상황이라면 리더는 팔로워를 이처럼 대해야 한다. 멋진 리더를 만나는 것은 팔로워의 복이지만, 멋진 팔로워를 만나는 것도 리더의 복이다.

국민의 수준이 대통령의 수준을 결정하듯, 팔로워의 수준은 리더의 수준을 좌우한다. 모범형 팔로워는 리더의 부족한 부분을 채워 주는 동반자이자 협력자이다.

『다섯 가지 미래 교육 코드』의 저자 김지영 박사는 협업의 개념을 '각자의 역량을 모아 합치는 것이 아니라, 각자가 가진 역량을 곱해서 시너지가 날 수 있도록 하는 것'이라고 설명했다. 백지장도 맞들면 낫다는 속담처럼, 아무리 어려운 일도 여러 사람이 모여서 머리를 맞대고 논의하면 다양한 아이디어가 나오니 문제를 쉽게 해결할 수 있다고 보는 것이다. 이처럼 협력은 '시너지의 원천'이자 팔로워의 핵심 역량이다.

미국 해변을 찾는 사람들은 '립 전류(RIP Currents)를 조심하라'라는 경고 표지판을 종종 목격한다. 실제로 미국에서는 해마다 약 1백 명이 립 전류로 목숨을 잃는다. 파도는 해변에서 멀어지는 흐름을 만들기 위해 이따금 특정한 방식으로 해변을 때린다. 이때 상호 작용하는 파도는 단기 립 전류를 생성한다. 립 전류는 해안 근처 낮은 지점 주변의 해저 또는 제방 사이의 틈에서 발생하며, 초당 8피트(시속 약 5마일)의 속도로 흐른다. 날쌘 수영 선수도 쓸어버릴 만큼 강해 순식간에 사람의 목숨을 앗아갈 정도로 위협적이다.

"여기 사람이 빠졌어요! 도와주세요!"

2018년 8월 7일 일요일, 이날도 미국 미시간 호수에서 치명적인 립 전류가 발생했다. 주변 사람들은 립 전류에 갇힌 이들을 구하기 위해 너도나도 호숫가로 뛰어들었다. 이렇게 모인 40여 명은 순식간에 자발적으로 인간 사슬을 만들었다. 협력이 엄청난 시너지효과를 내는 순간이었다. 해안 경비대 관계자들은 사슬을 만든 사람들에게 발로 밑바닥을 끌어 누워 있는 사람을 찾아보라고 요청했다. 참여한 사람들도 서로 손을 잡고 구조에 동참했다. 장장 4시간이 넘게 진행된 한국판 강강술래와도 같은 인간 사슬 덕분에 다섯 명 중 세 명의 목숨은 살릴 수 있었다. 미국인은 이들을 일상 속의 평범한 영웅으로 기억하고 있다. (참고: Massive Human Chain Tries to Rescue Swimmers Caught in Lake Michigan Rip Current, NBC, 스터디언 유튜브 영상, 협력이 엄청난 시너지를 만드는 순간)

모범형 팔로워가 올바른 리더를 만나면 어떤 행동을 보일까? 먼저 지지를 표명한다. 리더가 올바른 비전 수립과 더불어 명확한 목표를 제시할 때 팔로워들은 확실하게 지지 의사를 밝혔다.

다음에 모범형 팔로워는 주어진 업무 이상의 일을 주인의식을 가지고 주도적으로 추진하면서 조직 발전에 이바지한다. 모범형 팔로워는 리더의 상담자나 코치의 역할도 서슴지 않는다.

리더는 전지전능한 하느님이 아니다. 언제든 실수할 수 있고 약점도 있다. 모범형 팔로워는 리더의 부족한 점을 헐뜯기보다 리더의 체면을 세워 주면서 협력과 협조를 아끼지 않는다. 그러나 조직에 해가 되는 부적절한 영향력을 행사하면 언제든 비판하고 저항한다. 우리는 5.18 광주민주화운동에서 그런 모습을 똑똑히 목격했다.

정의가 살아 있는 조직이라면 리더의 부정적인 영향력에 대다수 팔로워는 동조하지 않는다. 민주주의 역사는 더디지만 진보하는 것처럼 조직도 혁신의 길을 걸어야 한다. 조직의 혁신은 조직의 생명을 연장하는 과정이다. 이런 과정이 생략되면 조직은 언제든 무너질 수 있다. 조직이 더 큰 성공의 길로 도약하는 것은 팔로워가 동반자가 되어 협력의 손길을 뻗을 때 가능한 일이다.

전 세계적으로 히트 쳤던 넷플릭스 드라마 『오징어 게임』. 이 드라마에서는 팀원과 협력해야만 살아남는 죽음의 줄다리기 경기도 펼쳐진다. 여자와 노인이 많이 포함된 4조는 모두 남자로 구성된 5조와 겨뤄야 하는 상황이 전개되자 침울해한다. 이때 패배의 기운이 감도는 4조 조원을 향해 오일남 할아버지는 "너무 기죽지 말라. 줄다리기는 작전을 잘 짜고 단합만 잘 되면 이길 수 있다."라고 하면서 나름 알고 있는 비법을 전수했고, 이를 토대로 4조는 젖먹던 힘까지 다해 경기를 승리로 이끌었다.

예루살렘 히브리대학교 역사학과 유발 하라리 교수는 그의 저서 『사피엔스』에서 '인간이 가진 가장 강력한 힘은 사회적 협력과 상상력'이라고 주장했다. 사회적 협력은 팔로워들이 할 수 있는 일 중 가장 중요한 핵심 역량에 속한다. 실제로 그는 침팬지와 코끼리, 심지어 돼지와 일대일로 비교한다고 해도 인간은 절대 그들보다 우월하지 않다고 보았다. 하지만 천 명의 인간은 천 마리의 침팬지를 쉽게 무찌를 수 있는데, 이는 천 마리의 침팬지는 협력하는 방법을 모르기 때문이라고 설명했다.

유발 하라리 교수는 인간만이 할 수 있는 사회적 협력은 향후 우리가 처한 기후 위기를 극복하는 데에도 핵심 역할을 할 수 있을 것으로 내다봤다.

인간의 몸에는 우리도 모르는 다양한 미생물과 세균들이 서식하고 있다. 특히 대장을 비롯한 장기 내부는 미생물들과 협력하며 살아가는 생존방식을 온몸으로 실천해왔다. 이러한 내부의 경험 덕분에 바깥세상에서도 많은 인간과 협력할 수 있었고, 그 결과 지구를 정복할 수 있었다.

기업에서 팔로워는 다양한 방면으로 협력한다. **첫째**, 소통이다. 효과적인 소통을 위해서 협업은 필수다. 팔로워는 리더의 지시에 따르고, 아이디어와 우려 사항을 공유하고, 피드백을 제공하면서 리더와 협력하게 된다. **둘째**, 과업 실행이다. 팔로워는 할당된 과업을 실행하면서 리더와 협력한다. **셋째**, 전문 지식 공유다. 사회가 다변화할수록 리더보다는 한 분야에만 몰두하는 팔로워의 전문성이 깊어진다. 리더는 이를 따라갈 수 없다. 팔로워는 이를 토대로 통찰력, 제안 및 솔루션을 제공하여 의사결정 및 문제 해결에 도움을 줄 수 있다. **넷째**, 팀워크다. 팔로워는 토론에 적극적으로 참여하고, 공유된 목표를 달성하기 위해 서로 지원할 수 있다. **다섯째**, 지원 및 피드백이다. 팔로워는 리더에 건설적인 피드백을 제공하면서 리더를 돕고 지원할 수 있다. **여섯째**, 변화에 대한 적응이다. 팔로워는 물의 속성처럼 변화를 수용하고, 유연함을 보이면서 리더가 제안한 새로운 방향이나 전략에 맞춰 적극적으로 협력할 수 있다. **일곱째**, 의사결정이다. 리더가 최종 결정을 내릴 때 팔로워는 의사결정 과정에서 의견과 관점을 피력하며 협력할 수 있다. 이를 위해 팔로워는 늘 배우고, 리더를 따르면서 주변을 살피고, 때로는 이끄는 팔로워로서의 전문성을 발휘하며 리더에 협력해야 한다.

팔로워에게 중요한 것은 자기 책임을 다하는 것이다. 늘 주어진 업무량 이상을 하고 조직에 필요하다면 무엇이든 협력하겠다는 태도가 중요하다.

다음으로는 리더를 보좌하는 것이다. 리더는 높은 자리에 있을수록 외롭고 두려운 법이다. 칭찬하는 사람도 없고 위로하는 사람도 없는 가운데 무거운 책임감과 막중한 스트레스에 시달린다. 따라서 리더는 늘 가까이에서 보살펴 줄 사람이 필요하다. 팔로워는 시키는 일만 하기보다 질문하고 의견을 나누고 대안을 제시해야 한다. 팔로워는 리더와 함께 조직의 성과를 창출하는 공동운명체이다.

하나보다는 열이 낫다. 각자의 역할이 중요한 시대이고, 이것을 융합하고 발전시키는 것은 조직의 성장과 자연스럽게 연결된다. 아무리 좋은 의견이 있고 아무리 열정 넘치는 리더가 있어도 협력하지 않으면 조직은 성과를 낼 수 없다. 협력을 이끌려면 리더는 단독 결정보다 다수결에 의한 집단지성의 힘으로 합의점을 찾아 나서야 한다.

헌신하는 팔로워

태산은 흙과 돌이 좋고 나쁨을 가리지 않고 받아들였기에 그 높음을 이루었고, 넓은 바다는 작은 시냇물도 버리지 않았기에 저토록 깊어진 것이다.

― 『사기(史記)』, 이사열전(李斯列傳) ―

한의사들은 한약을 지을 때 대부분 감초를 넣는다. 감초는 단맛이 나서 한약의 쓴맛을 순화시켜주며, 독성을 내려주는 역할을 한다. 윤활유라고 할까. 약방의 감초라는 말이 나온 이유다. 그러나 한약재 원료인 감초는 조연일 뿐 그 이상을 바라지 않는다.

리더와 팔로워는 상생을 통해 영향력을 주고받는다. 리더와 팔로워가 함께 일하면 성과는 팔로워가 창출한다. 그러나 성과 창출에 따른 대외적 공로는 대부분 리더에게 돌아간다. '너는 내 운명'에서 열연하여 남우주연상을 받았던 배우 황정민은 수상 소감을 이렇게 말했다.

"솔직히 저는 일개 배우 나부랭이예요. 왜냐면 60여 명 정도나 되는 스태프들과 배우들이 맛있는 밥상을 차려 놔요. 저는 그저 맛있게 먹기만 하거든요. 그런데 스포트라이트는 제가 다 받아요. 그게 너무 죄송스러워요."

영화를 만드는 사람은 감독과 배우뿐이라고 생각하기 쉽다. 그러나 이면에는 숨어서 영화를 빛내는 무수한 스태프들이 있기에 대작이 나오는 것이다.

커피 전문점에는 다양한 종류의 커피가 있다. 이중 너무 써서 유독 안 팔리는 커피가 에스프레소다. 하지만 에스프레소는 직접 팔리는 양은 적어도 약방의 감초와 같은 존재다. 에스프레소에 뜨거운 물을 부으면

'아메리카노'가 되고, 우유 거품과 계핏가루를 넣으면 '카푸치노'가 된다. 우유를 넣으면 '카페오레', 스팀 우유를 넣으면 '카페라떼'가 된다. 에스프레소는 이처럼 다른 커피 음료를 만드는 일에 협력한다.

사람 중에도 에스프레소와 같은 존재들이 있다. 스포트라이트가 비껴간 곳에서 묵묵히 헌신하면서 소임을 다하는 사람들이다. 인기는 없어도 타인과 협력할 때 더 큰 능력을 발휘하는 사람들이다. 스타는 아니어도 스타들을 빛나게 하는 사람, 이런 사람들을 일컬어 '에스프레소 맨'이라고 부른다.

미국 테네시주에 사는 '에린'은 사거리 교차로 빨간 신호에 차를 세웠다가 차창 넘어 보이는 한 남자를 보고 깜짝 놀랐다. 도로 한복판에서 한 사람이 장대비를 맞고 경례를 한 채 굳건하게 한곳을 바라보고 있었던 것이었다.

이어 그의 눈에 들어온 것은 경찰의 호위를 받으며 다가오는 군인 장례 차량 행렬이었다. '에린'이 바라본 남성은 바로 테네시주 미 육군 대령 '잭 우스레이'였다. 그의 행동은 진심에서 우러나온 행동이었다. 국가에 대한 애국심과 군인에 대한 자부심이 한눈에 느껴지는 참군인의 모습이었다. 장대비를 맞으며 장례 차량 행렬에 경례했던 존 대령의 행동은 빠른 속도로 누리 소통망을 타면서 미국인 모두의 가슴속을 흠뻑 적셨다.

미국에 이주한 지 30여 년 넘은, 지금은 목사가 된 친구와 통화한 적이 있다. 그의 말을 빌리면 미국은 어릴 때부터 누군가 희생하는 덕분에 미국인들이 안전과 자유를 누리고 산다는 것을 학교에서 가르친다고 한다. 그래서 경찰관, 소방관, 특히 군인을 존경하는 사고가 온 국민의 생각에 기본적으로 깔려 있다고 한다. 미국을 만드는데 탄탄한 기반이 되는 사람들이 넘쳐나니 위대한 미국이 탄생하는 것이다.

세계 금융위기가 닥치자 많은 나라에서 한국경제가 큰 타격을 받을 것이라고 예견했다. 그러나 보이지 않는 곳에서 꿋꿋이 자리를 지켜준 우직한 사람들이 있었다. 금모으기운동과 태안 유류 피해 극복에 나섰던 자원봉사자와 같은 사람들이다. 이들이 있었기에 대한민국은 IMF라는 국가 위기도 멋지게 극복할 수 있었다. 조직을 위해 각자의 위치에서 묵묵하게 헌신한 팔로워 덕분이었다.

팔로워는 리더의 비전과 목표 설정에 한 방향으로 갈 수 있게 주파수를 맞춤으로써 조직의 발전이 나의 발전으로 이어지도록 해야 한다. 나의 헌신이 조직의 발전을 불러오고, 발전된 조직이 다시 나의 발전에 보탬을 주는 선순환 구조를 구축하는 것이다. 헌신이 곧 '투자'가 되는 구도다. 어떻게 조직원의 헌신을 이끌 수 있을까?

사마천은 『사기』에서 "**선비는 자기를 알아주는 사람을 위하여 목숨을 바친다.**"라고 했다. 사람들의 관심사는 언제나 자기 자신으로 귀결된다. 당연히 자신에게 관심을 보이고 말을 걸어오고 자신을 알아주는 사람을 좋아할 수밖에 없다. 아기들은 알아달라고 울고 어른들은 인정을 받으려고 목숨도 아끼지 않는다.

'인정받고 싶은 욕구'보다 더 강한 최상의 욕구가 있다. '최고의 쾌락과 행복감'은 '사랑', '선행', '봉사'로 자신의 존재 의미를 구현할 때다. 심리학자 에이브러햄 매슬로(Abraham H. Maslow) 박사는 '욕구 5단계설'을 주장했다. 사람은 말초적인 생리 욕구를 충족시키고 나면 좀 더 고차원적인 욕구를 해결하려 드는데 그것이 바로 '남으로부터 인정받으려는 욕구'와 '자아실현의 욕구'라고 했다.

팔로워는 조직과 자신의 발전을 위해 리더에 헌신한다. 타이거 우즈가 골프의 황제가 될 수 있었던 것은 캐디 스티브 윌리엄스의 헌신이 있었기 때문이다. 빌 게이츠는 스티브 발머 덕분에 마이크로소프트사를 최고의 기업으로 만들 수 있었다.

나비 축제가 전국 최고의 축제가 된 것은 박봉에도 불구하고 평생을 나비에 미친 나비 박사 정헌천 곤충연구소장의 헌신적인 도움이 있었기 때문이다. 이처럼 팔로워가 일에 미쳐서 리더를 헌신적으로 보좌할 때 조직의 앞날은 밝다.

흙과 돌을 가리지 않고 받아들였기에 태산이 높아지고, 작은 시냇물도 버리지 않고 받았기에 바다가 깊어진 것도 사실은 태산과 바다를 위해 헌신한 흙과 돌, 작은 시냇물들이 있었기에 가능했던 일이다.

혁신은 개인과 조직의 생명을 연장하는 것

'진실로 하루가 새로워졌거든, 나날이 새롭게 하고, 또 날마다 새롭게 하여라.' - 『대학(大學)』, 제2장 -

중국 은나라의 탕왕은 사람이 마음을 씻어서 악을 없애는 것은 몸을 씻어 때를 없애는 것과 같다고 생각했다. 그래서 욕탕 그릇에 글을 새겼으니, 진실로 하루 동안 찌든 더러움을 씻어 내어 스스로 새롭게 되었거든, 마땅히 새로워짐을 토대로 날마다 새롭게 하고, 또 날마다 새롭게 하여 조금이라도 끊어짐이 있어서는 안 된다고 했다.

표준국어대사전에서는 혁신(革新)의 뜻을 '묵은 풍속, 관습, 조직, 방법 따위를 완전히 바꾸어서 새롭게 함'이라고 풀이하고 있다. 한자로 혁신(革新)을 풀면 가죽 혁(革), 새로울 신(新)이니 가죽을 벗길 정도로 새롭게 만든다는 것을 의미한다.

영어의 혁신(Innovation)도 마찬가지다. Innovation에서 'in'은 안을 뜻하고, 노바(nova)는 라틴어 'novus'의 여성형으로 새롭다는 뜻이니 안으로부터 새롭게 하는 것이다. 안에서부터 새롭게 해야 혁신이 이루어지니 혁신은 나부터 바뀌어야 바깥세상으로 나아갈 수 있다.

경제학자 조지프 슘페터(Joseph Schumpeter)가 주장하는 혁신은 양적 성장만을 뜻하지 않는다. 마차에 힘센 말을 더 투입하거나 몸체를 좋게 만든다고 혁신은 아니다. 혁신은 마차를 기차로 전환하는 것이다. 마차와는 전혀 다른 자동차를 만드는 것이 혁신이다. 혁신은 파괴를 동반한다. 기존지식과 기술이 쓸모가 없어지는 대신에 새로운 것을 창조하기 때문에 '창조적 파괴(creative destruction)'라고 한다.

새로운 기업이 만든 혁신제품은 이전 상품을 낡은 것으로 만든다. 전과 같은 방식을 답습한 기업은 시장에서 살아남을 수 없다. 기업이 시장에서 살아남으려면 혁신에 몰입해야 하고, 소비자는 이 과정에서 더 좋은 상품을 만난다. 슘페터가 말한 '창조적 파괴'가 작동하는 원리이다.

자본주의 엔진을 계속 돌아가게 하는 힘은 새로운 소비재, 새로운 생산 방법, 새로운 운송 방법, 새로운 시장을 찾아 나서는 것이다. 낡은 것을 파괴하고 새로운 것을 창조하는 행위는 경제구조를 끊임없이 진화시킨다. 창조적 파괴는 자본주의의 산물이다.

혁신에 실패한 기업은 사라지고 새로운 기업이 나타나면서 불황은 극복된다. 레코드 산업의 유행이 끝나자 카세트테이프로, 다시 카세트테이프가 시디(CD)로 교체되고, 유행이 끝나자 디지털 음원으로 대체되는 식이다.

'혁신' 하면 떠오르는 국내 유명 기업인이 있다. 이병철 삼성 창업주의 3남으로 태어난 이건희 회장이다. 1987년 부친 별세 이후 삼성그룹 2대 회장을 맡으면서 그룹 경영 전반을 총괄하게 된 그는 '초일류'를 지향하면서 '제2의 창업'을 선언했다. 1993년에는 마누라와 자식 빼고 다 바꾸라는 '신경영 선언'을 하면서 혁신을 강조했다. 처음엔 이를 이해하지 못해 경영진들이 마누라만 바꾸려 했다는 웃지 못할 이야기도 흘러나왔다.

이건희 회장은 이후에도 2003년 '천재경영론', 2010년 '위기론', 취임 25주년인 2012년 '창조 경영'에 이르기까지 한국 경제사에 변곡점이 될 만한 혁신을 주도해 왔다는 평가를 받았다. 덕분에 한국의 전자 분야는 세계 최고에 이르렀고, 삼성은 반도체 분야에서 세계 최고의 기업으로 우뚝 설 수 있었다.

『논어의 자치학』을 저술한 강형기 교수는 '계절에 따라 옷을 갈아입듯이 존재의 영속성을 위한 기초적 활동이 혁신'이라고 설명한다. 마치 우리 몸의 세포가 끊임없이 교체되듯이 혁신은 생명을 영속시키는 작용이라는 것이다. 환경이 바뀌면 대응 방법을 바꿔야 하고, 목표가 바뀌면 수단도 바뀌어야 한다.

혁신은 개인과 조직의 생명을 연장하려는 몸부림이다. 리더와 팔로워의 생각을 새롭게 바꿔야 조직의 문화도 새롭게 바뀌면서 새로운 흐름을 받아들이고 새로운 시대의 부름에 부응할 수 있다. 전문성을 갖춰야 하는 팔로워에게 혁신은 중요하다.

첫째, 경쟁 우위이다. 빠르게 진화하는 오늘날 경쟁 우위를 확보하려면 혁신은 필수다. 끊임없이 새로운 아이디어, 프로세스 및 기술을 추구해야 경쟁자와 차별화되고 각자의 분야에서 앞서 나갈 수 있다. 혁신하지 않으면 고객의 끊임없는 선호의 변화에 부응하는 고유한 제품, 서비스 또는 솔루션을 제공할 수 없다.

둘째, 성장과 적응성이다. 혁신은 성장을 촉진하고 역동적인 시장 상황에 살아남을 수 있도록 도와준다. 이로써 조직은 새로운 기회를 찾고, 확장성을 향상하고, 수익원을 다각화함으로써 지속 가능한 발전을 이어갈 수 있다.

셋째, 문제 해결 능력이다. 혁신은 복잡한 문제를 효과적으로 해결할 수 있다. 이를 통해 팔로워들은 장애물을 창의적으로 극복하고 사회에 긍정적 영향을 미칠 획기적인 솔루션을 찾을 수 있다.

넷째, 고객 만족이다. 끊임없이 혁신하고 고객의 요구에 부응하다 보면 기대 이상의 제품과 서비스를 개발할 수 있다. 혁신을 통해 팔로워들은 고객에게 가치를 제공하고 충성도를 높이며 강력하고 지속적인 관계를 구축할 수 있다.

다섯째, 미래 보장이다. 혁신을 수용하면 비즈니스의 미래를 보장받는다. 새로운 기술과 흐름을 적극적으로 받아들이면 변화하는 고객 선호도, 산업 변화 또는 기술 발전에 능동적으로 대응하여 기업의 영속성을 보장할 수 있다.

여섯째, 자기 계발이다. 혁신은 개인의 성장과 계발을 촉진한다. 창의적인 탐구와 지속적인 학습은 혁신적인 사고방식을 함양하여 회복 탄력성을 갖추게 한다. 이렇게 형성된 회복 탄력성은 개인 및 직업 생활에서 기회를 제공한다.

빌 게이츠는 그의 삶 자체가 혁신의 연속이었다. 지금도 매년 50권 이상 책을 읽으며 일신우일신을 실천한다. 그만큼 삶에 앞서 나가려면 호기심을 갖고 새로운 지식과 경험을 찾는 것이 중요하다. 가능한 것의 경계를 끝까지 밀어붙이고 당면한 문제에 대한 새로운 해결책을 찾아야 세상을 더 나은 곳으로 바꾸어 갈 수 있다.

공감의 크기는 성장의 크기다

"오늘날 동종 기업들의 제품과 서비스는 대개 구별이 불가능할 정도로 비슷하게 개발되고 만들어지고 있다. 그러나 차별화할 수 있는 요소는 딱 하나, 바로 공감이다." – 컨빈스 앤 컨버트 창립자 제이 배어(Jay Baer) –

공감(empathy)이란 다른 사람의 입장에 자기 자신을 대입하여 타인의 감정 상태를 이해하는 것이다. 즉, 적극적으로 참여하여 다른 사람의 생각이나 경험에 대한 느낌을 함께 해보는 것, 내가 상대방의 입장이 되어 그 감정을 이해하는 것이다. 공감은 나와 타인의 감정이 공명할 때 생긴다. 사람들은 누구나 내 마음을 알아주는 사람과 만나서 이야기할 때 가장 편안함을 느낀다. 이해와 공감을 바탕으로 하는 조직은 오랫동안 지속하고 성장 발전했다.

포스텍 기업시민연구소 손예령 교수는 『기업의 혁신, 공감할수록 더 가까워진다.』라는 글에서 공감 능력이 기업에 필요한 이유로 2004년 구글이 빅데이터 분석 서비스를 시작한 이후 지금까지 '비즈니스 및 산업 분야' 카테고리에서 '공감'에 대한 검색이 꾸준히 증가하였고, 2020년 9월과 2021년 4월에 가장 높은 수치를 기록했음을 들었다.

손 교수는 『밀레니얼 캐리어(2016)』 보고서를 인용하면서 '주주 중심'에서 '모든 이해관계자'에게 이익이 되는 모델로 진화하는 시대 기업의 비즈니스를 성공적으로 이끌려면 'MZ세대'의 참여가 중요하다고 보았다.

실제로 오늘날 MZ세대는 전 세계 인구의 절반 이상을 차지한다. 밀레니엄 세대 35%와 Z세대 24%를 합치면 전 세계 노동력의 59%가 넘는다. MZ세대는 직원이자 고객이 될 수 있다. 이들은 공감 능력이 가장 뛰어나고 동시에 공감받기를 원하는 세대다.

MZ세대는 유튜브를 즐기고 이곳에서 모든 정보를 해결하려는 경향이 있다. 백만 구독자를 보유한 유튜버 커플이 그들의 성공 비결을 세 가지로 언급했다. **첫째**, 콘텐츠의 분량은 10분을 넘기지 않는다. **둘째**, 콘텐츠는 실시간으로 소통하면서 발전시킨다. **셋째**, 시청자가 공감할 내용만 콘텐츠에 담는다.

맞는 말이다. 유튜버는 구독자를 배려하고, 쌍방향 소통을 해야 한다. 구독자들도 겉보기에는 굉장히 변덕스러운 듯하지만, 자신들이 추구하는 가치를 존중하는 유튜버를 원한다.

직원으로서 MZ세대는 새로운 시각을 수용하고 자신의 의견을 존중하는 기업에서 일하고 싶어 한다. 이해와 존중, 대화가 부족한 회사라면 미련 없이 사표를 던진다. 그래서 오늘날 기업의 공감 능력은 선택이 아니라 필수다.

미국의 미래학자인 제러미 리프킨은 21세기는 '공감 생존의 시대'라고 선언했다. 지구가 공감하는 지구인, 국민이 공감하는 국가, 조직원이 공감하는 지도자라야 살 수 있는 시대라는 것이다. 21세기 국가나 지도자의 키워드는 '공감'이어야 하고, 어떻게 공감을 끌어낼 것인가가 화두가 되어야 한다.

정혜신 정신과 의사는 『당신이 옳다』라는 그의 저서에서 "사람의 마음을 움직이는 힘, 상처 입은 마음을 치유하는 힘 중에서 가장 강력하고 실용적인 힘은 공감이다. 내가 절박하고 힘들 때 필요한 건 '당신은 옳다'라는 확신을 심어 주는 공감의 언어뿐이다."라고 말했다.

상대방이 힘들어할 때는 충고, 조언, 평가, 판단하는 바른말도 폭력적으로 들린다는 말을 서슴지 않았다. 이 말은 그동안 명강사 육성 과정 프로그램을 운영하면서 아마추어 강사 지망생에게 수없이 많은 충고와 조언, 평가와 판단을 내렸던 필자의 과거 행적이 떠올라 충격적으로 다가왔다.

미국의 버락 오바마(Barack Obama) 전 대통령은 "건강한 조직이 되려면 리더는 팀원이 믿고 따를 수 있는 리더십을, 팀원은 리더에 자발적으로 협력할 수 있는 팔로워십을, 그리고 조직은 구성원이 각자 의견을 말할 수 있는 여건을 만들어야 한다."라고 했다.

구성원들이 조직 목표에 진심으로 공감하며 따르고, 조직은 이들의 의견을 경청하고 존중해 줄 때 건강한 조직문화를 구축할 수 있다. 오늘날에는 비슷한 제품과 서비스가 무수히 쏟아진다. 오늘날 기업의 경쟁 무대는 국내가 아닌 세계다.

드라마 '재벌 집 막내아들'에서 아버지 진양철 회장의 회갑연에 맞춰 큰아들인 순양전자 진영기 부사장은 일본 긴자거리에서 초밥의 달인으로 소문난 마스터를 데려와 초밥을 대접하면서 은근히 자랑한다. 그러자 진 회장은 마스터에게 "초밥의 밥알이 몇 개냐?"라고 묻고, 제대로 답변하지 못하자 "훈련된 장인이 한 번 초밥을 손에 쥘 땐 320알이지만 저녁 식사, 또는 오늘 같은 날이나 술과 할 때는 280알로 하라."라고 주문했다.

"밥알 개수까지 어떻게 다 아시냐?"라며 놀라는 아들의 질문에 "순양호텔에 일식당이 있나 없나?"라고 되묻는 것으로 답한 다음 "순양전자 매출이 얼마냐?"라고 묻는다. 비서실장에게는 일본의 전자 회사 매출액을 확인하여 10배 이상 차이가 벌어져 있음을 아들에게 각인시켜 준다. "그래도 국내 1위를 놓친 적은 한 번도 없다."라고 답변하자 "순양전자가 지금 전국체전 나가냐?"라면서 글로벌 기업가로의 자세가 부족함을 크게 꾸짖는다.

세계적인 기업이 되려면 소비자를 향한 '공감' 영역의 크기를 확대해야 한다. 기업의 공감 능력은 고객 충성도부터 수익성, 기업의 명성 등 모든 영역에 직간접적인 영향을 끼친다. 기업의 혁신도 사업의 오랜 관행을 깨고, 진심으로 공감할 줄 아는 기업으로 거듭날 때 이룰 수 있다.

'상하동욕자승(上下同欲者勝)'이란 말이 있다. 장수와 병사가 모두 같은 목표를 가져야 승리할 수 있다는 뜻이다. 기업도 최고경영자부터 말단 직원까지 조직의 목표에 공감하는 크기가 클 때 혁신을 앞당길 수 있다.

신뢰에서 싹트는 지지

'노나라에 미생(尾生)이라는 사람이 살고 있었다. 그는 평소에 크고 작은 약속을 아주 중히 여겼다. 그런 그가 어느 날 사랑하는 여인과 어떤 다리 밑에서 만나기로 약속했다. 그러나 아무리 기다려도 여자는 나타나지 않았다. 그날따라 비도 엄청 많이 쏟아졌다. 미생의 마음은 조급해졌다. 그러나 이곳에서 만나기로 한 이상 자리를 떠날 수는 없다고 생각하여 그 자리를 지키다가 끝내 급류에 휘말려 물에 빠져 죽고 말았다.'

- 『사기(史記)』, 소진전(蘇秦傳) -

　사람과 사람의 관계가 깊이 있게 이어지려면 신뢰의 관계가 형성되어야 한다. 신뢰는 약속을 지키는 데서 시작된다. 약속을 지키지 않으면 신뢰는 속절없이 무너진다. 스포츠 팬들이 여자배구의 간판스타 김연경 선수를 신뢰하는 이유는 그녀가 경기에 출전하면 이긴다는 믿음이 있기 때문이다. 인간은 믿는 만큼 기대하며, 기대하는 만큼 믿는다. 기대는 바라는 것의 실체다.

　신뢰(信賴)라는 한자를 살펴보면 신(信)은 사람인(人)과 말씀 언(言)의 조합이다. 갓 머리에 두 이(二), 입구(口)가 합쳐진 '言'에는 머리로 두 번 생각하고 말을 하라는 뜻이 담겨 있다. 심사숙고 끝에 한 사람의 말이니 '信' 자는 '믿다, 신뢰하다, 신임하다' 등의 뜻으로 쓰인다.

　공자는 자공(子貢)이 "정치가 무엇입니까?"라고 질문하자 '족식(足食), 족병(足兵), 민신지의(民信之矣)'라고 대답했다. 식량이 넉넉하고 군병(軍兵)이 충분하고 백성의 신뢰를 얻는 것을 정치라고 한 것이다. 자공이 "세 가지 중에서 한 가지를 버려야 한다면 무엇을 버려야 합니까?"라고 묻자 "병(兵)을 버려야 한다."라고 답했고, 나머지 "식량과 신의 중에서 또 한 가지를 버려야 한다면 무엇을 버려야 합니까?"라고 묻자 "식량을 버려라!"라고 대답했다.

　사람은 식량이 없으면 죽는다. 때론 식량이 있어도 죽음을 피할 순 없다. 그런데 신의가 없으면 비록 살더라도 스스로 설 수 없으니, 차라리 죽을지언정 백성의 신뢰는 잃지 않아야 한다고 설파한 것이다. 백성이 믿고 따르지 않는다면 아무 일도 해낼 수 없다는 民無信不立(민무신불립)의 신뢰가 천근의 무게로 다가왔다.

삼국지에도 신뢰의 중요성을 보여 주는 장면이 등장한다. 유비가 조조의 공격을 피해 신야를 버리고 강하로 도피할 때 백성들이 함께 따라가겠다고 나선 것이다. 참모들은 백성과 움직이면 조조 군의 추격을 벗어날 수 없으니 함께 갈 수 없다고 했다.

유비는 그러나 "백성이 나를 버릴 수 있어도 나는 백성을 버릴 수 없다."라고 단호하게 거절한다. 이 모습에 제갈량은 유비의 그릇됨을 알고 존경하게 된다. 유비는 이로 인해 목숨은 잃을 뻔했으나 결국 민심을 크게 얻는 계기가 되었다. 이렇듯 신뢰로 만들어진 관계는 오래간다. 기업은 이러한 신뢰가 성과로 이어진다. 신뢰로 다져진 마음은 서로 통하기 때문이다.

유한양행은 투명경영과 정보공개를 통해 기업의 신뢰성을 높였다. 신뢰도 습관이다. 다른 사람에게 도움을 주다 보면 나의 마음 근육도 부쩍 자라나는 경험을 하게 된다.

팔로워는 리더의 호의적 태도에 신뢰감을 느낀다. 호의란 이기적인 동기를 내려놓고 구성원에게 잘해 주는 것이다. 리더가 성실한 모습을 보이면 팔로워도 일관성이 있다고 느끼며 신뢰한다. 인간관계는 신뢰로 완성되고 신뢰하는 만큼 깊어진다.

국가와 조직에 충성한다는 의미

'나는 자랑스러운 태극기 앞에 조국과 민족의 무궁한 영광을 위하여 몸과 마음을 바쳐 충성을 다할 것을 굳게 다짐합니다.' (1974년)

'나는 자랑스러운 태극기 앞에 자유롭고 정의로운 대한민국의 무궁한 영광을 위하여 충성을 다할 것을 굳게 다짐합니다.' (2007년)

베이비붐 세대는 학창 시절 국기에 대한 맹세를 마르고 닳도록 듣고 외웠다. 365자로 된 국민교육헌장도 암송하지 못하면 체벌이 기다려 외울 때까지 학교에 남아야 했던 씁쓸한 추억이 있다. 교육 사업을 하기에 이따금 행사장에 가면 국기에 대한 맹세 녹음을 들려줄 때가 있다. 그런데 요즘 '국기에 대한 맹세'는 내용이 조금 바뀌었다.

'조국과 민족의'라는 문구가 '자유롭고 정의로운 대한민국의'로, '몸과 마음을 바쳐 충성을 다할 것'이라는 문구는 '충성을 다할 것'이라는 문구로 바뀐 것이다. 이때 문법에 맞지 않는다는 비판을 받아온 '자랑스런'도 '자랑스러운'으로 은근슬쩍 바로잡았다.

혹자는 나라의 주인이 왜 국기 앞에서 충성 맹세를 해야 하냐고 의문을 제기하기도 한다. 세월이 흐르면서 충성에 대한 개념과 인식도 점차 바뀌고 있다는 느낌이다.

충성(忠誠)이란 말은 과거에는 임금이나 국가에 대해 진심에서 우러나는 정성을 다하는 것을 뜻했다. 충성(忠誠)이란 한자를 살펴보면 충(忠) 자는 마음(心)이 가운데(中)에 있다. 즉, 충이란 마음을 다하여 임하는 태도를 뜻한다. 국가라는 조직을 위해서라면 나의 마음에 국가가 가운데 있어야 한다는 의미다. 성(誠)은 말씀 언(言)과 이룰 성(成)을 합친 것이다. 따라서 충성은 상사의 말을 내 마음의 한 가운데에 놓고 성실하게 정성을 다하여 주어진 명령을 실천하는 것이다.

기성세대에게 충성이 조직에 맹목적으로 마음을 다하는 것이라면 MZ세대, 특히 90년생들에게는 조직의 불합리한 점을 발견하면 공유 안건으로 올리고 토론을 거쳐 해결해 나가는 것으로 개념이 바뀌었다.

회사에 충성하라는 말도 이해하려 하지 않는다. 이보다는 계약서에 있는 관계에 충성하겠다고 외친다. 이들은 자신을 키워주겠다느니, 오른팔이 되어 달라는 주문에는 "너나 잘하세요!"라며 불쾌한 감정을 표출한다. 대신 일의 절차나 제대로 설명해 주고, 업무나 바로 지시했으면 좋겠다는 불만을 노골적으로 드러낸다. 그러면서 사람과 조직에 충성하기보다 자신과의 계약에 충성할 뿐이라고 목소리를 높였다.

콜린 파월은 미국 역사상 흑인 최초로 4성 장군이 되었고, 걸프전 합참의장을 역임했다. 그는 17살 때 콜라 공장에서 아르바이트를 시작했다. 백인 아이들은 의자에 앉아 병에 콜라를 채우고 있을 때 흑인이라고 걸레와 빗자루를 주며 청소만 하도록 했다. 그래도 감사한 마음으로 열과 성을 다했다. 아르바이트가 끝나던 날 백인들은 대부분 내보냈으나 그에게는 병에 콜라를 채우는 일을 맡겼다. 이듬해에는 부감독으로 일하게 했다. 상사의 지시에 일희일비하지 않고 주어진 일에 최선을 다한 결과였다.

콜린 파월은 미 국무장관 시절에 "충성이란 상사가 받아들이든, 받아들이지 않든, 나의 정직한 의견을 들려주는 것이다. 그러나 일단 결론이 내려졌으면 내 생각과 다르더라도 그대로 따르고 실행하는 것"이라고 해석해 눈길을 끌었다.

신하 중에는 충신이 있고 간신이 있다. 충신은 목숨을 내놓고 직언을 하나 간신은 기개를 내놓고 아부를 한다. 직언하는 충신보다 아부하는 간신에게 귀 기울이면 임금은 폭군이 되고, 국가는 쇠락의 길을 걷는다. 조직도 마찬가지다.

충성은 국가와 백성을 이롭게 하고, 조직을 이롭게 하는 행위다. 그러나 충신이 있다는 이야기는 모시는 임금이 명군이 아닐 수도 있다는 뜻이다. 즉, 바른말을 했다가 죽임을 당한 신하는 충신으로 평가받으나 임금에겐 폭군이라는 역사적 오명을 쓸 수 있기 때문이다.

위징은 "신하가 바른말을 하다가 죽임을 당하면 충신이 되지만 황제는 폭압적인 국정 운영으로 역사에 남는다. 차라리 신하가 충신보다 양신(良臣)이 되어 도움을 주면 황제는 성군으로 역사에 기록될 것이니 나는 양신(良臣)에 머물겠다."라고 하였는데 이 말이 당 태종을 감동케 했다는 후문이다.

요즘 MZ세대는 자신에게 중요한 사람이나 대상에게 마음과 정성을 다하는 것을 충성이라고 해석하는 듯하다. 이들은 자신의 역할이 경제적인 보상을 뛰어넘어 지역사회나 세계에도 도움이 되길 바란다.

국가가 아닌 상사에게 충성하는 것은 반국가적인 범죄로 추락할 수도 있다. 법과 원칙에 근거해 따라야 충성이지 법을 떠나면 충성이 아닌 반란이 된다. 우리는 전두환 장군이 하나회라는 조직을 통해 12.12쿠데타를 일으키고 부당한 국가권력으로 5.18민주화운동을 제압한 부끄러운 역사를 경험한 바 있다.

몰입하는 팔로워

영국의 한 신문사에서 "영국 끝에서 런던까지 가장 빨리 가는 방법은?"이란 질문을 현상 공모했다. 가장 빨리 가는 방법은 달리기도, 고속철도, 비행기도 아닌 '좋은 친구와 함께 가는 것'이었다.

아주대 김경일 교수는 그의 저서 『지혜의 심리학』에서 "우리가 무언가에 몰입할 때 시간이 멈춤을 느낀다. 너무나 재미있는 게임을 하거나 진심으로 좋아하는 이성과의 첫 데이트에서 보낸 몇 시간은 일상생활의 몇 분보다 더 짧게 느껴지는데 이는 몰입했기 때문"이라고 해석했다.

몰입은 팔로워가 성공하는 데 꼭 필요한 핵심 역량이다. 그러나 몰입할 수 있는 여건을 조성하기란 쉽지 않다. 마이크로소프트의 직원들은 스스로 '세상에서 가장 부지런하고 열심히 일하는 사람들'이라고 자부한다. 이들은 자신들을 '일 그 자체'라고 생각하고, '마이크로소프트 그 자체'로 여긴다. 한마디로 조직의 일이 나의 일이고, 나의 일이 곧 조직의 일이라는 마이크로소프트의 정신과 가치에 몰입하여 회사와 함께 성장해가는 것이다. 이런 경지에 이르면 리더와 팔로워의 일을 구분하는 것은 그다지 의미가 없다.

동양은 몰입(immersion)의 개념을 무아지경, 또는 물아일체 등으로 표현한다. 『몰입』의 저자, 서울대 황농문 교수는 "아프리카 초원을 거닐다 사자와 마주치면 위기를 빠져나오는 것 이외에는 아무 생각도 안 날 것"이라며, "위기 상황에서 스트레스를 느끼며 몰입하기보다는 주어진 문제를 해결하려고 긍정적으로 노력해야 효율성이 높아진다."라고 말했다.

심리학자 칙센트 미하이 교수는 "일에 집중하여 나를 잊을 수 있는 심리적 상태가 몰입인데 몰입하게 되면 그 순간 시간의 흐름과 자아를 잊게 된다."라고 설명했다. 몰입에 이르려면 개인의 능력과 풀어야 할 과제의 수준이 비슷해야 한다. 개인이 일에 빠지게 되는 심리 상태를 플로(Flow)라 했다.

창의력은 몰입의 상태에서 자발적인 처리를 통해 발휘될 수 있다. 칙센트 미하이의 『몰입의 경영』에서도 "사회적으로 존경받는 CEO들을 보면 성공은 다른 사람을 도우면서 동시에 그들이 일할 때 행복하게 만드는 것"이라고 정의를 내리고 있다.

그는 몰입하게 하는 요소로 분명한 목표, 신속한 피드백, 과제 수준과 개인 능력 사이의 균형, 통제력 강화, 개인 존재와 자아에 대한 상실 등을 꼽았다. 이 중 자아 상실은 과제에 빠져 다른 잡념들이 생각나지 않는 몰입의 상태를 일컫는다.

개인의 능력에 비해 과제 수준이 높으면, 수행 과정에서 불안감을 느끼게 된다. 이런 상태가 계속되면 결국 포기하게 된다. 반대로 개인의 능력에 비해 과제 수준이 낮으면 권태감에 빠진다. 이러한 상태도 지속이 되면 포기할 수 있다.

내적 동기를 통해 얻을 수 있는 보상에는 즐거움, 도전정신, 자기 성장, 자아실현이 있다. 자기 분야에서 성공한 사람들은 열정이 있고, 하는 일을 즐기며 몰두하는 경향이 있다.

성공한 사람은 외모나 신체 건강, 지능과 별개로 모두 근성(Grit)이 있었다. 『그릿(GRIT)』의 저자 안젤라 리 덕워스(Angela Lee Duckworth)는 '그릿은 지능, 재능, 환경을 뛰어넘는 열정적 끈기의 힘'이라고 설명했다. 이는 장기적 목표를 향한 열정과 인내를 포함하며 몇 날, 며칠, 낮이건 밤이건 미래의 꿈을 향해 달려가는 것이다. 몇 주 몇 달이 아닌 길게는 수십 년 동안 지구력을 가지고 목표를 달성하려 최선을 다하는 것이라고 했다.

그릿을 키우는 4가지로 열정의 대상을 찾는 것, 구성원의 능력보다 다소 높은 수준의 문제에 도전하며 연습하는 것, 높은 목적의식, 희망을 품는 방법이 있다.

요즘 MZ세대는 게임을 하거나 유튜브 영상을 볼 때 몰입하는 경향이 있다고 한다. 관심 있는 프로그램을 볼 때는 피곤해도 집중이 잘된다. 상대가 어떨 때 몰입하는지를 깊이 관찰하여 그 일에 빠져들도록 여건을 조성해 주는 것도 이끄는 팔로워의 주된 역할이다.

민들레와 회복 탄력성

수년 전부터 나는 민들레를 즐겨 먹고 있다. 민들레의 쌉쌀한 맛은 나의 식욕을 돋운다. 시간이 날 때마다 민들레 잎만 보면 뜯는다. 아내는 민들레 잎까지 넣고 갈아 만든 과일주스를 아침마다 준다. 민들레로 무침, 김치, 장아찌를 담그고, 이따금 비빔밥도 해서 먹는다.

민들레 줄기로 담근 술은 1년만 숙성시켜도 감칠맛이 끝내준다. 환상적인 것은 민들레를 먹기 시작한 후 앞머리가 나고 있다는 사실이다. 이렇듯 발모 촉진과 탈모 예방에도 효험이 있음을 직접 경험한지라 민들레를 보면 어디서든 반갑게 다가간다.

민들레는 중국의 6대 약초 중 하나로 알려져 있다. 미국의 영양학자인 로이 바타베디안은 3천 가지의 채소 가운데 가장 우수한 다섯 가지 중 하나로 민들레를 선정했다. 미국 콜로라도대학교 연구팀도 민들레에 있는 풍부한 실리마린 성분이 간암 세포가 자라는 것을 억제하고 이미 생성된 암세포도 제거한다는 실험 결과를 밝혔다.

민들레는 식물이 살기 힘든 척박한 곳에서도 잘 자란다. 심지어 돌 틈 사이로도 꽃을 피우고 홀씨를 퍼트리는 강인한 생명력과 번식력을 자랑한다. 민들레의 이 같은 회복 탄력성은 어느 식물에도 뒤지지 않아 민들레를 바라볼 때마다 좋은 기운을 받는다.

누구나 살다 보면 실패와 좌절, 시련과 고난을 겪는다. 성공한 사람들의 이야기를 듣노라면 화려한 삶을 산 것처럼 보인다. 막상 그들이 살아온 내막을 들어보면 실패한 경험과 쓰라렸던 시절이 있었으나 내리막길 인생에서도 포기하지 않고 도전정신으로 다시 일어나 성공했음을 알게 된다. 성공을 방해하는 모든 장애물과 고난을 딛고 일어선 사람들은 무엇이 다를까? 이는 개인뿐 아니라 회사나 국가도 같은 맥락에서 살펴볼 필요가 있다. 어려운 상황에서 역경을 딛고 돌파할 수 있는 용기와 지혜를 주는 힘을 '회복 탄력성(Resilience)'이라 한다.

하와이군도 중 북서쪽 끝에는 '정원의 섬'이라고 불리는 세계적인 휴양지 '카우아이' 섬이 있다. 이곳에서 태어난 아이들은 대를 이은 지독한 가난과 질병, 범죄가 난무하는 환경 탓에 제대로 된 교육을 받기 어려웠다.

미국 본토의 소아, 정신과 의사, 사회복지사, 심리학자 등 많은 학자는 카우아이 주민 대다수가 왜 불행한 인생을 사는지를 연구했다. 이들은 1955년에 태어난 신생아 855명을 대상으로 조사에 돌입했다. 이 중 가장 열악한 환경에서 성장한 고위험군 201명의 삶을 30세가 넘을 때까지 추적 조사하는 종단연구를 했다. 학자들은 고위험군에 속한 201명의 아이 중 대부분은 사회 부적응자로 성장할 것이라 예상했다. 예상은 보기 좋게 빗나갔다.

그토록 고립되고 낙후한 열악함 속에서도 30%에 해당하는 73명의 아이는 좋은 환경과 수준 높은 교육을 받으며 자란 아이들 못지않게 도덕적이며 성공적인 삶을 살고 있었다.

고통과 시련을 이겨낸 아이들의 공통점을 알아봤더니 그들 주변에는 아이를 이해해주고 받아주는 어른이 최소한 한 명은 있었다. 엄마든 아빠든, 할아버지든 할머니든, 삼촌, 이모, 심지어 마을 사람이든 누군가는 항상 아이를 가까이서 지켜보고 조건 없는 사랑을 베풀며 언제든 아이에게 기댈 언덕이 되어 주고 있었다. 어디선가 무슨 일이 생기면 언제든지 달려와 내 편이 되어 주는 '단 한 사람의 존재'가 있었기에 아이들은 실패와 좌절 속에서도 다시 일어설 수 있었던 것이었다.

10여 년을 조사한 끝에 연구의 첫 번째 결과물은 1971년에 『카우아이의 아이들』이라는 제목으로 출간되었고, 이 아이들이 18세가 될 때까지의 연구 결과는 1977년에 두 번째 책으로 출간되었다.

카우아이 연구를 주도적으로 진행한 에미 워너 교수는 삶의 어떠한 역경에도 굴하지 않는 강인하고 긍정적인 힘을 '회복 탄력성'이라고 명명했다. 러시아의 문호 톨스토이가 단편소설 『사람은 무엇으로 사는가』에서 '사람은 사랑으로 산다.'라고 말한 것이 카우아이섬 연구 결과로 입증된 것이다.

연세대학교 김주환 교수는 2011년 회복 탄력성 개념을 제시하여 언론, 교육계, 심리학계의 주목을 받았다. 그는 카우아이 연구 결과를 비롯하여 회복 탄력성으로 어려움을 이겨 낸 사람들의 사례를 소개하면서 회복 탄력성 연구 결과를 발표했다. 이를 바탕으로 회복 탄력성의 여섯 가지 요소를 밝혀내고, 회복 탄력성을 높이는 세 가지 방법을 구체적으로 제시했다.

첫째, 강점에 집중하기다. 김 교수는 자신이 잘할 수 있는 일을 통해 즐거움과 성취, 보람을 느끼는 것이야말로 진정으로 행복한 삶이라고 설명한다. **둘째**, 감사하기다. 감사하는 마음은 몸과 마음을 편안하고 이상적인 상태로 이끈다. **셋째**, 운동하기다. 특히 규칙적인 운동은 우울증 치료제보다 효과가 있다고 보았다. 김 교수가 주장하는 회복 탄력성은 성공에 집착하는 것이 아니라 어떠한 실패에도 두려워하지 않는 마음 근력을 키우는 것이다.

회복 탄력성은 제자리로 돌아오는 힘이다. 위기나 역경이 닥쳐도 이를 극복하고 긍정적인 상태로 돌아가는 인지능력, 인생의 바닥을 치고 올라오는 긍정적인 힘을 말한다. 회복 탄력성의 요인을 지수로 만들어 낸 것이 회복 탄력 지수(RQ)다. 회복 탄력 지수는 감정 통제력, 충동 통제력, 낙관성, 원인분석력, 공감 능력, 자기효능감, 적극적 도전성이라는 일곱 가지 요소로 구성되어 있다.

물체마다 탄성이 다르듯, 사람도 탄성이 다르다. 유리 공은 가벼운 충격에 깨지나 축구공은 납작해져도 쉽게 터지지 않는다. 회복 탄력성은 사람마다 다르다. 탄력성이 크면 삶의 밑바닥까지 떨어졌어도 원래의 자리보다 더 높은 곳까지 튕겨 오를 수 있다. 각종 매체를 통해 그런 보도를 접할 때마다 우리는 감동한다.

뇌과학자들은 회복 탄력성에 영향을 미치는 또 하나의 요인으로 낙관주의를 든다. 뇌는 상황에 따라 얼마든지 변화할 수 있다. 낙관성은 훈련으로 습관을 들일 수 있다. 이를 위한 가장 좋은 방법은 '감사하기'다.

조앤 롤링(J.K.Rowling)은 '포브스'가 선정한 100대 부자에 등극한 가정주부다. 그녀는 가난에 시달리면서 실패를 거듭했다. 그러나 아이들을 위한 동화『해리 포터』시리즈를 완성했고, 마침내 백만장자가 되었으며, 영국 여왕으로부터 작위도 받았다. 그녀는 '실패가 두려워서 아무 시도도 하지 않는다면 실패한 건 없어도 삶 자체는 실패한 것'이라는 명언을 남겼다.

회복 탄력성은 팔로워들에게 꼭 필요한 핵심 역량이다. 고난과 역경,

실패와 좌절은 언제나 팔로워의 주변에서 서성거리고 있다. **회복 탄력성**은 선천적으로 가지고 태어나는 덕목이 아니다. 오히려 살아가면서 후천적으로 경험한 바를 토대로 이를 어떻게 극복해 나갔는가에 대한 지표라고 볼 수 있다. 역경과 고난의 경험이 회복 탄력성으로 승화되려면 피눈물 나는 노력이 필요하다.

회복 탄력성은 역경에 직면했을 때 적응하고, 회복하는 능력이다. 탄력성을 구축하면 긍정적인 마음가짐, 인내 및 결단력으로 좌절, 실패 및 어려운 상황을 극복할 수 있다. 우리가 사는 인생길은 결코 탄탄대로나 꽃길만 깔리진 않는다. 고통스러운 구간, 포기하고 싶은 구간 등이 비무장지대의 지뢰처럼 곳곳에 널려 있다. 그런데 이를 이겨 낼 마음 근력인 회복 탄력성이 부족하면 넘어지는 그 순간 일어나지 못해 인생의 밑바닥으로 추락할 수 있다.

회복 탄력성은 근육을 단련하는 것처럼 꾸준히 단련하고 연습해서 익혀야 한다. 도전을 수용하고, 긍정적인 사고방식을 유지하고, 지원을 구하면서 실패와 좌절로부터 배운다면 얼마든지 다시 일어설 수 있다.

소통을 가로막는 지식의 저주

강사들이 강의할 때 유념해야 하는 것이 있다. '지식의 저주(curse of knowledge)'라는 현상이다. 내가 아는 지식은 수강생도 안다는 가정하에 강의를 진행하는 것이다. 이 경우 수강생들의 눈높이를 맞추지 못해 실패할 확률이 높아진다.

지식의 저주 현상을 증명하는 실험에는 출제자인 A그룹과 그 문제를 맞힐 B그룹이 등장한다. A그룹엔 '학교 종'처럼 누구나 알 법한 노래 제목을 알려 준다. 그러면 A그룹은 노래 박자에 맞춰 손바닥으로 책상을 두드리며 B그룹에 '학교 종'의 박자를 들려준다. B그룹은 상대가 두드리는 박자를 듣고 제목을 알아맞히는 것이다. 결과는 어땠을까?

실험에 앞서 "A그룹의 출제자에게 B그룹의 실험 참가자가 정답을 얼마나 맞힐 것 같으냐?"라고 묻자 50%는 맞힐 것이라고 예상했다. 결과는 완전히 빗나갔다. 정답을 맞힌 제목은 120곡 중 3곡, 정답률은 2.5%에 불과했다. 이 실험이 시사하는 바는 정답률이 극히 저조한데도 출제자는 실험 참가자가 당연히 50%는 맞힐 것으로 기대하고 있다는 사실이다.

강사는 이처럼 '내가 아는 것을 상대도 알 것'이라고 착각하기 쉽다. '지식의 저주'에 빠지면 주파수가 맞지 않으니 소통이 안 된다. 유튜브에 등장하는 '안나의 실수' 편에는 소통이 안 되는 코믹한 사례들이 많이 소개되고 있다. 간장약을 부탁했는데 관장 약을 갖다 준다든가, 부의(賻儀) 봉투를 가져오라고 했는데 'V'자를 쓴 봉투를 갖고 오는 경우는 애교로 봐줄 만하다. 이런 경우라면 앞서 배운 복사 화법을 통해 상대방의 정확한 의중을 확인만 해도 실수를 줄일 수 있다.

하루살이는 자기가 산 하루가 세상에서 가장 긴 시간인 줄 알고, 매미는 자기가 산 여름 며칠이 가장 긴 시간인 줄 안다. 하루를 살고 죽는 식물이 한 달을 알 리 없고, 한 철을 살다 죽는 매미는 봄가을의 이치를 알 수 없다.

대학교수가 온통 영어로 된 발표 자료를 가지고 포럼에서 강의하는 경우를 간혹 본다. 물론 그가 속한 대학에서는 영어로 강의하고 발표하는 것을 안다. 그러나 포럼에 참여한 수강생들에게까지 그런 방식으로 강의를 진행하는 것은 '지식의 저주' 이상의 무책임한 자세다.

『동의보감』에는 "통(通)하지 않으면 반드시 통(痛)이 온다(通卽不痛 不通卽痛)."라는 말이 나온다. 우리의 몸에 들어온 음식물도 소통하면 고통이 없지만, 소통이 안 되면 고통이 온다는 뜻이다.

요즘 여기저기서 소통 문제로 난리다. 가정에서도 소통이 안 돼 불화가 생기고, 학교도, 직장도, 정치판도 소통이 되지 않아 시끄럽기만 하다. 부모 자식은 물론 수십 년씩 함께 산 부부도 불통이 원인이 되어 갈라서기도 한다. 인간은 대화하면서 살아가야 하는 사회적 동물이다.

1997년 8월 대한항공 여객기가 괌에서 추락했다. 이 사고로 229명의 승객이 목숨을 잃었다. 비행기에서 숨진 대다수는 신혼여행을 떠난 승객들이어서 안타까움이 더했다. 당시 사고는 권위주의적인 조종석 문화가 사고의 빌미를 제공한 경우로 최종 밝혀졌다. 미국 연방교통안전위원회는 조사 결과를 발표하면서 기장과 부기장 간 위계질서를 사고 원인으로 지목했다. 부기장과 항공기관사가 기장의 접근 조작에 대한 감시 및 상호확인 절차를 이행하지 않았다고 본 것이다.

언론인 말콤 글래드웰은 『아웃라이어』의 저자로 유명한데 그 역시 대한항공기 추락 사고의 원인으로 한국의 문화를 지목했다. 즉, 괌 사고의 핵심은 조종실 내에서 소통이 되지 않아 일어난 사고라는 것이다. 조종실 내 기장과 부기장, 항공기관사는 모두 군대 선후배라는 상하 관계여서 대화가 제대로 이루어지지 않았다고 본 것이다. 한마디로 선배인 기장에게 이래저래 할 수 없으니 "알아서 하겠지."라는 생각에 수수방관한 것이 참사로 이어졌다고 분석했다.

괌 참사가 발생한 이후 대한항공은 조종실 내에서는 국적을 불문하고 무조건 영어로 대화하도록 조치했다. 심지어 조종실 내에 한국인만 있어도 영어로 소통하라고 한 것이다. 영어로 소통하면 존대어를 사용하지 않아도 되기 때문이다.

리더와 팔로워는 각자 처한 환경과 정보가 다르다. 그러므로 소통이 안 되는 경우가 비일비재하게 발생한다. 내가 아는 생각, 감정, 의도가 상대에게 잘 전달될 것이라 믿는 지식의 저주 현상이 나타나면 이처럼 대형사고로 이어질 수 있다.

리더에게는 개인의 추측과 생각보다는 사실 위주의 정확한 보고가 중요하다. Fact 위주의 정확한 보고가 리더의 올바른 판단을 돕고 소통을 원활하게 한다. 조직의 일은 지시에서 시작해 보고로 마무리된다고 해도 과언이 아니다.

리더는 당연히 알고 있을 것으로 생각하고 팔로워가 보고를 생략하면 오산이다. 리더는 세세한 것은 모르는 경우가 많다. 당연히 현장 전문가인 팔로워가 틈새를 메워야 한다.

그러니 상사의 지시 내용은 주의 깊게 들어야 한다. 들은 것 중 핵심내용은 메모해야 한다. 듣고 메모한 내용을 토대로 이해하지 못한 것은 질문이라는 확인과정을 거쳐 상사의 의도를 정확히 파악해야 한다. 중간보고와 상담을 통해 피드백을 받는 것도 소통을 돕는 방법이다.

소통은 공존과 생존을 위한 필수 요소다. 사람도 피가 통하지 않거나 숨이 통하지 않으면 죽는다. 기가 통하지 않으면 막힌다. 기가 막힌다는 것은 대화가 되지 않고 있다는 뜻이다. 소통은 사람과 사람의 관계를 신뢰하도록 하고, 원하는 바를 획득하며, 관계를 발전시킨다.

조직에서 일은 리더의 '전달'에서 시작해 팔로워의 '행동'으로 마무리된다. 이 과정에서 핵심은 '소통'이다. 소통은 사회적 상호작용과 정보 교환에 필수 요소다. 소통을 잘하려면 무엇보다 상호 간의 존중과 이해가 전제된 가운데 명확한 표현을 정확히 해야 한다. 상대의 이야기에 집중하고 경청하되 무엇보다도 공감 자세를 갖는 게 대화의 기본이다.

소통은 왜 안 되는 걸까? 이유는 내가 상대를 부정하니 상대도 방어체제를 가동하면서 나와의 소통을 차단한 탓이다. 상대를 인정하고 칭찬하면 상대도 나를 신뢰하면서 마음의 문을 연다. 그렇게 마음이 편안해지면 상대도 당연히 나의 의견을 받아들일 수밖에 없다.

㈜네패스 직원들은 "안녕하세요?"라는 인사 대신 '슈퍼스타'라고 인사한다. 이 인사말에는 두 가지 의미가 담겨 있다. '당신은 엄청난 재능과 역량을 지닌 최고의 슈퍼스타입니다.'라는 인정과 '그런 당신을 깊이 존중하고 섬기겠습니다.'라는 다짐이다.

직원들은 인정의 말을 주고받는 순간 겸손과 존중을 표하게 되고, 상대방도 스스로 '슈퍼스타'로 인식하며 그 가치에 걸맞은 몸과 마음 자세를 갖추려고 각자 노력하게 된다는 것이다.

소통의 주 목적은 공감대를 형성하고 문제를 해결하는 것이다. 따라서 목표를 공유하고 협력하여 문제를 해결하는 방향으로 유연하고 탄력적으로 대화를 진행해야 옳다. 팔로워의 소통도 마찬가지다. 리더와 생각을 맞추기 위해 정확히 보고하면 업무 효율은 물론 리더의 정확한 판단을 도울 수 있다.

팔로워의 용기

리더십은 상사가 부하에게 영향력을 행사하여 성과를 창출하는 것이다. 반면 팔로워십은 팔로워가 전문성을 기반으로 조직의 목표 달성을 위해 자발적으로 협조하며 실천하는 데 방점이 찍혀 있다. 1995년 개봉한 미국 영화 『크림슨 타이드(Crimson Tide)』는 핵전쟁 발발을 앞두고 리더와 팔로워가 각자 상황을 다르게 판단하면서 벌어지는 숨 막히는 이야기들이 전개된다. 팔로워라면 반드시 봐야 할 영화다.

영화 속 러시아는 미국을 향해 핵미사일을 공격하려는 움직임을 보인다. 미국은 이를 알아차리고 프랭크 램지 함장과 론 헌터 부함장이 지휘하는 앨라배마호 핵 잠수함을 러시아 해상에 급파한다. 함장과 부함장은 핵무기에 대한 시각이 달랐다. 함장은 핵무기 발사 명령은 무조건 따라야 한다고 주장한다. 반면에 부함장은 인류 생존의 위기가 걸려 있는 만큼 신중하게 다루려는 입장이다.

　이때 앨라배마호에 핵미사일 발사를 준비하라는 긴급명령이 수신된다. 미사일 발사 준비를 마칠 무렵 근처에 있던 러시아 잠수함이 레이더에 포착되자 앨라배마호는 노출되지 않으려고 더 깊은 바다로 수직 잠수한다. 바로 이때 2차 긴급 수신이 들어왔으나 수심이 깊어서인지 통신 상태가 나빠 핵심 메시지 확인이 불가능한 상황이 벌어졌다.

　함장은 아랑곳하지 않고 핵 발사 준비 명령을 내렸다. 부함장은 2차 수신 내용의 확인 없이 발사하면 안 되니 부표를 띄워 확인하자고 주장한다. 그 순간 앨라배마호는 러시아 잠수함에 위치가 발각되어 어뢰 공격을 당하였으나 가까스로 위기는 모면한다. 함장은 재차 핵미사일을 발사하라고 명령했다. 부함장도 이에 질세라 2차 수신 내용 확인 없이 핵미사일을 발사할 수 없다고 즉각 반박했다.

　둘 사이에 의견이 엇갈리자 함장은 부함장 체포 명령을 내리고, 부함장은 거꾸로 함장의 지휘권을 박탈하겠다고 반발한다. 급기야 군인들도 양쪽 편으로 갈라져 총격전까지 벌인다. 이때 2차 수신이 들어온다. 함장은 수신 내용을 보자마자 곧바로 발사 중지 명령을 내렸고, 함대에는 환호 속에 평화가 찾아오면서 영화는 끝을 맺는다.

　영화 속 함장과 부함장은 동전의 양면처럼 리더와 팔로워의 위치도 엎치락뒤치락한다. 팔로워의 판단기준인 시비와 이해라는 잣대로 판단해도 수신 내용을 확인하지 않고 핵미사일을 발사하는 것은 옳지 않으니 따를 수 없는 명령이다. 영화는 팔로워인 부함장의 판단과 역할이 얼마나 중요한지 극명하게 보여 주었다. 팔로워의 결정이 때론 인류의 역사와 운명마저 뒤바꿀 수 있다는 생각에 전율마저 느껴졌다.

이 영화에서 팔로워는 리더를 따르는 사람이지만 결정적 순간에는 리더의 지휘권을 박탈하여 감금하더라도 올바른 판단을 근거로 행동을 실천하는 이끄는 팔로워가 되어야 함을 분명하게 깨우쳐준다. 리더십과 팔로워십의 개념은 독립적인 관계가 아니다. 이를테면 손등과 손바닥과 같은 순망치한(脣亡齒寒)의 관계이며, 동전의 양면과도 같다. 상호 보완적이며 협력하는 관계라는 뜻이다.

영화에서처럼 팔로워는 어떠한 리더를 만나든 팔로워로서 해야 할 역할을 정확히 인식하고 용기 있게 이를 실천하는 것이 가장 중요하다. 팔로워는 리더와 파트너 관계를 맺고 독립적으로 사고하며, 자기 주도적인 결과를 도출해야 한다. 가장 효과적인 관계는 각각의 역할과 역량에 대한 인정과 신뢰를 기반으로 협력 관계를 유지하는 것이다.

삶은 실행력이다

"두 명이 있는데 누군가 해야 하는 일이 있다면 무조건 제가 합니다. 10명이 있어도 누군가 해야 하는 일이 있다면 제가 해요. 백 명, 천 명이 있어도 마찬가지입니다. 행동하려면 귀찮아요. 하기 싫고. 그런데 제가 하면 기회가 온다는 것을 압니다. 인생은 승부의 연속이라고 생각합니다."

― 오현호, 『세상을 바꾸는 시간 15분』 ―

구본형 변화경영연구소장은 그의 블로그 『나의 변화 이야기』 코너에서 '삶을 관조와 관찰로 대체하지 말라'라는 글을 남겼다. 더위를 피하는 방법도 사람마다 다르듯이 살아가면서 각자의 삶을 즐기는 양태도 다양하다. 구 소장은 블로그에 평범한 주위 사람들의 삶을 소개하는 글을 기록으로 남겨 왔다.

그의 이러한 글은 10년 넘게 인생을 바라만 보다가 자기 비하와 무기력만 남은 한 젊은이의 가슴에 불을 질렀다. '이래서는 안 된다. 실천하는 삶을 살겠다.'라고 다짐한 오현호. 그는 고교 성적 하위권인 무기력한 7등급에서 인간 개조 프로젝트 진행을 결심했다.

첫 번째 도전은 해병대 입대였다. 해병대 생활을 하는 동안 세상이 너무 아름답고 모든 사람이 너무 친절하다는 사실을 깨닫게 되었다. 주위의 칭찬을 듣게 되고, 칭찬을 통해 자신감이 생기자 하고 싶은 것이 많아졌다.

두 번째 도전은 자전거 전국 일주 무전여행. 이때 깨달은 것이 '내가 하고 싶은 게 있으면 지금 당장 하겠다.'라는 결심이었다. 결혼하고 해야지, 애 낳고 해야지, 돈 벌어서 해야지, 이렇게 미루면 꿈은 멀어진다고 생각했다. 꿈은 누구나 꾸지만 행동은 누구나 하지 않음을 알고, 이때부터 자신이 하고 싶은 일들을 찾아 나섰다.

스쿠버다이빙 강사, 사하라 사막 마라톤대회, 히말라야 텐트 피크 등정, 철인 3종경기 완주, 80일간 유럽 일주, 삼성전자 중동 총괄 PM 등 다양한 경험을 통해 그는 원하는 것을 이루는 방법과 하고 싶은 것이 있으면 할 수 있는 장소에 가서 사람들을 직접 만나면 이루어진다는 사실을 깨달았다. 그 후에는 뭐든지 쉽게 할 수 있었다.

팔로워의 힘은 실행력이다. 실행력은 목표 달성, 책임 강화, 변화 적응, 협업 촉진, 지속적 개선, 조직 혁신에 필수적인 핵심 역량이다. 우선순위를 정하고, 이를 효과적으로 관리하는 것은 팔로워의 역할이다. 이는 팀이나 조직의 성공에도 중요한 역할을 한다.

다음으로 필요한 것은 하는 일이 가치 있고 사회에도 의미 있는 일인지 점검해 보는 것이다. 하고 싶은 일인가(want), 할 수 있는 일인가(can), 꼭 해야만 하는 일인가(must)라는 세 가지 질문을 던져놓고 시비와 이해의 기준에 맞는다고 판단되면 시도해보는 것이다.

실행력을 가지고 일하는 4가지 비결이 있다.

첫째는 조직의 목표를 이해하는 것이다. 첫 번째 팁은 팔로워인 자신의 역할을 철저하게 자각하는 일이다. 내가 무엇 때문에 조직에 존재하는지를 깨닫고, 조직의 목표를 진지하게 받아들이고, 조직의 목표실현을 위해 적극적으로 행동하는 것이다. 두 번째 팁은 리더와의 소통을 원활하게 하는 것이다. 조직의 목표가 리더의 목표가 되고 나의 목표가 되려면 중간보고와 연락, 면담을 게을리해선 곤란하다.

둘째는 자긍심을 갖는 것이다. 나의 일에 자긍심을 가지면 **주도적으로** 일할 수 있고, 일의 포로에서 벗어나 일의 프로로 탈바꿈할 수 있다. 일터에서의 만족도가 높아지면 내가 하는 일에 좀 더 집중하게 되고 이는 개인과 조직 모두에게 긍정적인 결과를 얻을 수 있다.

셋째는 도전적 자세를 유지하라는 것이다. 토인비는 그의 저서 『역사의 연구』에서 인류의 문명은 도전과 응전의 역사를 통해 발전해 왔다고 썼다. 팔로워도 이처럼 도전적인 자세를 유지하면서 당면한 일은 정면으로 부딪치며 도전하고, 응전할 일이다.

넷째는 'Why'가 아닌 'How'로 접근하라는 것이다. 해야 할 일에 대해 지나친 의문을 갖고 질문을 던지면 불만만 쌓일 수 있다. 그러면 새로운 과제나 일이 주어질 때마다 또다시 '왜'라는 질문에 봉착할 수 있다. 이보다는 '어떻게 극복해 낼 것인가'에 집중하면서 해결방안을 찾아 나서고 위기를 어떻게 수습할지 답을 찾아 나서야 맞다.

스티븐 코비는 『성공하는 사람들의 7가지 습관』 저서를 통해 '습관1: 자신의 삶을 주도하라, 습관2: 끝을 생각하며 시작하라, 습관3: 소중한 것을 먼저 하라, 습관4: 승-승을 생각하라, 습관5: 먼저 이해하고 다음에 이해시켜라, 습관6:시너지를 내라, 습관7: 끊임없이 쇄신하라.' 라고 했다.

업무의 우선순위에서 가장 중요한 것은 소중한 것을 먼저 하는 것이다. 소중한 것이 하찮은 것에 좌우되어서는 안 된다. 시간 관리는 연습이 필요한 기술이다. 작업의 우선순위를 정하고, 시간을 관리하고, 능동적으로 행동할 때 팔로워는 효과적으로 일할 수 있다.

내가 원하는 것을 이루는 방법은 그것을 할 수 있는 장소로 찾아가서 먼저 실천하고 있는 사람을 만나 배우면 된다. 장기계획보다 중요한 것은 실행력이다. 아는 것은 힘이 아니다. 실행하는 것이 힘이다. 팔로워라면 금과옥조로 삼아야 할 문장들이다.

네이비 실(Navy SEAL)에서 배우는 것

네이비 실(Navy SEAL)은 미국 해군의 특수전 임무를 수행하는 최고의 군인들이다. 네이비 실은 1962년 1월 1일 창설되었다. 이들은 세계에서 가장 위험하다는 임무를 성공적으로 완수해 왔다. 9.11테러로 전 세계를 공포로 몰아넣었던 미국의 숙적 빈라덴의 체포 작전을 펼쳐 사살한 것도 네이비 실 대원들이다.

하버드대학교보다도 들어가기 힘들다는 네이비 실은 해마다 2만여 명이 지원하고 있다. 여기서 6%인 1,200명만 실제 훈련에 참여하고 이 중 200여 명만 살아남는다. 합격률은 1%다.

네이비 실 교육은 매우 엄격하고 혹독한 과정으로 알려져 있다. 'SEAL'은 바다(SEa), 하늘(Air), 땅(Land)의 약자로 육해공 어떤 환경에서도 작전 수행이 가능한 부대라는 뜻이다. 현대전의 특성상 바다 외 지역에서 대응하는 상황이 많아지자 이에 효과적으로 대응하기 위해 창설됐다. 네이비 실은 게릴라전, 대테러전, 요인 경호, 주요 시설 파괴, 특수 정찰 등에서 활약하는 명실상부한 세계 최강의 특수부대다.

네이비 실 대원이 되려면 18~24개월의 훈련과정을 이수해야 한다. 미 해군 내에서도 가장 뛰어난 요원들이 참가하나 70~80%가 중도에 포기할 만큼 훈련은 가혹하다. 24주간의 해군 특수전 초급 훈련은 매일 6km 이상의 모래사장 달리기, 3km 바다 수영, 손과 발을 묶고 바다에서 살아남기, 200kg짜리 고무보트 훈련 등 초고강도 훈련 프로그램으로 정평이 나 있다.

모두 62주간의 4단계 훈련을 마쳐야 네이비 실 대원 자격이 주어진다. 네이비 실은 총 8개 팀과 2개의 해상 수송 부대로 구성되어 있다. 총인원은 2,500명 정도로 알려져 있다. 일반적으로 1개 팀에 약 8개 소대(Platoon)가 있는데 소대는 일반 부대와 달리 독자적인 작전 수행이 가능하다.

이들은 베트남전, 그레나다 침공, 파나마 침공, 걸프전 등 미군이 참가한 거의 모든 전쟁에서 활약했고, 2001년 아프가니스탄, 2003년 이라크에 파병되어 주요 임무를 수행했다. 2011년에는 오사마 빈라덴을 사살하여 미국인들의 영웅이 되었다.

네이비 실의 모든 내용을 다룬 저서 『네이비 실 승리의 기술(Extreme Ownership)』은 네이비 실이 강한 이유를 뛰어난 신체 능력이 아닌, '극한의 상황을 견딜 수 있는 정신력'이라고 설명한다. '어제가 내 인생에서 가장 편했던 날'이라는 네이비 실의 표어가 이를 암시하고 있다.

20년간 해군 네이비 실에서 복무한 조코 윌링크와 이라크 라마디 최전선에서 부대를 진두지휘했던 레이프 바빈은 네이비 실의 승리 비결로 강조하는 개념 중 하나로 '극한의 오너십'을 꼽는다. 탁월한 업적을 세운 군인이나 팀, 기업인에게 공통으로 발견되는 요소다. 적군과의 전투, 경쟁 회사와의 실적 대결 등 결국 모든 일은 사람이 하는 것이다. 이때 마음가짐이 무너지면 어떤 일도 풀리지 않는다.

극한의 오너십은 자신과 관련한 모든 일에 책임 의식을 갖는 것이다. 한마디로 변명하지 말고, 남 탓하지 말고, 성공이든 실패든 모든 일에 책임을 지라는 것이다.

1984년 캘리포니아주 로스앤젤레스에서 태어난 한국계 미국인 조니 킴은 가난한 환경 속에서 제대로 된 교육을 받지 못했다. 그는 우수한 성적으로 네이비 실의 일원이 되어 이라크에 두 차례 파병되었고, 은성무공훈장과 동성무공훈장을 받는 성과를 거뒀다. 그러나 이라크의 라마디에서 동료의 죽음을 목격하면서 의무병의 한계를 느낀 그는 생명을 살리는 의사가 되고자 결심한다. 우여곡절 끝에 하버드 의과대학에서 의학박사 학위를 받고 매사추세츠 종합병원 응급실을 비롯해 보스턴 브리검 여성병원 레지던트로 근무하며 히포크라테스의 후예가 되었다.

그러다가 우연히 알게 된 나사(NASA)의 우주비행사 프로그램에 지원하여 높은 경쟁률을 뚫고 나사 우주비행사 선발 프로그램에 합격했다. 지원자 1만 8천 명 중에서 선발된 우주비행사 후보 13명 중 유일한 한국계 우주비행사가 된 것이다.

그의 이러한 경력은 미국 사회에 큰 울림을 주었다. 가난한 아시아계

가정에서 태어났음에도 미국 최정예 특수부대원이자 하버드대 의대 교수, 우주비행사 등 한 사람이 평생에 한 번 가져 볼까 말까 한 일에 세 번이나 도전하여 성공함으로써 '지상 최강의 사나이'라는 별명을 얻었기 때문이다.

그는 한 언론과의 인터뷰에서 "인간은 실제로 알고 있는 것보다 훨씬 강하다. 비교는 행복을 앗아가는 도둑이다. 무엇을 하든 열정적으로 행복한 마음으로 하는 것이 중요하다."라고 했다.

주변 환경을 불평하고 남 탓만 해 봐야 바뀌는 것은 없다. 내가 바꿀 수 있는 것은 오로지 나뿐이다. 수많은 책의 저자들은 문제 지적을 멈추고 문제 해결에 집중하라고 말한다. 네이비 실이 강조하는 것은 혼자서는 세상을 바꿀 수 없다는 것이다. 실패는 우리를 더욱 강하게 만드니 담대하게 도전하면서 약자를 괴롭히는 자들과 맞서라는 것이다.

밤하늘에 뜬 별들이 더 멋지고 소중한 이유는 별들을 감싸고 있는 어두움 때문이다. 부정적인 느낌과 상황은 각자의 꿈을 더 빛나게 하는 '어둠'과 같은 존재일 수 있다. 네이비 실은 어둠을 뚫고 앞으로 나아가면서 희망을 안기되 절대로, 절대로 포기하지 말라는 메시지를 던지고 있다.

Story 6 요약 (Summary)
팔로워의 핵심 역량

팔로워십의 핵심 역량 중 으뜸은 실행력이다. 오케스트라는 리더의 지휘에 따라 연주자인 팔로워 단원이 저마다 악기를 가지고 조화를 이룰 때 최상의 화음을 연출한다. 조직 구성원으로서 역할은 해당 분야의 전문가가 되어 협력할 때 시작된다.

예루살렘 히브리대학교 유발 하라리 교수는 '인간이 가진 가장 강력한 힘은 사회적 협력과 상상력'이라고 했다. 특히 인간의 사회성과 소통 능력은 많은 인간이 협력할 수 있게 해 주었고, 그 결과 세상을 정복할 수 있었다고 보았다.

그렇더라도 모든 시작은 팔로워의 주도적인 삶에서 출발할 수밖에 없다. 조직에 헌신하며 몰입하는 것도 팔로워이고, 힘들 때마다 다시 일어나 도전하는 삶을 살아가는 것도 팔로워의 힘이다.

조직의 생명을 영속시키는 혁신은 궁극적으로 내부로부터의 변화에서 시작된다. 혁신도 결국은 고객 만족에 부응하는 것이라는 시각에서 볼 때 소비자들을 얼마나 이해하고 공감하느냐에 따라 달라질 수 있다.

성장은 신뢰에서 비롯된다. 리더가 팔로워를, 소비자가 생산자를 얼마나 호의적으로 느끼고 신뢰하느냐에 따라 성장의 크기도 결정된다. 내가 가진 강점에 집중하고 감사하는 마음으로 회복 탄력성을 키우며 **좌절과 실패를 딛고 일어나 상황을 극복하는 것**도 팔로워의 몫이다.

소통하지 않으면 반드시 고통이 온다고 했다. 1997년 대한항공 여객기의 괌 추락 사고에서 밝혀졌듯, 리더와의 소통이 정확히 이루어지지 않으면 대형 참사는 언제든 반복될 수 있다. 이를 예방하려면 사실 위주의 정확한 보고와 메모, 그리고 질문을 통해 소통에 막힘이 없어야 한다. 조직의 일은 리더의 지시 전달이 팔로워의 행동으로 마무리되기 때문이다.

팔로워는 리더의 결정이 잘못되었다고 판단했을 때에는 시비와 이해를 통한 판단의 잣대를 토대로 용기 있게 대안도 제시할 수 있어야 한다.

『네이비 실 승리의 기술(Extreme Ownership)』은 네이비 실이 강한 이유를 뛰어난 신체 능력이 아닌, '극한의 상황을 견딜 수 있는 정신력'이라고 설명하고 있다. 극한의 오너십은 자신과 관련한 모든 일에 책임 의식을 갖는 것이다.

Story 07

팔로워십을 마무리하며

"팔로워십은 완성된 것이 아니다.
팔로워십은 끊임없이 쇄신해야 하는 것이다."

Story 07

팔로워십을 마무리하며

에필로그

이 글을 읽는 사람은 리더일 수도 있고, 팔로워일 수도 있다. 팔로워에게 꼭 해 주고 싶은 말이 있다. 지금까지 수많은 시간을 거쳐서 여기까지 잘 참고 와주어서 감사하다는 말을 전해드리고 싶다.

2년 전 『기적을 만드는 습관 하루 3분 세 가지 감사』라는 책을 샀다. 오프라 윈프리가 10년간 매일 쓴 감사 일기로 그녀의 삶이 완전히 달라졌다는 글을 감명 깊게 읽었던 터라 나도 매일 하루 세 가지씩 감사하는 글을 1년 동안 적으면서 감사습관을 몸에 배게 하고 싶었다.

'감사야말로 나의 일상을 바꾸는 가장 빠르고 쉬우며 강력한 방법'이라는 그녀의 말은 옳았다. 나 역시 감사습관을 들인 후 매일 출근할 때마다 아내에게 감사하다는 말을 자연스럽게 실천했다. 긍정적인 반응을 느끼자 주변에 있는 사람에게도 감사하다는 말을 건네기 시작했다. 요즘은 택시나 버스에서 내릴 때도 기사에게 "감사합니다."라는 말을 잊지 않는다.

나를 가장 행복하게 만드는 사람은 나 자신이다. 오늘날 **기업을 비롯한 각종 조직의 빛나는 성과는 수많은 팔로워의 헌신적인 노력과 실천** 덕분이다. 팔로워의 피와 땀, 눈물이 있었기에 지금의 찬란한 금자탑을 쌓은 것이다. 그러니 리더는 구성원에게 감사하는 마음을 가져야 하고 팔로워들도 스스로 대견스러워할 필요가 있다.

팔로워십의 핵심은 리더십이다. 그런데 리더십은 팔로워십을 실천하는 과정에서 배울 수 있다. 팔로워십은 돈만 있으면 언제든 상점에 가서 살 수 있는 제품이 아니다. 적금을 붓듯, 긴 시간에 걸쳐 쌓은 인고의 나날이 축적되어 내 몸에 맞게 피가 되고 살이 되었을 때 활용할 수 있는 것이다.

팔로워는 팔로워십을 통섭의 학문으로 배우고 익히는 과정에서 따르고, 살피고, 이끄는 팔로워로 성장을 거듭한다. 그리고 그중 극히 일부만 리더의 자리까지 올라선다.

굿 팔로워로 성장하려면 어떻게 해야 할까? 앞에서 알아본 것처럼 다른 사람의 생각을 듣고, 다른 사람들의 이면을 세밀하게 살피면서 물처럼 살아야 한다. 그렇게 살피는 시(視), 관(觀), 찰(察) 3단계를 거쳐 관찰하고, 통찰하며, 성찰할 때 비로소 이끄는 팔로워로 거듭날 수 있다. 이끄는 팔로워로 성장했다면 조직 구성원의 자리를 내려놓고, 현업에서 은퇴해도 주도적인 삶을 살아갈 수 있다. 드라마 『이태원 클라쓰』의 명언처럼 마음이 가는 대로, 나답게, 결과와 상관없이 충실해지는 삶을 살아갈 수 있다.

개미는 생존력이 무척 강하다. 사람이 들고 운반할 수 있는 짐의 무게는 체중의 3배를 넘어서기 힘들다. 반면에 개미는 자기 체중의 수십 배나 되는 무거운 짐도 든다고 한다. 개미의 괴력은 어디서 나올까? 개미는 여섯 다리로 힘을 분산시킨다. 그러면서 근력이 아닌 유압 방식을 이용하여 자신의 몸무게보다 50배 이상의 물체를 든다.

사람도 마찬가지다. 팔로워들도 집단지성을 발휘하면 지구촌을 이끄는 가장 강력한 힘이 된다. 팔로워의 힘은 한 사람의 힘이 아닌 집단의 힘이다. 집단지성의 힘은 민주주의의 근간이 된다.

터키의 국민 시인 나짐 히크메트는 "가장 아름다운 바다는 아직 항해하지 않았다. 가장 아름다운 아이는 아직 자라나지 않았다."라고 했다. 그의 말대로라면 가장 아름다운 팔로워는 아직 자라지 않았으니, 팔로워의 역량인 팔로워십은 언제나 미완성의 단계라고 보아야 맞다.

팔로워는 리더와 한 시대를 여행하는 동반자이자 협력자다. 그러기에 업무와 일에 관한 한 팔로워의 무한 변신은 무죄일 수밖에 없다. 요즘처럼 어려운 저성장시대에 경영의 핵심인 기업의 영속성은 내부에서 동력을 찾아야 맞다. CEO들이 창조와 혁신을 강조하는 것도 기업 내부의 팔로워를 움직여 기업의 생명을 연장하려는 것이다.

호박은 환경을 따지지 않고 자란다. 특별하지 않아도, 빛나진 않아도, 너른 들풀과 어우러져 거침없이 피어나는 민들레처럼 팔로워 역시 환경을 따지지 않고 들불이 되어 번져나간다. 누군가 함께하면 조금 불편하고 손해도 볼 수 있다. 그러나 너도나도 손을 내밀고 서로의 무거운 짐을 들어 준다면 그보다 더 좋은 삶은 없다.

역사는 더디지만 진보한다고 했다. 이 말이 정답이 되려면 팔로워는 행동하는 사람이지만 이따금 실수할 수도 있다는 전제가 깔려야 한다. 도둑은 형사가 잡고, 판사는 판결문으로 말하듯, 팔로워는 현장에서 행동으로 보여야 한다. 위기의 상황에서 더욱 빛을 발하는 것은 현장을 지키는 팔로워들이다.

'악이 승리하는 데 필요한 유일한 조건은 선한 사람들이 아무것도 하지 않는 것이다.'

'보수주의의 아버지'라 불리는 영국의 정치인이자 정치철학자 에드먼드 버크가 남긴 말이다. 팔로워는 적당히 짖다가 시간이 흐르면 다 잊어버리고 알아서 조용해지는 존재가 되어서는 안 된다는 뜻이다.

"어차피 대중은 개, 돼지입니다. 뭐 하러 개, 돼지들한테 신경을 쓰고 그러십니까? 적당히 짖어대다가 알아서 조용해질 겁니다."

영화 『내부자들』에서 배우 백윤식이 열연한 조국일보 이강희 논설주간의 이 말은 행동하지 않는 팔로워를 꾸짖는 언어로 번역되어 우리의 귓전을 때린다. 누군가의 아버지로, 누군가의 상사로, 누군가의 선배로, 국민의 삶을 더 나은 세상으로 이끌기 위한 정치인으로 사는 리더의 삶은 소중하다. 그에 못지않게 아버지, 상사, 선배, 정치인이 잘못된 행동을 할 때 적당히 짖다가 알아서 조용해지는 그저 그런 팔로워가 되어서는 더욱 곤란하다. 그런 의미에서 팔로워 본연의 모습이 행동하는 팔로워임은 분명한 사실이다.

바둑에서 사용하는 대표적인 단어로 '정석(定石)'이라는 용어가 있다. 『수학의 정석』 책을 통해 친숙해진 '정석'이라는 단어는 돌을 두는 순서를 일컫는다. 흑이든 백이든 모두가 불리해지지 않도록 서로에게 최선의 공격과 방어를 하면서 돌을 두어가는 방법이 정석이다. 그러나 프로들은 실전 바둑이 시작되면 정석을 잊어버리라고 한다. 기존의 정석은 현재 벌어지는 대국에서는 최선의 방책이 아닐 수 있기 때문이다.

팔로워십이란 무엇인가? 여기까지 읽은 독자라면 이미 따르고, 살피고, 이끄는 따살이 팔로워십의 기본 개념도 익히고 팔로워의 기법도 많이 터득했을 것이다. 그러나 여러분이 직접 참여하는 삶의 현장에서는 그동안 배운 팔로워십 정석도 잊어야 한다. 이보다는 각자의 가치관과 담식으로 새롭게 무장하여 행동하는 것이 따살이 팔로워십의 본질이라고 할 수 있다.

팔로워십을 익혀야 하는 이유는 모두가 행복해지는 아름다운 세상을 만드는 데 있다. 법정 스님은 사람들이 서로 도와주면서 상처 주지 않고, 살아가는 인정 넘치는 그런 세상을 아름다운 세상이라고 표현했다. 인생의 행복도 실은 좌절과 포기의 늪에서 벗어나 희망의 빛을 향해 조금씩 나아가는 순간에 가장 크게 느낀다. 어려울수록 서로 이해하고 포용하며, 공감한다면 우리의 행복도 커지게 된다.

"따살이 팔로워십"을 끝내면서 미군 특수부대 네이비 실에서 전해 오는 명언을 마지막으로 팔로워들에게 들려주고 싶다.

"변명하지 말라. 남 탓하지 말라. 포기하지 말라. 그건 당신의 적이 바라는 것이다."

참고문헌

감성의 끝에 서라, 강신장/황인원, 21세기북스
거북선을 만든 나대용 장군 –나대용 장군 평전–, 김세곤 지음
거인들의 발자국, 한홍, 비전과리더십
결국 그들은 당신을 따른다, 정태영, 행복에너지
경영은 관계다, 이병구, 세종서적
구본형의 마지막 수업, 구본형, 아난다 박미옥, 정재엽, 생각정원
구본형의 필살기, 구본형, 다산라이프
군주론, 니콜로 마키아벨리, 서종민 옮김, 느낌이 있는 책
그릿 GRIT, 앤절라 더크워스, 비즈니스북스
극복해야 할 리더십의 그림자, 게리 메킨토시, 새뮤얼 리마, 도서출판 두란노
기적을 만드는 습관 하루 3분 세 가지 감사, 편집부, 코리아닷컴
기꺼이 따르는 힘, 심윤섭, 시간여행
김대중 자서전, 김대중, 삼인
나에게 불황은 없다, 전현미, 태인문화사
난세에 답하다, 김영수, 알마
네이비 씰 승리의 기술, 조코 윌링크, 레이프 바빈, 최규빈 번역, 메이븐
논어, 공자, 김영진 엮은이, 매월당
논어의 자치학, 강형기, 비봉출판사
다섯 손가락 이야기, 카미유 로랑스, 백선희 역, 산하
다섯 가지 미래 교육 코드, 김지영, 소울하우스
담론, 신영복, 돌베개
당신이 옳다, 정혜신, 해냄
대한민국을 움직이는 자치단체 CEO 1~4권, 정문섭, 이른아침
동방순례, 헤르만 헤세, 이인웅 역, 이숲
따뜻한 카리스마, 이종선, 랜덤하우스코리아
리더는 일하는 사람이다, 이한우, 쌤앤파커스
리더의 그릇, 나카지마 다카시, 하연수 역, 다산 3.0

리버스 멘토링, 정태희, KMAC

링커십, 신인철, 한스미디어

마음 알기 다루기 나누기, 용타스님, 대원사

멀리 가려면 함께 가라, 이종선, 갤리온

모든 관계는 나에게 달려 있다, 황시투안, 미디어숲

몰입의 경영, 칙센트미하이, 심현식 번역, 민음인

몰입, 황농문, 알에이치코리아

문과 남자의 과학공부, 유시민, 돌베개

미국의 민주주의, 알렉시스 드 토크빌, 임효선 박지동 공역, 한길사

물속의 물고기도 목이 마르다, 최윤규, 책이있는마을

밥값 이름값, 이준배, 처음

배려, 한상복, 위즈덤하우스

베이징대 수신학, 장샤오헝, 갈대상자

사기 본기, 사마천 저 김원중 역, 민음사

사피엔스, 유발 하라리, 조현욱 옮김, 김영사

세종의 적솔력, 박현모, 흐름출판

성공 원칙, 레이 달리오, 한빛비즈

성공하는 사람들의 7가지 습관, 스티븐 코비, 김영사

소설 동의보감, 이은성, 창작과 비평사

아담의 배꼽/마이클 심스 지음·곽영미 옮김, 이레

아침을 여는 1분 독서, 박승원

MZ세대가 쓴 MZ세대 사용설명서, 김효정, 넥서스BIZ

MZ세대와 꼰대 리더, 김영기, 좋은땅

역사의 연구, 토인비, 홍사중 옮김, 동서문화사

우리가 꿈꾸는 회사, 류랑도, 쌤앤파커스

이기는 대화, 이서정, 머니플러스

이끌지 말고 따르게 하라, 김경일, 진성북스

임진왜란과 호남사람들, 김세곤, 온새미로
조력자의 힘, 행복에너지, 서윤덕
좋은 성공, 김승남, 조은북스
지혜의 심리학, 김경일, 진성북스
직장인 팔로워십, 김해원, 책과 나무
창조적 팔로워십, 홍전기, 북스스타
최고들의 일머리 법칙, 김무귀, 리더스북
카네기 인간경영리더십, 최염순, 씨앗을 뿌리는 사람
칼의 노래, 김훈, 문학동네
콜드리딩, 이시이 히로유키·김윤희 옮김, 웅진윙스
팔로우 당신을 행복으로 이끄는 인생의 원리, 김효석 이인환, 미다스북스
팔로워십 리더를 만드는 힘, 신인철, 한스 미디어
팔로워십, 바버라 켈러먼, 이동욱. 김충선. 이상호 옮김, 더난출판
팔로워의 마음을 훔치는 리더들, 랍 거피·가레스 존스, 세종서적
폴리매스, 와카스 아메드·이주만 옮김, 안드로메디안
한비자, 한비, 김원중 역, 휴머니스트
항상 이기는 조직, 데이비드 코트, 위즈덤하우스
호모사피엔스, 유발 하라리, 조현욱 옮김, 김영사
회복탄력성, 김주환, 위즈덤하우스
80년생 김 팀장과 90년생 이 대리가 웃으며 일하는 법, 김범준, 한빛비즈
90년생과 갈등없이 잘 지내는 대화법, 강지연, 메이트북스
90년생과 어떻게 일할 것인가, 최경춘, 위즈덤하우스
90년생이 사무실에 들어오셨습니다. 김현정, 자음과모음
90년생이 온다, 임홍택, 웨일북
90년생 오너십, 윤병호, 북씽크
90년생 애로사항, 환상, 술췐
90년생 재테크, 월재연 슈퍼루키 10인, 진서원
90년생이 팀장의 성과를 만든다, 김인옥, 텔루스

참고 논문

LMX와 팔로워십의 적합관계가 리더십 유효성에 미치는 영향, 2004 강문실 석사 논문
팔로워십 유형과 조직몰입 간의 상관성 연구, 2003 최미정 연세대 교육대학원 산업교육과 석사 논문
나지사 명상이 아동의 정서조절에 미치는 영향, 2015 정문희 청주교육대학원 석사 논문

참고 영상

창조적 파괴 혁신, EBS지식, 세계경제 석학들이 말하는 혁신이란?
거짓말의 발명(The Invention of Lying), 2009년 개봉, 리키 저베이스 감독
대장금, MBC 드라마, 2003년 9월~2004년 3월
재벌집 막내아들, 김태희, 장은재 작가, JTBC 드라마
신삼국지, 삼국지 2010, IPTV
사이다 – 안나의 실수 (설날)
크림슨 타이드(Crimson Tide), 1995년 개봉, 미국영화
역린, 2014년 개봉, 이재규 감독, 현빈 주연
오징어 게임, 2021년 개봉, 넷플릭스 드라마, 황동혁 감독, 이정재 주연
오현호 [세상을 바꾸는 시간 15분] / 변화 성장 청춘 열정
이태원클라쓰, JTBC드라마
내부자들, 2014년 개봉, 우민호 감독, 이병헌 주연
애니 기븐 선데이(Any Given Sunday), 1995년 개봉, 올리버스톤 감독, 알파치노 주연
파인딩스타, 폭우속에 홀로 경의를 표한 군인, 미국이 들썩였다

참고 글

『**맥아더는 정말 영웅인가?**』 한겨레 기사 2005. 08. 04.
기업의 혁신, 공감할수록 더 가까워진다, 손예령, 기업시민연구소
김동문의 중동읽기·세상읽기·성경읽기·일상읽기

팔로워십 프로그램 세부 내역

모듈	교육 목표	주요 내용	학습 방법	시간
왜 팔로워십인가!	팔로워로서의 자존감 고취, 팔로워의 역할과 책무, 팔로워의 판단기준, 팔로워십 개념과 중요성을 알게 한다.	1. 조직의 근간인 팔로워의 자존감 높이기 2. 천하의 두 가지 기준, 시비와 이해 3. 팔로워(follower) 단어에 숨은 뜻 4. 팔로워십의 3요소, 전문성, 인성, 실행력 5. 따르고, 살피고, 이끄는 팔로워의 3단계 6. 팔로워의 힘, 집단지성	강의 영상 발표	2H
따르고 살피고 이끄는 팔로워의 3단계	팔로워의 따르기, 살피기, 이끌기 3단계 과정에서 활용할 기법을 익힌다.	따르기 3단계 수(守)·파(破)·리(離) 살피는 3단계 시(視)·관(觀)·찰(察) 이끄는 3단계 지식(知識)·견식(見識)·담식(膽識)	강의 영상 발표	2H
팔로워의 소통법	리더와의 대화 과정에서 활용할 따르기, 살피기, 이끌기의 각종 대화 기법을 배운다.	1. 리더의 지시를 확인하는 복사 화법(Copying technique) 2. 우회적으로 거절하는 하지만(Yes, But) 대화법 3. 비폭력 원리의 이끄는 LEAD 화법 4. 구나, 겠지, 감사의 '나지사' 명상법	강의 실전 발표	2H
팔로워의 핵심역량	팔로워로 살아가면서 갖춰야 할 주도적인 삶을 비롯한 조직의 특성에 맞는 핵심역량을 배우고 익힌다.	1. 주도적인 삶을 살기 & 나의 사명서 작성하기 2. 주인의식, 협력, 헌신, 혁신, 충성, 몰입, 회복탄력성, 소통, 실행력 익히기,	강의 영상 토론 발표	2H
팔로워십 Action Learning	리더의 책임하에 팔로워들이 성과를 올리는 방법을 게임을 통해 자연스럽게 익힌다.	팔로워들이 어떻게 해야 조직의 성과를 올리는지 체험한다. 전체를 두 팀으로 나눠 파이프라인, 협동 제기차기, 스틱 게임 등을 통해 조화와 화합을 다진다. 게임을 통해 느낀 것들을 서로 대화를 나누며 상대방을 이해해본다.	강의 게임 발표	2H
리더가 원하는 팔로워	성공한 단체장들이 체험한 내용과 공무원들에게 바라는 내용을 알려준다.	자치단체에서 적용할 수 있는 팔로워들의 전문성, 인성, 실행력 실전 사례 소개 전직 단체장이 털어놓는 '내가 겪었던 공무원'을 읽고 느낌 정리하기	강의 질문 발표	2H

교육 일정

일차	시간	내용	강사
1일차	9:30-9:50	등록 및 Coffee break	
	10:00-11:50	왜 팔로워십인가! (필수)	
	12:00-12:50	오찬	
	13:00-14:50	팔로워의 소통법 (필수)	
	15:00-16:50	팔로워십 Action Learning	
	18:00-19:00	만찬	
2일차	09:00-11:50	팔로워의 핵심 역량 익히기	
	12:00-13:00	오찬	
	13:00-14:50	명리학으로 보는 팔로워의 성격진단	
	15:00-15:20	설문지 작성 및 귀가	

좋은 **원고**나 **출판 기획**이 있으신 분은 언제든지 **행복에너지**의 문을 두드려 주시기 바랍니다.
ksbdata@hanmail.net www.happybook.or.kr 문의 ☎ 010-3267-6277

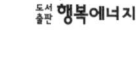

'행복에너지'의 해피 대한민국 프로젝트!

〈모교 책 보내기 운동〉 〈군부대 책 보내기 운동〉

한 권의 책은 한 사람의 인생을 바꾸는 힘을 가지고 있습니다. 한 사람의 인생이 바뀌면 한 나라의 국운이 바뀝니다. 그럼에도 불구하고 많은 학교의 도서관이 가난하며 나라를 지키는 군인들은 사회와 단절되어 자기계발을 하기 어렵습니다. 저희 행복에너지에서는 베스트셀러와 각종 기관에서 우수도서로 선정된 도서를 중심으로 〈모교 책 보내기 운동〉과 〈군부대 책 보내기 운동〉을 펼치고 있습니다. 책을 제공해 주시면 수요기관에서 감사장과 함께 기부금 영수증을 받을 수 있어 좋은 일에 따르는 적절한 세액 공제의 혜택도 뒤따르게 됩니다. 대한민국의 미래, 젊은이들에게 좋은 책을 보내주십시오. 독자 여러분의 자랑스러운 모교와 군부대에 보내진 한 권의 책은 더 크게 성장할 대한민국의 발판이 될 것입니다.

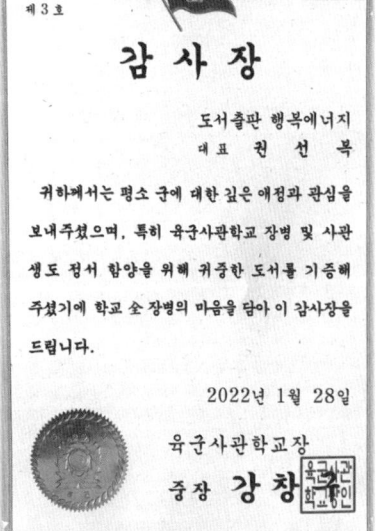